普通心理学

苏碧洋　张美兰　主编

图书在版编目（CIP）数据

普通心理学 / 苏碧洋，张美兰主编. -- 厦门：厦门大学出版社，2017.8（2024.7 重印）
 ISBN 978-7-5615-6590-2

Ⅰ. ①普… Ⅱ. ①苏… ②张… Ⅲ. ①普通心理学-教师-资格考试-教材 Ⅳ. ①B84

中国版本图书馆CIP数据核字(2017)第152629号

责任编辑　薛鹏志　章木良
美术编辑　李嘉彬
技术编辑　朱　楷

出版发行　厦门大学出版社
社　　址　厦门市软件园二期望海路39号
邮政编码　361008
总　　机　0592-2181111　0592-2181406(传真)
营销中心　0592-2184458　0592-2181365
网　　址　http://www.xmupress.com
邮　　箱　xmup@xmupress.com
印　　刷　厦门市明亮彩印有限公司

开本　787 mm×1 092 mm　1/16
印张　15
插页　1
字数　312 千字
版次　2017 年 8 月第 1 版
印次　2024 年 7 月第 4 次印刷
定价　42.00 元

本书如有印装质量问题请直接寄承印厂调换

厦门大学出版社　　厦门大学出版社
微信二维码　　　　微博二维码

序

叶一舵

泉州幼儿师范高等专科学校的苏碧洋、张美兰老师邀我为她们主编的新书《普通心理学》作序，我欣然应允，这不仅因为师生情谊，更因为这些年我对她们工作的了解以及此书的内容而乐于推荐。

普通心理学依然是当前师范院校（包括师范类高职高专）和开展教师教育的其他院校的一门具有奠基性质的专业基础课程，也是中小学教师资格证书考试和我省中小学教师招聘考试中必不可少的内容"板块"，其重要性是不言而喻的。然而，普通心理学教材难写、内容难教、学生不爱学的问题长期以来一直困扰着教师。因此，普通心理学教材编写方面的改变也一直在持续进行中。苏碧洋、张美兰老师主编的《普通心理学》就是这种改变的一个尝试。

本书的编写体现了以下三个特点：第一，内容全面且具体明确。本书是在参考国内众多普通心理学教材和中小学教师资格证书考试、福建省中小学教师招聘考试"心理学"考纲的基础上确定的内容体系，通过导论篇、认知篇、情意篇、个性篇、发展篇及健康篇共六篇十三章，全面论述了各种心理现象及有关规律，涵盖了传统普通心理学的内容和发展心理学及心理健康教育的内容。同时，本书兼顾中小学教师资格证书考试和我省中小学教师招聘考试，内容围绕相关评价目标组织材料，具有明确的针对性。第二，结构新颖、实用。在教材内容结构上，各章一般采用"描述"（某一心理现象是什么）、"解释"（有何规律性东西——主要针对学生的心理特点）和"运用"（如何用）的程式。这种结构逻辑性强，也比较适合学生的学习。同时，在编写体例的设计上，除正文外，本书还安排了"名人名言""本章要点提示""思考题"等，具有较强的可读性。第三，材料丰富多样。本书既保留了本学科的基本知识、基本理论，又增加了反映学科最新发展水平的一些内容，特别是吸收了20世纪90年代以来某些重要的研究成果，使得本书内容较为充实、丰满，也有一定的时代感。

当然，编写一本好的教材不是一件轻松简单的事，本书也同样会存在不足。希望本书能够在使用过程中得到不断完善，为中小学教师教育工作特别是小学教师教育工作发挥应有的作用。

是为序。

2017 年 6 月 2 日

（序者叶一舵，教育学博士，福建师范大学教育学院教授、博士生导师、博士后合作导师，中国心理学会认定的心理学家）

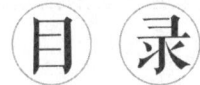

目 录

第一篇 导论篇

第一章 绪论 ········ 2
- 第一节 心理学的研究对象 ········ 2
- 第二节 心理学的研究方法 ········ 6
- 第三节 学习心理学的意义与原则 ········ 10

第二章 科学的心理观 ········ 12
- 第一节 两种心理观的论争 ········ 12
- 第二节 心理是脑的机能 ········ 13
- 第三节 心理是客观现实的反映 ········ 19

第二篇 认知篇

第三章 注意 ········ 22
- 第一节 注意概述 ········ 22
- 第二节 注意品质 ········ 26
- 第三节 注意规律在教学中的运用 ········ 29
- 第四节 注意缺陷障碍［伴多动］ ········ 32

第四章 感觉与知觉 ········ 39
- 第一节 感觉和知觉概述 ········ 39
- 第二节 感觉现象 ········ 43
- 第三节 知觉特征 ········ 44
- 第四节 观察 ········ 46

第五章　记忆 ·· 51
第一节　记忆心理概述 ·· 51
第二节　记忆系统 ·· 56
第三节　记忆力的培养 ·· 61

第六章　想象 ·· 70
第一节　表象 ·· 71
第二节　想象概述 ·· 73
第三节　学生想象力的培养 ·· 78

第七章　思维 ·· 80
第一节　思维概述 ·· 81
第二节　问题解决 ·· 88
第三节　创造性思维 ··· 95

第三篇　情意篇

第八章　情绪与情感 ··· 102
第一节　情绪和情感概述 ··· 102
第二节　情绪发展理论 ·· 108
第三节　学生积极情绪、情感的培养 ·· 110

第九章　意志 ··· 117
第一节　意志概述 ·· 117
第二节　意志行动过程 ·· 122
第三节　学生坚强意志的培养 ··· 126

第四篇　个性篇

第十章　个性及其倾向性 ·· 130
第一节　个性概述 ·· 130
第二节　需要 ·· 132
第三节　动机 ·· 136
第四节　兴趣 ·· 144
第五节　信念和价值观 ·· 149

第十一章　个性心理特征……152
 第一节　能力……152
 第二节　气质……167
 第三节　性格……174

第五篇　发展篇

第十二章　学生身心发展与教育……188
 第一节　学生身心发展的规律和特点……188
 第二节　学生身心发展的影响因素及作用……198
 第三节　认知发展阶段理论及其教育意义……202
 第四节　人格发展阶段理论及其教育意义……208

第六篇　健康篇

第十三章　小学生心理健康教育……214
 第一节　心理健康概述……214
 第二节　心理辅导……221
 第三节　小学生心理健康教育的对策……230

参考文献……233
后记……234

第一篇

导论篇

第一章

绪 论

> 教育者应当深刻了解正在成长的人的心灵……只有在自己整个教育生涯中不断地研究学生的心理,加深自己的心理学知识,才能够成为教育工作的真正的能手。
>
> ——(苏联)苏霍姆林斯基(B. A. Cyxomjnhcknn)

▶ **本章要点提示**

- 心理和心理学
- 心理学研究的对象
- 科学心理学的产生与发展
- 心理学的研究方法
- 学习心理学的意义

世界上有各种各样的现象,如一块铁板,在外力作用下会弯曲变形,这是物理现象;一方青石,几经煅烧成为石灰,这是化学现象;人在炎热的天气下会汗流浃背,这是生理现象。除了这些现象之外,还存在着一种心理或精神的现象。比如公园里的一株牡丹花,人们能用肉眼看到它鲜艳的颜色;能用鼻子闻到它浓郁的芳香;回到家里,在脑海里尚能浮现出它娇媚华贵的姿容。又比如没有人真正见过魔鬼,但是人们可以想象出面目狰狞的鬼怪形象;没有去过北极,却可以想象出那天封地冻的极其寒冷的情景。这些心理现象的存在是确确实实的。每个人在头脑清醒的时候,都能清楚地意识到自己看到了什么,闻到了什么和记起了什么,意识到这种事实的存在。心理学正是研究这一系列心理现象的科学。

第一节 心理学的研究对象

心理学是对心理现象进行科学研究的学问。心理现象纷繁复杂,为此可以首先从心理学的研究对象、心理学的研究内容、科学心理学的产生与发展进行了解。

一、心理和心理学的定义

一些不了解心理学知识的人会认为心理就是指"人的心里在想什么",认为懂得了心理学就可以知道别人的内心活动,知道别人心里的想法。其实,这种认识是不准确的。

"心理学"的英语是"psychology",起源于希腊语中的两个词——"psyche(灵魂)"和"logos(学说)",意指研究灵魂的学问。这是对心理学最早的定义,但是这个定义并没有对心理学做出科学的解释,随着心理学研究的深入,心理学渐渐有了相对统一的定义。

在心理学上,心理是个体一切精神活动的总和,包括感觉、知觉、记忆、想象、思维、情感、意志、能力、气质、性格等各种心理现象。心理学就是研究人的心理现象及心理发展规律的科学,是人对自身的一种探究活动。

二、心理学研究的对象

心理现象是十分复杂的,是人在认识客观事物的活动中遇到的最困难的问题之一。心理学家经过长期的研究,试图将人的心理现象系统化地分类,从而确定心理学研究的基本内容。这种分类并没有统一的标准和体系,并且随着心理学研究不断取得进展而变化和发展。

一般来说,心理学研究的对象主要涉及以下两个方面。

(一)心理过程

人的心理是一种极其复杂而又时刻变动着的过程。根据心理活动的特点,心理过程又可划分为认知、情感、意志三个过程。

1. 认知过程

所谓认知过程,就是人脑对客观现实的反映过程,是人由表及里、由现象到本质地反映客观事物特征与内在联系的心理活动。它包括感觉、知觉、记忆、思维、想象等。注意是伴随在心理过程中的心理特殊性。

2. 情感过程

所谓情感过程,就是人对客观事物是否满足自身需要而产生的态度体验,即喜、怒、哀、惧等情绪和道德感、理智感、美感等情感的产生过程。

3. 意志过程

所谓意志过程,就是个体自觉地确定目的,并据此支配和调节自己的行动、克服种种困难、实现预定目的的心理过程。

我们虽把心理过程分为认知、情感、意志三个过程,但三者绝不是彼此孤立地进行的。认知与意志过程一定伴有相应的情感;任何意志行动,又总是基于一定的认知、伴随一定的情感；而意志和情感又都对认知过程产生不同的影响。因此，认知过程、情感过程与意志过程是一个密切联系不可分割的整体。

（二）个性心理

心理学不仅研究认识、情感、意志等心理过程，而且研究个性。心理过程是人所共有的，但心理过程的产生、表现、诱发的内在动因、积极性等又因人而异。这些方面的差异使人们的精神面貌各具特色，从而构成了人的不同个性，使得世界上千千万万有着相同心理过程的个体能彼此相互区别。个性心理包括个性倾向性及个性心理特征两个方面。

1. 个性倾向性

反映人的态度和活动积极性的个性倾向性，具体表现为需要、兴趣、爱好、世界观、价值观等。

2. 个性心理特征

反映个体独特的个性心理特征，具体表现为能力、气质、性格等。

心理过程和个性心理是不可分割的。心理过程是个性心理形成的基础，而个性心理一旦形成又直接影响着心理过程。心理过程和个性心理共同构成心理学的研究对象。

三、科学心理学的产生与发展

（一）科学心理学产生的历史背景

心理学是一门古老而又年轻的学科。在欧洲，心理学的历史可以追溯到古希腊柏拉图（Plato）、亚里士多德（Aristotle）的时代。亚里士多德的《论灵魂》是历史上第一部论述各种心理现象的著作。现代心理学的诞生和发展有两个重要的历史渊源：一是受到近代哲学思潮的影响，特别是唯理论和经验论的影响，近代哲学为西方现代心理学的诞生提供了理论基础；二是受到实验生理学的影响，现代心理学的实验方法直接来源于实验生理学。

1879年，德国著名心理学家冯特（Wilhelm Wundt）在莱比锡大学创建了第一个心理学实验室，开始对心理现象进行系统的实验研究。在心理学史上，人们把这一事件看作是心理学脱离哲学的怀抱，走上独立发展道路的标志，也意味着科学心理学的诞生。冯特因此被称为"心理学之父"。

（二）科学心理学的发展

心理学在诞生以及发展过程中，产生了不同的思想和观点。心理学家在建构理论体系时存在着尖锐分歧，从中可以看到人类心理现象的复杂性。

1. 构造主义心理学

构造主义心理学的奠基人是冯特,并由弟子铁钦纳(Edward Titchener)将其发展成为严密的心理学体系。20 世纪前 30 年,该学派在美国心理学中占优势,20 世纪 30 年代以后趋于瓦解。构造主义心理学主张应该研究人们的直接经验即意识,并把人的经验分为感觉、意象和激情状态三种元素。在研究方法上,主张心理学应该采用实验内省法分析意识的内容或构造。构造主义强调心理学的基本任务是理解正常成人的一般心理规律。它不重视心理学的应用,不关心个别差异、教育心理、儿童心理等心理学领域以及其他不能通过内省法研究的行为问题。

2. 机能主义心理学

机能主义诞生于 19 世纪末 20 世纪初,创始人是美国著名心理学家詹姆斯(William James),其代表人物还有杜威(John Dewey)和安吉尔(James Angell)等。机能主义也主张研究意识,但不把意识看成个别心理元素的集合,而是看成一种持续不断、川流不息的过程。在其看来,意识是个人的、永远变化的、连续的和有选择性的。意识的作用就是使有机体适应环境。该学派强调对意识作用与功能的研究,认为意识的作用就是使有机体适应环境,不赞成构造主义对心理结构进行分析。

3. 行为主义心理学

1913 年,美国心理学家华生(John Watson)发表了《在行为主义者看来的心理学》,宣告了行为主义的诞生。行为主义产生以后很快风行美国乃至全球,还引发了一场心理学史上的"行为主义革命"。从 20 世纪 20 年代至 50 年代这近 40 年的时间里,行为主义几乎一统天下,因此被称为西方心理学的"第一势力"。行为主义认为心理学应该遵循刺激—反应的公式,把研究的内容由内隐的意识转向外显的行为;心理学所研究的对象是能够客观观察与测量的外显行为而不是意识经验;行为不是由遗传决定,而是在环境因素的影响下,经被动学习以后的结果。

4. 格式塔心理学

格式塔心理学兴起于 20 世纪初的德国,创始人为韦特海默(Max Wertheimer)、苛勒(Wolfgang Kohler)和考夫卡(Kurt Koffka)。"Gestalt(格式塔)"在德文中意味着"整体",它代表了这个学派的基本主张和宗旨,所以格式塔心理学又称完形心理学。格式塔心理学反对把意识分析为元素,而强调心理作为一个整体、一个组织的意义,认为整体不能还原为各个部分、各种元素的总和;部分相加也不等于整体;整体先于部分而存在,并且制约着部分的性质和意义。

5. 精神分析心理学

精神分析又称弗洛伊德主义,由奥地利精神病学家弗洛伊德(Sigmund Freud)创建,其理论来源于治疗精神病的临床实践。精神分析学派重视对异常行为的分析和无意识的研究,认为人的一切个体的和社会的行为都根源于心灵深处的某种欲望或动机,特别是性欲的冲动。精神分析心理学用潜意识、生本能、死本能和力比多等观念来解释人的行为动力;用口腔期、肛门期、性器期、潜伏期、两性期以及恋父、恋母情结来解释人格发展的不同阶段及其特征;用本我、自我、超我来解释人格结构,并以焦虑和心理防御机制解释在三个"我"之间的矛盾冲突。精神分析学派重视对动机和无意识现象的研究,这是该学派对心理发展的重要贡献。

6. 人本主义心理学

人本主义心理学兴起于20世纪五六十年代,代表人物有马斯洛(Abraham Maslow)、罗杰斯(Carl Rogers)等。该学派猛烈冲击着在美国很有势力的精神分析心理学派和行为主义心理学派,形成了心理学中的"第三势力",一般把行为主义和精神分析称为心理发展的"第一势力"和"第二势力"。人本主义心理学着重于人格方面的研究,认为人的本质是好的、善良的,他们不是受无意识欲望驱使的野兽。

人有自由意志,有自我实现的需要。因此,只要有适当的环境,他们就会力争达到某些积极的社会目标。这些看法和精神分析学派截然不同。人本主义反对行为主义只相信可以观察到的刺激与反应,认为正是人们的思想、欲望和情感等这些内部过程和内部经验,才使他们成为各不相同的个体。

7. 现代认知心理学

认知心理学是探索人们如何获取知识和使用知识的学问。认知心理学出现在20世纪初,在20世纪50年代以后得到迅速发展。现代认知心理学以1967年奈塞尔(Ulrich Neisser)出版的《认知心理学》为诞生标志,是以信息加工观点为核心的心理学,又称信息加工心理学,代表人物还有瑞士心理学家皮亚杰(Jean Piaget)。该学派把人的心理活动看作是信息加工系统,由感官搜集信息,经过分析、存储、转换,然后加以利用。认知心理学设计实验,利用客观研究方法来研究这些过程。

第二节 心理学的研究方法

心理学的研究方法有两种:一种是描述性研究,它描述教育教学活动中发生的特定情境中的事实和关系;一种是实验性研究,它指研究者从某种理论或假设出发,为突出研究的自变量,有意地控制某些条件,促使一定的现象产生,然后对其结果进行分析,得出有关自变量的科学结论。

一、描述性研究方法

(一)观察法

观察法是研究心理学较为常见的一种方法,即研究者通过感官或一定的仪器设备,有目的、有计划地观察儿童的心理和行为表现。在进行观察之前,要设计周密的计划,包括对要观察的行为下操作性定义,确定观察的情境或场所,确定观察的时间和单元,确定记录的方法及分析资料的方法。根据观察的条件不同,可将观察法划分为自然观察法和结构性观察法。

自然观察法指在日常生活环境中观察个体的行为,通常是指在家庭、学校、幼儿园或游戏场所对儿童的行为进行仔细观察并予以记录。自然观察法是唯一能告诉我们人们是如何在日常生活中表现行为的方法,而且它可用在缺乏语言表达能力的婴幼儿身上。要确保观察研究的效度,必须注意避免观察者偏见,即为证实研究假设而对自然发生的事件掺杂过多的个人见解;同时也要注意避免观察者的到来会影响儿童正常的表现,解决办法之一是事先放置一个不为儿童所知的摄像机将儿童的行为录下来进行分析,解决办法之二是在研究进行之前,观察者与儿童熟悉起来,令儿童对观察者的出现习以为常。

结构性观察法是一种经过严密设计的观察法,尤其适合于研究在自然情景中很少发生或不被社会所允许的行为。一般在实验室进行,其程序为在儿童面前呈现一个被认为会促进所有研究行为的刺激,然后以不被儿童觉察的方式(单向玻璃或录像)对儿童进行观察,看儿童是否会表现出所期待的行为。如在一个有很多有趣玩具的房间里,要求儿童不要动这些玩具,然后研究者借故离开,看这些儿童在没有人监督的情况下会不会做出违规的行为。

(二)调查法

1. 访谈法

访谈法是研究者通过与儿童及青少年进行口头交谈,了解和收集有关心理特征和行为特性的资料的一种方法。根据对访谈内容和过程的控制程度,可将访谈法分为结构性访谈法和非结构性访谈法。结构性访谈法要求所有的研究对象都必须依照一定的次序来回答相同的问题,这种标准化或结构性格式的目的,在于使每一个研究对象都接受相同的情境,这样对于他们的不同反应才能加以比较。这种方法一般用来检验理论或假设。非结构性访谈法指事先不制订标准程序或问题,由访问者与研究对象就某些问题自由交谈,被访者可随时提出自己的意见。这种方法可能获得一些研究者未曾料到的信息,但不适于对理论或假设的检验。

访谈法适用于一切具有口头表达能力的不同文化程度的对象,它的优点是能有针对性地收集研究数据,情境自然,可追问或重复。如当研究者发现所记录的回答不完全,或者还想进一步了解一些情况时,可再对受访者进行访问。缺点是不适用于年龄太小或不能清楚了解他人说话的儿童。研究者必须确信他们所得到的回答是真实准确的,而不是被访者按照社会期待的方式所做出的回答。如果是研究年龄趋势,还必须保证不同年龄的儿童都以相似的方式来解释问题,否则在研究中所发现的年龄趋势可能并不是儿童在心理或行为上的真正变化,而只是反映出儿童了解及沟通能力的差异。此外,由于时间、经费及人力的限制,不可能对大样本的人进行访问,难免会以偏概全。访谈的资料也难以量化。

2. 问卷法

问卷法和访谈法很相似,只不过是将要研究的问题印在纸上,并要求参与者以写的方式作答。问卷一词的原意是"一种为了统计或调查用的问题表格"。通常研究者使用的问卷有两种形式:开放式问卷和封闭式问卷。开放式问卷只提出问题,要求参与者按照自己的实际情况或看法作答。例如:

你喜欢学习数学吗?

或者:

你喜欢学习数学吗?为什么?

通过这种形式,研究者可以获得喜欢或不喜欢的原因。开放式问卷的优点是对探索性研究十分有用,可提供行为的方向、问题的焦点、主要价值观念等信息。缺点是资料分散,不易统计。

封闭式问卷指根据研究需要,把所有问题及可供选择的答案全部印在问卷上,参与者不可随意回答,必须按照研究者的设计,在给定的答案中做出选择。上面的问题在封闭式问卷中可变为:

你喜欢学习数学吗?

(1)很不喜欢。(2)不太喜欢。(3)有点儿喜欢。(4)很喜欢。

这个问题中,参与者只能在规定好的答案中选择一个,不管他是不是完全同意。

封闭式问卷的优点是可在短时间内获得大量的资料,省时、经济。由于问题和答案都是预先进行了操作化和标准化设计,所得资料便于统计分析。问卷法只适合于书面语言能力达到一定程度的参与者。如果问卷设计不当,可能会导致参与者做出不真实的回答。如果问卷的回收率太低,也会影响结论的可推论性。

一份标准的问卷通常包括指导语,参与者的基本资料如性别、年龄等,问题,选择答案等。问题是问卷设计的关键,在设计问题时要考虑问题的类型是否正确而合适,是否符合研究假设。题目应为研究目的所必需,不能浪费和贪多,乱出题目;还要注意题目应该表述清晰明确,避免含混不清。

在使用问卷法研究儿童时,要注意问卷中的题目不宜过多,内容应是儿童熟悉的;还要注意消除儿童的顾虑,避免儿童按照社会期许的方式作答。

(三)个案法

个案法是针对个别儿童进行深入的研究。通常是先仔细地描述一个或多个个案,并试图根据对这些个案的描述形成结论。在准备记录的过程中,研究者必须收集许多与个案有关的个人资料,如家庭背景、社会经济地位、教育及工作史、健康记录、生活中重要事件的自我陈述及各种心理测验的表现等。这些资料来自于与个案或其父母(如果个案年龄较小,有些资料本人不能提供)交谈的结果,由于研究者所提问题是因个案不同而有差异的,因此这种交谈是非结构性的。弗洛伊德就是应用个案研究法,从分析病人的生活历史中形成了他的人格理论。

个案研究法的主要缺点有三。第一,研究结论的效度取决于所获得的个案资料的正确性。这种方法不正确的概率颇高,特别是年纪大的个案,要将幼年时所发生事件的前因后果准确无误地回想起来是不容易的。第二,在使用个案研究法时,研究者并非使用标准化的问题来询问不同的个案,因此个案之间的资料是难以比较的。第三,依据某个特殊个案得出的结论不一定适用于其他的人,即结论难以推广。因此通过个案研究法得出的结论,需要用其他研究方法加以验证。

二、实验性研究方法

实验性研究方法包括实验室实验法和自然实验法。

(一)实验室实验法

实验室实验法是在专门的实验室内,利用一定的仪器设备研究心理现象的一种方法。有关儿童的感知、记忆、思维等心理过程都可以在实验室进行。实验法的关键是对变量的控制,一般通过随机化来控制实验中无关变量带来的干扰。在概率的原则下,无论是参与者取样、参与者分组、实验顺序,还是自变量的呈现方式都分别具有相等的机会,这样就可以防止在实验中出现系统性的误差。实验室实验的优点在于控制严密,科学性高,结果记录客观、准确,便于分析。由于实验室实验法对变量有严格控制并通过操纵一些变量引起一定的行为反应,因此能够揭示变量间的因果关系。缺点是样本数量小,脱离现实生活,由于实验环境常经过设计且过于人工化,儿童在实验环境中的表现和自然环境下的表现可能不同,因此生态学效度较低,影响实验结果的类化。

以儿童为研究对象进行实验室实验时,要特别注意实验不能对儿童身心健康产生任何不良影响,还要考虑儿童的生理和情绪状态,避免时间过长导致儿童疲劳。实验情境尽量布置得生活化,让儿童感到舒适自然。

(二)自然实验法

自然实验法是一种在现实的生活环境中进行的实验研究,它是一种准实验设计。如要研究一种新的教学方式能否有效地提高学生的数学成绩,可在同一年级选择数学成绩相同或相近的两个班,然后随机地将一个班确定为实验班,接受新的教学方式,另一个班为对照班,仍接受原来的教学方式。经过一段时间的教学,再对两个班进行相同的数学测验,将两个班后测成绩分别减去它们的前测成绩,再进行比较和统计检验,如果存在显著差异,实验班优于对照班,则可得出这种新的教学方式好于原来教学方式的结论。

自然实验在内部效度上不如实验室实验,但在外部效度上是优于实验室实验的。它以控制上不太严格的缺陷换取了实验条件和环境的真实性,有较大的实用价值。

心理学的研究有很多研究类型和研究方法可供选择,其好处在于根据一种方法得到的结果可用另一种方法加以检查或确认。如果用不同的方法得到一致性的结果,说明研究者的发现是真的、确实存在的现象。

第三节　学习心理学的意义与原则

在教育实践领域,心理学知识无论是对教师以及学生自身成长与提高,还是对教育教学研究和工作指导,都是非常重要的。

一、学习心理学的意义

(一)理论意义

学习心理学有助于培养科学的世界观。因为心理学证实了唯物主义关于物质第一性、意识第二性的基本命题,证实了世界的物质性——世界上除了运动着的物质之外,再没有任何别的东西,心理本身就是物质长期发展的结果。心理学构成了认识论和辩证法的知识领域之一。它所揭示的知识体系和规律,是破除各种封建迷信观念的有力武器,是宣传无神论的强大理论支柱。因此,学习心理学有助于教师运用马克思主义哲学分析心理现象,认识心理的本质,从而树立科学的世界观,即马克思主义世界观。

(二)实践意义

学习心理学有助于加深自我了解与自我教育以及解决实际工作中出现的心理问题。

1. 有助于了解自己和自我教育

尽管心理现象是每个人都会经历和感受的普遍现象,但经验并不等于科学。心理学向我们揭示人的心理现象,有助于我们了解自身的心理特点,如有关认识过程的知识可以帮助分析智力活动并创造条件扬长避短,可以改善注意和记忆的效果,更有效地组织学习。有关个性的知识可以指导分析性格形成的因素,有针对性地改造性格中的弱点,有目的地发展自己的优良品质。教师是人类灵魂的工程师,教师的心理品质具有震撼人心的精神力量,这就要求教师要加强学习和锻炼,努力提高自身的心理素质,以进一步提高教育和教学水平。

2. 有助于解决教育中的实际问题

心理学的基本任务是探讨人的心理活动的规律,实现对人的心理活动的正确说明、准确预测和有效控制,从而提高实践活动的效率。为此,心理学除了知道"是什么""为什么"的内容之外,还要能够了解"怎么样"解决所面临的问题。例如,在学习中如何运用记忆规律,采用科学的学习方法,养成良好的学习习惯;如何在考试期间解除焦虑的困扰,维护自己的身心健康,在考试中取得好的成绩;作为教师,在教育教学过程中,如何与学生建立良好的师生关系,教学相长。总之,学习心理学可以了解认知、情感、意志以及个性特征的结构与形成规律,了解学生的心理发展特点,尤其是能够根据学生的心理活动规律、发展水平及特点,创设优良的学习环境,开发学生的潜能,进行有效的教育教学工作,提高教育教学的科学性、创造性、主动性和实效性,提升学生的整体素质。

二、学习心理学的原则

(一)书本学习与实践活动相结合

心理学知识比较抽象,有不少名词、概念、原理的表述与生活用语有一定的差异,所以学习书本的内容有时会感到离实际较远、较生僻。这就需要将书本内容与实际生活联系起来去理解、去巩固。

(二)课内学习与课外阅读相结合

心理学是一门发展迅速的学科,随时都有新的研究成果面世。课内的学习只能提高一个基础的知识构架,不可能涵盖所有最新的科研成果,必须依靠学习者的课外阅读来补充这一方面的资料。

(三)个人学习与班级(小组)讨论相结合

相互提问、相互分享与交流学习和实践活动中的收获,有助于学习者加深对有关知识内容的理解和记忆,而且还能丰富自己的学习所得,并及时发现问题、解决问题。

思考题

1. 什么是心理和心理学?
2. 心理学研究的对象是什么?
3. 科学心理学如何产生与发展?
4. 心理学的研究方法有什么?
5. 学习心理学的意义与原则是什么?

第二章 科学的心理观

> 人的心理是由"叫作人脑的这样一块特别复杂的物质"与周围世界的相互作用而产生的。
>
> ——（苏联）列宁（Lenin）

▶ **本章要点提示**

- 两种心理观的论争
- 科学的心理观
- 心理是脑的机能
- 心理是客观现实的反映

第一节 两种心理观的论争

人的心理现象究竟是怎么一回事？心理的实质究竟是什么？在人类漫长的历史中，出于对自身的了解和探究自身精神现象的兴趣，人们一直在寻找着这一问题的答案，许多思想家提出了各种各样的见解和观点，并进行了长期的论争。在心理学史上，主要有以下两种心理观的论争。

一、唯心主义的心理观

唯心主义心理观认为，客观世界是心理的产物，心理、精神是第一性的，物质是第二性的。如，古希腊唯心主义思想家柏拉图提出了灵魂不死的观念。他认为灵魂来自理念世界，灵魂进入身体而支配身体活动；人体死亡，灵魂又回到理念世界，所以灵魂永生不死，轮回转世。唯心主义的心理观是一种与事实不符的荒谬认识。

唯心主义心理观又可分为主观唯心主义心理观和客观唯心主义心理观。主观唯心主义心理观认为，客观事物都是由我们的感觉、意识，即心理、精神决定的。如英国主教贝克莱（G. Berkeley）认为"存在就是被感知"，我国明代唯心主义者王阳明认为"天下无心外之物"等。客观唯心主义心理观则认为心理是无形体的非物质的东西——"绝对精神""理念"的表现，客观世界是这种"绝对精神""理念"的产物。

二、唯物主义的心理观

(一)古代朴素唯物主义心理观

古代唯物主义思想家们也不怀疑"灵魂"的存在,但认为它是某种可以捉摸的、物质的东西。如古希腊的阿那克西米尼(Anaximenes)认为世界是由气构成的,灵魂的本质是气;德谟克利特(E. Democritus)认为世界是一团永恒燃烧的活火,灵魂的本质是火,灵魂是由微小的、圆的、光滑的、像最轻的火原子那样的原子构成的。中国古代思想家们也对此提出了很宝贵的见解。先秦唯物主义思想家荀况认为精神需依赖形体,形体是根本的。东汉的王充主张"形死神(精神)灭"的唯物主义思想。

古代朴素唯物主义思想家们坚持物质第一性,心理、意识第二性,认为精神是物质的属性和产物的思想是十分可贵的,但由于科学的局限,因而不能正确认识产生心理的具体部位,只能停留在猜测和推想的阶段。

(二)机械唯物主义和庸俗唯物主义的心理观

法国、荷兰、德国曾出现了一些唯物论的思想家,他们把意识看成是人体内部生理活动的产物,并认识到人脑是思想的器官。机械唯物主义心理观的代表法国唯物主义者拉·美特利(J. O. de La Mettrie)认为,人不过是一个巨大的、极其精细的、巧妙的钟表。狄德罗(D. Diderot)把人比作"有感觉的乐器",他认为,我们的感官就是键盘,我们周围的自然界弹它,它自己也常常弹自己。庸俗唯物主义心理观则认为"脑髓分泌思想正好像肝脏分泌胆汁一样"。

古代朴素唯物论者及近代唯物论者虽然坚持物质第一性,心理、意识第二性的唯物论观点,但前者未能很好地认识脑与心理的关系,后者混淆了意识与物质的界限,把心理、意识也看成是一种物质,因而都不能真正科学地理解心理的实质。辩证唯物主义、历史唯物主义的心理观才真正说明了心理的实质这一基本问题。

辩证唯物主义认为,人的心理是人脑对客观现实主观能动的反映。对这一心理实质可以从三个方面来理解,即心理是脑的机能;心理是客观现实的反映;心理是在实践活动中产生发展的。

第二节　心理是脑的机能

心理不是物质,而是物质的产物;心理并不是一切物质的产物,而只是发展到高度完善的物质,即脑的产物。

但在古代,人们很长时期内不知道脑是产生心理现象的物质本体,却误以为心脏是心理的器官,所以把许多心理现象和"心"联系起来,例如把一个人思虑周密称作"心细",把性情急躁称作"心急"等。然而无数事实客观地表明了心理和脑的关系,例如脑受到损伤,心理便会受到影响,甚至引起精神变态。现代关于脑的实验研究更科学地证明了脑是心理的器官,心理是脑的机能。

一、脑机能的物质基础——人脑的结构

脑是神经系统的重要构成部分。神经系统是由无数神经元构成的,神经元是神经系统的基本单位,又称神经细胞。人脑神经元的数量在140亿个以上。神经元由细胞体和细胞突起两部分组成(参见图2-1)。细胞体由细胞核和细胞质构成,细胞突起由树突和轴突构成,树突和轴突都是由细胞体发出的。树突,形状如树的分枝,一般较短而且有许多分枝,其作用类似电视的接收天线,负责接受刺激,将神经冲动传向细胞体。轴突较长,一个神经元只有一根轴突,其周围有髓鞘,轴突的末端分成许多小枝,称为轴突末梢。轴突的功能是将神经冲动从细胞体传出,到达与它联系的各种细胞。

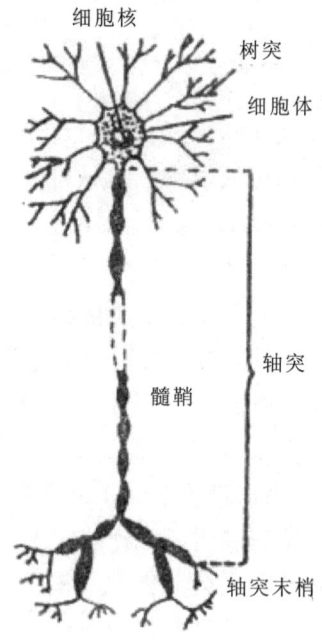

图 2-1 神经元的组成

神经系统包括中枢神经系统和周围神经系统两大部分(参见图2-2)。

(一)中枢神经系统

中枢神经系统由脑和脊髓构成。脊髓位于脊柱内,上接脑,外连周围神经,是中枢神经的最低部位。脊髓的基本机能是把由感觉神经元传来的神经冲动直接地传导到效应器官,完成简单反射的活动;它是脑与周围神经之间的传导通路。

脑由脑干、小脑和大脑构成(参见图2-3)。脑干包括延脑、脑桥、中脑和间脑。延

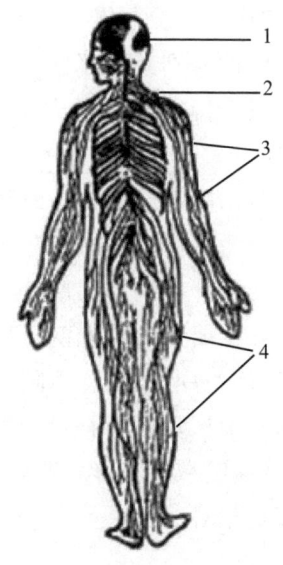

1.脑 2.脊髓 3、4.周围神经系统

图 2-2　人的中枢神经系统和周围神经系统

脑在脑干最下端,后下方接脊髓,背侧为小脑所覆盖。延脑是心跳、呼吸、血管运动、咀嚼、吞咽、胃肠运动、排泄等活动中枢,对维持生命有极为重要的作用,所以又称"生命中枢"。脑桥位于延脑与中脑之间,连接小脑两半球,主要机能是调节肌肉紧张和某些内脏活动。中脑位于丘脑底部,是视觉、听觉的低级中枢,主要机能是调节身体姿势和随意运动。间脑位于大脑半球下部,大部分为大脑半球所覆盖,并与两半球紧密连接。间脑由丘脑和下丘脑构成。小脑位于大脑后下方,脑干背面,分为左右两个半球,其表面是小脑皮质。来自全身的信息、特别是来自躯干和四肢以及内脏的信息都到达小脑皮质。小脑的主要机能是协调骨骼肌肉的活动,保持身体平衡。

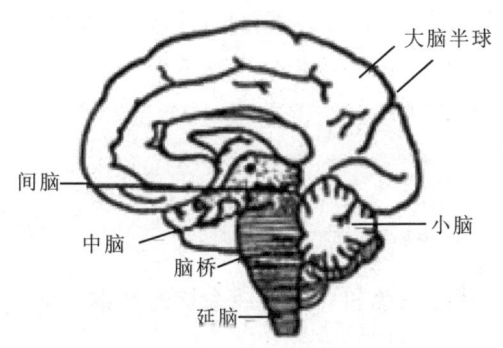

图 2-3　人脑的各个部分

人的大脑由左右两半球构成,表面覆盖着大脑皮层。大脑皮层共有 6 层,展开时面积约有 2200 平方厘米,由神经细胞构成,每个神经细胞都具有巨大的处理各种信

息的能力。各个神经细胞之间构成了十分复杂的联系,皮层的每一部分既接受其他部分发出的神经冲动,又发出神经冲动到其他部分;而且不仅皮层的各个部分之间有广泛联系,皮层还和皮层以下的各个部位之间形成复杂联系。这种错综复杂的联系构成了人的心理现象的生理基础。大脑皮层是人的心理现象最重要的机能结构。

大脑半球的表面有许多皱褶,凹陷部分称为沟或裂,隆起部分称为回。根据沟回的分布曾把大脑皮层分区,一般分为额叶、顶叶、颞叶和枕叶(参见图2-4)。各叶的机能并不相同:位于大脑半球前部的额叶和顶部的顶叶主要和智力活动、语言功能有密切关系;位于大脑半球外侧的颞叶主要是听觉中枢;位于大脑半球后部的枕叶主要是视觉中枢。但大脑皮层是统一整体,各叶虽然有不同的机能中枢,然而这些中枢只是某种机能的核心部分,在皮层的其他区域还有该种机能的分散部分。当某一中枢受到损伤,经过适当的治疗训练,受损区域的机能往往能由其他区域代替执行,起补偿作用,因而皮层各区的机能分工是相对的。

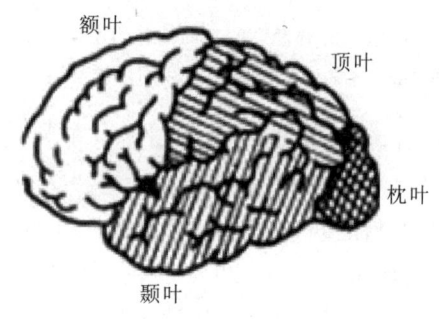

图 2-4　大脑半球皮层分区

(二)周围神经系统

周围神经系统包括脑神经 12 对,主要分布于头面部、咽部及气管、肺、主动脉和腹腔内脏;脊神经 31 对,进出脊髓,主要分布于躯干和四肢;以及植物性神经,分布于内脏的平滑肌和腺体。周围神经系统遍布全身,使脑和脊髓的中枢与全身其他器官联系起来。

二、脑机能的基本活动方式——反射

以脑为核心的中枢神经系统和周围神经系统的基本活动方式是反射。

(一)反射与反射弧

反射是有机体借助于神经系统而实现的对内外环境刺激所做出的规律性应答反应。引起反射的刺激可能是外部的,如食物、声、光、温度等;也可能是体内的,如肠胃运动、某内脏器官活动的变化等。对于刺激的回答可能是肌肉收缩从而产生身体运动,也可能是腺体的活动从而导致分泌唾液、胃液、胆汁、汗液、眼泪或各种激素。从简单的咳嗽、眨眼到复杂的学习、品德养成都是反射,实现反射的全部神经结构叫作反射弧。反射弧一般包括五个环节:感觉器官(眼、耳、鼻、舌、皮肤、内脏、肌肉等)、传入神经、中枢神经、传出神经、效应器(肌肉、腺体等)。

（二）反射的种类

反射分为无条件反射和条件反射两大类。无条件反射是遗传的、生来就有的反射。如强光刺激,引起瞳孔收缩;异物进入呼吸道引起咳嗽;食物进入口腔引起唾液分泌;新生儿的抓握反射、向光反射、巴宾斯基反射等都是生来就会的。条件反射是后天的,是在个体生活过程中经过学习而形成的反射。比如,挨过棒打的狗再见到举棒的姿势就逃跑;打过几次针的小孩,见到穿白衣服的人就哭或躲避;吃过梅子的人,一见到梅子便会分泌唾液。

对条件反射的实验研究,出现了两种著名的条件反射理论。俄国生理学家巴甫洛夫(Ivan Pavlov)提出了经典性条件反射理论。在他的实验中,条件反射是这样形成的:先给被缚在实验台上的狗喂食,它便分泌大量唾液。这是食物——无条件刺激引起的无条件反射;而让狗只是听见铃声——无关刺激物,没有食物,它并不分泌唾液,因为铃声对它来说尚无饮食上的意义。接着,把食物与铃声结合起来,先铃声,后给食,狗分泌唾液。直到最后,即便食物不出现,单独发出铃声,狗也会分泌唾液。原先的无关刺激物——铃声便成了食物的信号,成为条件刺激物了。这时可以说条件反射形成了。条件反射的形成是在条件刺激和反应之间建立了暂时神经联系。条件反射使有机体可以对生活环境做广泛灵活的适应。例如,弱小的动物在森林中突然出现寂静的情况时便急速奔避,因为它在生活中学会"突然寂静"意味着附近正有猛兽窥伺,因而迅速逃避,以保生存。美国斯金纳(Burrhus Skinner)根据自己的实验,提出了操作性条件反射(或称工具性条件反射)理论。实验时把饥饿的鸽子放在实验箱里,它开始乱飞乱啄着寻找食物,后来偶然啄到一个按钮,便有食物出现。于是鸽子的食物需要得到满足,也使啄按钮的动作得到强化。对鸽子来说,按钮就是条件刺激。经过多次重复,鸽子进箱即会啄按钮以获得食物。啄按钮的动作和获得食物之间建立了联系,按钮成为获得食物的工具。操作性条件反射和经典性条件反射的一些基本原理是相同的。但在操作性条件反射中,动物需要通过自己主动的活动或操作才能找到适宜的反应,达到一定的目的,形成条件反射;而在经典性条件反射中,动物不能自由活动,被动地接受刺激。此外,在操作性条件反射中,强化是紧接在适宜的反应之后出现的;而在经典性条件反射中,强化出现在反应之前。

（三）两种信号系统

条件反射活动实际是一种信号活动,因此,条件反射系统又称信号系统。巴甫洛夫针对人类具有语言、词这一特点,把条件反射活动分为两类。

1. 第一信号系统：由具体刺激物作为条件刺激引起的条件反射活动。例如，铃声成为食物的信号，引起唾液分泌。又如，婴儿看到经常喂奶的奶瓶就产生吮奶的动作；或看到穿白罩衣的人就产生喊叫和躲避打针的反应。这些都是第一信号系统活动，因为这些铃声、奶瓶和白罩衣等具体刺激物已分别成为食物、牛奶和打针疼痛等无条件刺激的信号，引起了条件反射活动。

2. 第二信号系统：由语词作为条件刺激引起的条件反射活动。人类的语词总是标志着一定的具体事物，因而可以成为具体刺激物的信号而建立条件反射。例如，一个儿童已经形成了见到医生就怕打针的条件反射，现在更进一步，在听到"医生来了"这句话时，就会立刻哭喊挣扎，躲避打针。"医生来了"这句话，已成为具体刺激——"医生"的信号，而"医生"的形象又是无条件刺激——"打针疼痛"的信号。所以在第二信号系统的活动中，语言、词是一种"信号的信号"，起着条件刺激的作用。

语言、词是具体事物的标志，是具体刺激物的信号，它为人类所独有，因而只有人类才有第二信号系统。第二信号系统给人类的心理现象带来了与动物有本质不同的特点。但必须注意，第二信号系统是在第一信号系统的基础上形成的，而且总是和第一信号系统不可分割地联系在一起。人的心理现象也是以两种信号系统的协同活动为基础。

三、脑机能的神经活动过程——兴奋和抑制

作为脑机能的全部反射活动都是兴奋和抑制两种神经活动过程规律性运动的结果。

（一）基本过程

1. 兴奋过程：由刺激所引起的大脑皮层的活跃状态，它所带来的是大脑细胞能量的消耗。

2. 抑制过程：大脑皮层兴奋性与传导性的阻抑或降低，它所带来的是大脑细胞能量的恢复。

兴奋过程和抑制过程要保持平衡，否则会出现神经衰弱。二者之间的能量转化是有规律的。

（二）基本规律

1. 兴奋和抑制的扩散与集中

在任何时候，兴奋和抑制都不会停滞不动，局限在原发点上，它们会向临近的部分扩散，使其也出现同样的过程，这种现象叫扩散。与扩散相反的过程叫集中。

2. 兴奋和抑制过程的相互诱导

兴奋和抑制过程总是相互联系、相互制约的。在兴奋和抑制过程中，每一种神经过程能够引起和加强与之相反的神经过程，这就是兴奋和抑制过程的相互诱导。从

相互诱导的因果关系看,可以分为正诱导和负诱导。

正诱导是由抑制引起或加强兴奋的现象,负诱导是由兴奋引起或加强抑制的现象。比如,考生在考前过度兴奋,可拿到考卷后,却好像什么都想不起来了。这就是由于兴奋导致抑制的负诱导所造成的。

第三节　心理是客观现实的反映

脑是心理活动的器官,心理是脑的机能。但大脑不能凭空和单独产生心理活动,只有在客观现实作用于人脑时,心理活动才可能产生。心理按其内容来说乃是人脑对客观现实的反映。

一、客观现实是心理的源泉

客观现实是人的心理的源泉。客观现实是十分丰富复杂的,有自然现象和社会生活,但对人的心理起决定作用的是社会生活。一个人假如和人类社会生活隔绝,虽然具有人脑,但他的心理会十分贫乏落后,得不到正常发展,甚至和动物的心理相似。世界各地曾发现一些从小被野兽叼去,和野兽一起生活,在兽群中长大而幸存的"狼孩""豹孩"等,当他们被人捕获而回到人类社会时,仍然喜欢四肢爬行,习惯于夜间行动,不喜欢和人接近,缺乏人的情感,心理发展明显落后于常人。过去印度曾有一个"狼孩",回到人类社会后,虽然经过七八年教育,语言发展也不能恢复正常,只学会三四十个单词。这些事实表明,有了脑而没有客观现实,便没有心理现象;离开了社会生活,人的心理现象便不能得到正常发展。

二、心理是客观现实的主观的、能动的反映

人的一切心理现象,从简单的感觉、知觉到复杂的观念与意识,无不都是客观现实的各种特性、关系在人脑中的反映。人的心理是由客观现实引起的,在脑中形成的近似于客体的映象,是在脑的物质过程中实现的,并表现于言行之中。因此,人的心理按其内容和源泉及其发生方式来说,是客观的。但就产生心理的人这一主体来说,任何心理都是属于一定主体并产生于具体人的脑中,是不可替代的。

1.人脑对现实的反映带有个人主体的特点(主观性)。人的心理是客观事物在人脑中形成反映的过程,这种反映与客观事物本身是相像的,但不是事物本身。心理是主观的反映,以观念的形式存在于人脑中,而事物本身是客观的东西,以物质的形式存在于现实中,它们之间既有联系又有区别。

心理是主观与客观的统一。心理反映的内容是不依赖于主体而存在的,是客观的;外界刺激引起的神经过程所表现的外部反应和行为,也是客观的。但对客观世界的反映总是通过每个个体来实现的,而且人对客观世界的反映并不像照镜子那么机械,人的反映要受个人知识经验、实践领域和全部的个性特征制约,并通过完整的心

理活动表现出来。这样心理活动总要带有个体的色彩,从而表现出人的心理的主观性。

2.人的心理能支配和调节人的行为,反作用于客观现实,改造自然,改造社会,以满足人们的各种需要(能动性)。人的心理一方面受客观现实的制约,另一方面受人的主观条件的折射,因此人的心理是主观与客观相互作用的结果。

三、人的心理是在实践活动中发生和发展的

人的心理不是头脑里固有的,仅仅有了产生心理的物质器官——人脑,不能产生人的心理。即使有了反映器官和被反映的客观现实,如果人不从事社会实践活动,仍然不会自然地产生人的正常心理。社会实践活动是把人脑和客观现实联系起来的桥梁。

人的心理服务于实践,指导实践。实践活动是检验人的心理的唯一标准,人对客观现实的反映是否正确,要由实践活动是否达到预期目标来检验。它推动着人们去改正错误,使反映不断精确和完善。

实践活动促进了人类心理的产生和发展,人的心理发展水平又影响着实践活动的质量,同时又使人们在现实生活中确定着实践的方向。可见,人的心理对实践活动有着明显的反作用。

思考题

1. 两种心理观的论争是什么?
2. 什么是科学的心理观?
3. 人脑的结构是什么样的?
4. 什么是反射、反射弧,以及反射的种类有哪些?
5. 什么是第一信号系统和第二信号系统?
6. 高级神经活动的基本过程和基本规律是什么?
7. 为什么心理是客观现实的反映?
8. "狼孩"的事例,给了我们怎样的启示?

第二篇

认知篇

第三章

注　意

> 注意是一座门，凡是从外界进入心灵的东西都要通过它。
> ——（俄）乌申斯基（Konstantin Ushinski）

▶ **本章要点提示**

- 注意概述
- 注意品质
- 注意规律在教学中的运用
- 注意缺陷障碍[伴多动]

第一节　注意概述

詹姆斯在《心理学原理》这一著作中描述了注意：注意是心理以清晰而生动的形式，对若干种似乎同时可能的对象或连续不断的思维的一种占有。它的本质是意识的聚集、集中。它意指离开某些事物以便有效地处理其他事物。

一、注意的定义

注意是人的心理活动对一定对象的指向和集中。人们要想有效地进行活动，就必须把心理活动指向和集中于活动对象。教师要想上好课，就必须排除一切干扰，专心致志于讲课活动。学生要想学好功课，则必须克服分心，聚精会神于学习内容。这种"专心致志""聚精会神"的现象就是指注意的状态。

二、注意的特征

注意有两个特征：指向性和集中性。

(一)指向性

指向性是说由于感觉器官容量的限制,心理活动不能同时指向所有的对象,而只能选择某些对象,舍弃另一些对象。在千变万化的世界中,有各种各样的信息作用于人,但人们不可能对所有的信息都做出反应,只能选择一定对象做出反应。这样才能保证指示的精确性和完整性。

(二)集中性

集中性是指心理活动能全神贯注地聚焦在所选择的对象上,表现在心理活动的紧张度和强度上。注意集中时心理活动会离开一切无关的事物,并且抑制多余的活动,这样就保证了注意的清晰、完善和深刻。很多科学家、思想家都具有高超的注意集中能力,苏格拉底(Socrates)就是其中一个。苏格拉底曾经加入一支部队,在一次行军途中他全神贯注地思考起一个哲学问题。不知不觉地停了下来,当他清醒过来,才知道自己已在那里站了几个小时,远远地掉队了。

指向和集中是同一注意状态下的两个方面,两者是不可分割的。例如,学生上课听讲,他的心理活动不是指向教室里的一切事物,而是有选择地指向教师的讲课内容,并且比较长久地保持在听课活动上。同时离开一切与听课无关的事物,并且对妨碍听课的活动加以抑制,这样才能对教师的讲课有清晰、完善的反映。

注意只是心理活动或意识活动的一个特点,是心理过程的一种状态,不是一种心理过程,它并不反映任何事物,也不反映事物的任何属性。平常我们只说"注意",实际上是省略了看、听、想等这些心理过程,说完整了应该是"注意听""注意看""注意想",离开了心理过程也就不存在注意的现象。

三、注意的功能

注意是一种复杂的心理活动,具有一系列的功能。

(一)选择功能

注意的基本功能是对信息进行选择,使心理活动选择有意义的、符合需要的和与当前活动任务相一致的各种刺激;避开其他无意义的、附加的、干扰当前活动的各种刺激。即注意将有关信息线索区分出来,使心理活动具有一定的指向性。许多心理学家把注意看作认识选择性的高度表现。

(二)保持功能

外界大量信息输入后,每种信息单元必须经过注意才能得到保持,如果不加注意,就会很快消失。因此,需要将注意对象的映象或内容保持在意识之中,一直到完成任务,达到目的为止。外科医生为了抢救病人的生命,可连续数小时站在手术台前,集中精力做手术,根本感受不到疲劳与饥饿,但病人得救后,医生会立刻意识到已经疲倦到极点,甚至不能再支撑自己的身体,必须马上卧床休息。这是注意的保持功能在起作用。

(三)调节和监督功能

注意能使人及时觉察事物的变化,并调节自己的心理和行动以适应这种变化。例如,汽车司机随时注意交通情况,根据实际的变化,改变行车的速度和方向,以保持行车安全。注意的监督作用表现为能随时发现自己行动的错误,并对自己的心理、行为及时进行调整,对错误及时纠正。

四、注意的外部表现

人在集中注意于某对象时,常常伴随着特定的生理变化和外部表现。注意时最显著的外部表现,有以下几种。

(一)适应性运动

当注意某一事物时,人们首先调整感官,适应其需要。例如,人在注意观察某个物体时,把视线集中在该物体上,即所谓"举目凝视";注意听一个声音时,把耳朵转向声音的方向,即所谓"侧耳倾听";当沉浸于思考或想象时,眼睛常常是"呆视着",好紧皱双眉,凝视沉思。这些举目凝视、侧耳倾听、凝视沉思等都是注意的适应性运动。

(二)无关运动的停止

人在高度集中注意时,无关运动会暂时停止。当儿童听讲精彩故事时,会一动不动地看着老师。

(三)呼吸运动的变化

人在正常情况下,呼气和吸气的时间比较接近于 1∶1。当人在集中注意时,呼吸变得轻微而缓慢,呼与吸的时间比例也会发生变化,一般是吸短呼长;当注意力高度集中时,甚至会出现呼吸暂时停止的状态,即所谓"屏息"现象。此外,在注意紧张时还会出现心跳加速、牙关紧闭、握紧拳头等现象。

可以根据一个人的外部表现来推断他的注意情况。但是,有时注意的外部表现和注意的真实情况不相符合。例如,貌似注意一件事,实际上心理活动却指向和集中在另一件事上。

(四)眼动

研究表明,在视觉注意中眼睛有三种基本运动形式:注视、跳跃和追随运动。注视是眼睛对准某一事物的活动。为了保证对事物清晰的反映,眼球还必须跳跃和追随运动。

当人们注意某个物体时,眼球运动并不是平衡地滑动,而是以跳跃的方式移动。视线先在对象的某一部位停留片刻,注视后又跳到另一部位上,并开始对新的部位进行注视。在注意某一个事物时,眼睛就以不断地注视、跳跃、再注视的方式观察事物。一般人总是把眼睛定位于刺激物上信息量最大的地方或最重要的特征。图3-1是用眼动仪记录的一个人在扫描脸部照片时的注意轨迹,可以发现人的注意主要是在眼睛、鼻子和嘴巴的区域。

图3-1　观察女孩扫描面部照片时的眼动轨迹

五、注意的种类

美国心理学家詹姆斯曾把注意划分为随意注意和不随意注意两种类型。苏联心理学家多勃雷宁(N. F. Dobrynin)提出,除随意注意和不随意注意外,还有一种是随意后注意。目前,一般根据产生和保持注意时有无目的以及意志努力程度的不同,把注意分为无意注意(不随意注意)、有意注意(随意注意)和有意后注意(随意后注意)三种。

(一)无意注意

无意注意是指事先没有预定目的,不需要意志努力就能维持的注意,也叫不随意注意或消极注意。例如,上课时学生正在专心听讲,突然教室外面传来嘈杂声,学生们会不由自主地朝门窗外张望。因此,在无意注意状态下,对要注意的对象一般是没有任何准备,也没有明确的认识任务。

(二)有意注意

有意注意是指有预定目的,需要付出一定意志努力才能维持的注意,又叫随意注意。例如,一个学生正在思考学习上的问题时,旁边有人在谈论趣闻轶事,他被吸引而停止思考,去听别人讲述,这是无意注意。但当他意识到学习必须专心致志,就会断然不听别人的谈话,聚精会神地去思考问题。这种服从于预定目的,并经过一定意志努力的注意,就是有意注意。

(三)有意后注意

有意后注意是一种既有目的,又无须意志努力的注意,又叫随意后注意。有意后注意是个人的心理活动对有意义、有价值的事物的指向和集中,它是在有意注意的基础上发展起来的。例如,开始从事某项生疏的、不感兴趣的工作时,人们往往需要通过一定的意志努力才能把自己的注意保持在这项工作上。经过一段时间后,他们对这项工作熟悉了,并发生了兴趣,就可以不需要意志努力而继续保持注意。这时,有意注意就发展成有意后注意。熟练地背诵课文,熟练地骑自行车等活动中的注意都是有意后注意。

第二节 注意品质

注意品质包括注意的广度、注意的稳定性、注意的分配和注意的转移等特征。

一、注意的广度

注意广度是指在同一时间内,意识所能清楚地把握对象的数量,又叫注意范围。简单任务下注意广度为 7 ± 2,即 $5\sim9$ 个。

人的注意广度并不是固定不变的,影响注意广度的因素主要有两个。

(一)知觉对象的特点

在知觉任务相同的情况下,知觉对象的特点不同,注意的范围会有一定的变化。研究表明,知觉的对象越集中,排列得越有规律,越能成为相互联系的整体,注意的范围也就越大。例如,颜色相同的字母比颜色不同的字母的注意范围要大些;排列成一行的字母比分散在各个角落上的字母的注意数目要多些;对大小相同的字母感知的数量,要比对大小不同的字母感知的数量大得多;对组成词的字母所注意的范围,要比对孤立的字母所能注意的范围大得多。苏联心理学家的一项研究表明,显示孤立的字母时,成人的注意广度是 $4\sim6$ 个对象,小学生是 $2\sim5$ 个对象。在显示短的词句时,注意范围是 $4\sim6$ 个客体,其中包含有 10 多个字母,注意的范围扩大了。

(二)知觉者的活动任务和知识经验

同样的知觉对象,由于个人知觉活动的任务和知识经验不同,注意的范围也会有一定的变化。如果知觉活动的任务多,注意范围就小;知觉活动的任务少,注意范围就大。例如,在速示器上呈现一定数量的外文字母,要求知觉者不仅辨认出字母的个数,同时还要求他们指出字母在书写上的错误,这时他们所能知觉到的字母数量比他在只认字母数量时要少得多。

知觉者的知识经验越丰富,注意的范围就越大;知识经验贫乏,注意范围就越小。例如,刚学会阅读的学生的阅读速度是很慢的,注意范围也较小,但随着知识经验的积累,注意范围的扩大,阅读的速度也就加快了。

二、注意的稳定性

注意稳定性又称注意的持久性,是指人的注意能较长时间地保持在某种事物或某种活动上的特性。注意集中的持续时间越长,注意的稳定性越长。

人在感知同一事物时,注意很难长时间地保持固定不变。在听觉方面,将一块表放在离参与者耳朵的一定距离处,使他刚能隐约地听到嘀嗒声。参与者有时听到表的声音,有时又听不到;或者感到表的声音一时强,一时弱。注意的这种周期变化被称为注意的起伏。苏联心理学家把这种现象称为注意的动摇。在视觉方面,当知觉时,可以明显地觉察到注意的起伏。比如,在知觉"双关图"(参见图3-2)中,通过注视可以看出,小的方形时而凸起,位于大方形之前;时而陷下,大方形凸在前面,在不长的时间内两个方形的相互位置跳跃式地变换着。有人测量过这种变化的速度每分钟为15~20次。

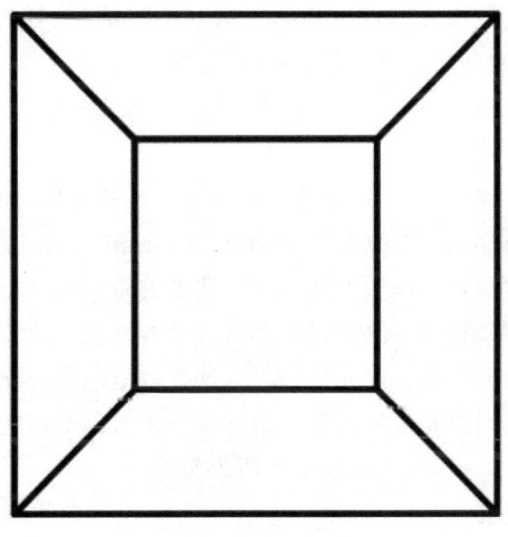

图3-2 知觉"双关图"

由此可见，注意稳定性并不意味着注意总是指向同一对象，而是指当注意的对象和行动有所变化时，注意的总方向和总任务不变。例如，上课时学生既要听教师讲课，又要记笔记，还要看实验演示或幻灯片等。但所有这些都服从于听课这一总任务，因此，他们的注意是稳定的。

与注意稳定性相反的状态是注意的分散，又称分心。注意的分散是指注意离开当前应当完成的活动任务而被无关事物吸引，即注意没有完全保持在当前所应该指向和集中的事物上。引起注意分散的原因有两个：一是无关刺激的干扰或单调刺激的长期作业；二是与人的主体状态，如疲劳、疾病、焦虑等有关。学生上课时"左顾右盼"、乱写乱画、身体姿势僵呆等都是注意分散的表现。注意分散是注意稳定性的障碍，为了保持注意的稳定，教师应注意在教学过程中排除引起学生分散的各种因素。

影响注意稳定性的因素主要有以下三种：

1. 对象本身的特点

注意对象如果是内容丰富、特征比较复杂、活动并变化着的，那么个体的注意就容易稳定和持久。如果注意对象是贫乏而单调的，则会迅速降低人的注意稳定性。

2. 活动的目的任务

活动的目的任务越明确，越有利于注意的稳定。在比较复杂的工作和学习任务中，不但要明确活动的总任务，而且要明确每个步骤需要解决的具体任务，并积极尝试解决它们，让大脑始终处于比较紧张的思维活动状态，这对于保持注意的稳定是有利的。

3. 人的主观状态

活动者的积极态度和对注意事物的兴趣，是保持个体注意稳定的有利条件。因为兴趣会使人废寝忘食，刻苦钻研，从枯燥无味的单调活动中得到无穷乐趣。另外，良好的身体状态对保持稳定的注意也很重要。心情舒畅、精神饱满，就易于稳定注意；头痛、失眠、过度疲劳或情绪烦躁，则不易于注意稳定。

三、注意的分配

注意分配是指在同一时间内，把注意指向于不同的对象，同时从事几种不同活动的现象。在一定条件下，注意的分配是可能的。1887年潘尔哈姆（F. Paulham）发现，一边口诵一首熟悉的诗，一边手写另一首熟悉的诗，是可以做到的；教师能一边讲课，一边观察学生听课的情况；汽车司机能在双手操纵方向盘的同时，两眼还要注意道路上的行人、车辆、障碍物和灯光信号等。这些都是注意分配的实例。

人的注意分配能力主要是后天学习与训练的结果。个体能否顺利地把注意分配到同时进行的几种活动中，主要依赖以下两个条件。

1. 活动的熟练程度

注意分配要求同时进行的两种活动中必须有一种是熟练的。人们对熟练的活动不需要更多的注意，可以将注意集中在比较生疏的活动上。即同时到达的两个信息可能不会超出脑的加工容量,人就能对两者都做出反应。只有这样,注意分配才成为可能。例如,学生上课边听边记,这是因为他们记笔记已经熟练了,把注意中心集中在听课上,在这种情况下就能做到"一心二用"。

2. 同时进行的几种活动之间的内在联系

同时进行的几种活动之间的内在联系也很重要。如果它们之间毫无联系,同时进行这些活动就很困难;如果它们之间已经形成了某种反应系统,同时进行这些活动就比较容易了。例如,自拉(胡琴)自唱(戏),边歌边舞,将拉和唱、歌和舞形成系统,就有利于注意的分配。如果各种活动之间彼此没有联系,甚至相互排斥,如边开车、边看书就难以实现注意的分配。

四、注意的转移

注意的转移是指人根据新任务的要求,主动地把注意从一个对象转移到另一个对象上去。例如,第一节课上外语课,第二节课上语文课,根据新的任务,注意从这一门课转移到另一个门课,这就是注意的转移。

注意的转移和注意的分散是不同的,虽然都是注意对象的变换。注意的转移是在实际需要时,有目的地把注意转向新的对象,使一种活动合理地为另一种活动所代替。注意的分散是在需要注意稳定时,受无关刺激干扰,或由单调刺激所引起,使注意离开需要注意的对象。

注意转移的难易程度和速度,主要受到以下三个因素的制约。

1. 原来活动吸引注意的强度

一个人在实现注意转移前所从事的活动对他的吸引力大,注意紧张度高,注意转移就比较困难;否则,注意转移就比较容易实现。

2. 新事物的性质与意义

如果新事物的内容丰富多彩,形式多样有趣,那么,注意就比较容易转移;否则,就不易转移。但如果人对新事物的意义理解深刻,除了表面现象外,能够了解它的重要作用,即使事物本身并不有趣,也会引起个体的注意转移。

3. 事先是否具有转移注意的信号

如果事先发出注意转移的信号,使人的心理有所准备,则注意的转移就会主动而及时。

此外,注意的转移还与人的高级神经活动类型和已有的习惯有关。高级神经活动类型是灵活型的人比非灵活型的人注意转移要容易与迅速;已经养成注意转移习惯的人,比没有这种习惯的人能更主动地实现注意的转移。

第三节 注意规律在教学中的运用

注意是学生进行学习的必要前提,也是教师顺利进行教学的重要条件。因此,教师在教学过程中只有根据注意的规律,组织好学生的注意,才能使教学收到良好的效果。

一、正确运用无意注意的规律

无意注意是由刺激物本身的特点和人的主体状态所引起的。刺激物的特点和人的主体状态既可以引起学生学习上的注意分散,又可以借助它顺利地进行教学。为此,教师在教学过程中应当尽量避免那些分散学生注意的因素,紧紧地把握住那些吸引学生注意的因素。

(一)引起学生无意注意的主要原因

刺激物的新异性、强度和运动变化是引起学生无意注意的主要原因。(1)刺激物的新异性,包括两种情况:一种是指过去从未感知过,另一种是已熟知的刺激以新的形式表现出来。(2)刺激物的强度,可以从绝对强度和相对强度两方面来考虑。例如,雨天惊雷的巨响和闪电的强光能迅速引起人们的无意注意;而在十分安静的阅览室里,翻书的声音或小声的耳语,也能引起人们的注意。(3)刺激物的运动变化,是指在静止的背景上,各种运动着的物体容易引起人们的注意。同时在运动着的背景上静止的对象,同样也能引起人们的注意。还有教学中教师教学方法的改变都会引起学生的注意。另外,学生的主体状态如需要、兴趣、情绪、知识经验,也是影响无意注意的重要因素。

(二)运用无意注意的规律组织教学,就必须遵循注意的规律,并配之以各项有效的措施

1. 教师要考虑到学生已有的知识经验,注意新旧知识的必然联系,保证教学内容深入浅出,既能让学生听懂,又有新意。能够满足学生的需要、兴趣,这是维持注意的关键。

2. 教学要体现生动形象的特点,充分利用直观的教具、清晰的板书、生动的语言和适当的表情及手势。这对于活跃课堂气氛、引起学生的注意很有帮助。

3. 教学中要克服呆板僵化的教学模式,讲究变化性。例如,语言抑扬顿挫的变化,或教学进程中的突然停止(有时加大嗓门),以及教学中同类问题的灵活多变的教学方法,都有利于保持教学的新颖性,引起学生的无意注意。

4. 要防止与教学无关的刺激对学生注意的干扰。例如校园内外的环境、教室内外的布置,要安静、简洁并相对稳定;教师的服饰和发型不宜过于新奇,换了新装或新发型要在课前"亮亮相";教具的数量和教学方法的变化都要从教学实际出发,有时过多的教具和过于灵活的教学方法会有华而不实的效果,不利于教学,另外教具的呈现时间也要恰到好处,这对保持教具的新颖性和避免它对学生理解其他问题的干扰都有重要作用;遇到课堂中的突发事件,教师要以平稳的情绪慎重、迅速地处理好,保持

课堂秩序的稳定;对于学生的课间活动,不宜组织激烈或竞赛的游戏活动,这不利于上课时注意的转移。

二、善于组织和发展学生的有意注意

学习的目的、学习的动机、注意的习惯和师生间的沟通,都是学生有意注意的重要条件。教师在教学中要遵循有意注意的规律去组织学生的学习。

1. 帮助学生树立明确的学习目的

有意注意是一种有预定目的的注意,目的任务越明确、越具体,越易引起和维持学生的有意注意。尤其是低年级的小学生,其无意注意占优势,注意处于波动状态,更需要教师的帮助,使学生在教学中始终明确目的。如在观察中要求学生仔细观察,不如告诉学生怎么观察、观察什么,更好些。课堂中让学生带着问题认真听同学或教师朗读课文,注意力容易集中,如朗读前给学生提出几个思考题,如作者写了几件事,为什么写这几件事,学生朗读时有没有不准确的,情感表现怎么样,流利程度怎么样。这样学生在听时就会认真些。这比空洞、抽象的说教效果要好些。

2. 多途径地激发学生的学习动机

学习动机是推动学习的内部动力,这是集中注意的最有效手段。教学中教师可以通过巧妙的设疑和恰当的实例把学习的内容和生活实际联系起来,与学生强烈的求知欲联系起来,激发学生学习的内在动机,加强随意注意。同时教师还可以通过各种方式使学生体验到成功的喜悦。肯定的评价、赞许的目光和恰当的鼓励都能让学生从成功的体验中激发学习的间接兴趣,从而产生强烈的学习动机,加强自己的有意注意。

3. 培养学生形成良好的注意习惯

良好的注意习惯表现在注意的稳定性和注意的转移两个方面,即根据学习任务长时间地保持注意而不分心,而学习任务的变化又需要注意迅速转移而减少惰性。这既可以在教学中培养,又可以进行专门训练。如教学中教师可选择一些有一定难度、需要集中注意才能完成的任务让学生做,也可以将不同的问题随机呈现,训练学生注意稳定性和注意转移的能力。当然注意习惯的培养要与意志品质的培养结合起来,随时随地与来自内外主客观各种因素的干扰做斗争,这样才能顺利完成学习任务。

4. 注意加强师生间的双向沟通

在教学中常要求学生认真听教师讲,而很少要求教师注意学生的学,其实教师注意学生,才能引起学生对教师的注意。很难想象一个"目中无人"的教师能引起和维持学生对教学活动的注意。因此,教师要时刻关注学生的学习状态,注意学生的反应,了解学生的要求,并且调整自己的教学。

三、善于运用两种注意相互转换的规律

在教学中,只依靠无意注意来学习,不利于掌握系统的科学文化知识,也不利于

各种心理品质的发展,但是只依靠有意注意来学习又容易使学生疲劳,产生厌倦的情绪。为了使学生始终保持旺盛的精力,积极地投入注意而不疲劳,教师要善于运用两种注意转换的规律,把两种注意有机地运用在每一天、每一节课,以至每一个问题的学习活动之中,教学内容的难易做到合理安排,教学方式方法稳中求异,各教学环节有机联系,使学生的注意张弛有度。例如,一节课的开始、重点、结束前的小结都要提醒学生组织自己的有意注意;而教学的导言环节、复习巩固的过程中,又要通过灵活多变的教学方法,使学生通过无意注意轻松自如地获得知识。当然不能把两种注意的转换简单地归结为两种注意按着一定的顺序轮番交替地出现,因为教学是一门艺术,有法可依,但无定法可循。

第四节 注意缺陷障碍[伴多动]

近20年来,注意缺陷障碍[伴多动](attention deficit hyperactivity disorder,简称 ADHD)已引起了儿童心理学家、教育家、儿童精神病学专家和千百万被此障碍困扰的父母、教师的广泛关注,已成为一个世界性的研究课题。[1]

一、什么是注意缺陷障碍[伴多动]

(一)注意缺陷障碍[伴多动]

注意缺陷动障碍[伴多动]是根据美国《精神障碍的诊断统计手册》第4版命名的。这样的儿童,大多表现为多动,不安宁,难以调节和控制某些外部活动状态,情绪不佳,周围人际关系不良。因此,自然会使某些家长和教师将学生的爱动与不守纪律、品德不良等联系起来。这一领域最有名的学者巴克利(R. A. Barkley)认为,这类儿童缺乏抑制行为的能力,他们不能制止自己不做那些不应该做的事,一旦他们做了某些行为时,他们就不能停下来。特别是在复杂的环境中,如课堂有许多刺激,儿童不能抑制他们对各种光、声音刺激的反应,所以他们看起来总是无休止地动并且不能将注意力集中在一项活动上。

(二)注意缺陷障碍[伴多动]的基本特征

注意缺陷障碍[伴多动]的基本特征有两个:一是注意的选择性差,常把注意力集中在不该注意的事件上,对应该注意的事件却不能注意,即对有关任务、情境的反应能力不强,忽视、限制无关事物的能力较差;二是冲动性强,儿童在没有充分思考的情况下就贸然行动。注意缺陷包括两个方面:分心与注意缺乏。分心是指把注意指向

---
[1] 刘翔平,刘雪梅.注意缺损多动障碍量表的编制[J].心理发展与教育,2000(1):67.

无关的目标或把注意同时指向许多不同的方向；注意缺乏则是指对于任何事情不能适当地集中注意。例如，小学生在上课时不是注意听教师讲课，而是发呆或做白日梦，想一些与教师所讲内容无关的事件，这就是分心的表现。而注意缺乏的儿童从外表上看好像是在认真听课，但仔细观察就会发现，他们对所注意的事物往往茫然不知所措，不知道该听些什么。因此，注意缺陷障碍[伴多动]儿童不单纯是兴奋过度，而且还同时伴有兴奋不足，他们的注意缺损和多动行为主要是由于大脑的兴奋和抑制的不平衡所致。①

二、多动与注意缺陷障碍[伴多动]

多动是注意缺陷障碍[伴多动]的显著特征，但是，活泼、好动甚至顽皮都是儿童的天性。因此，多动不等于就是注意缺陷障碍[伴多动]。北京大学精神卫生研究所杨晓玲的研究表明，儿童活动过度与儿童注意缺陷障碍[伴多动]是不同的。

（一）注意力集中的差别

注意缺陷障碍[伴多动]的孩子无论何时何地，都不能较长时间集中注意力，即使是一般孩子最喜欢的动画片、连环画、棋类游戏等，也不能专心欣赏和游戏；学习时注意力更不能集中，或活动过多、分心、思想开小差，或少动、发呆、磨蹭。一般同学只需半小时的作业，注意缺陷障碍[伴多动]儿童可能花两个小时也做不完；但顽童（正常的多动儿童）却全然不同，在干自己爱好的事情时，能全神贯注，并且还讨厌别人的干涉和影响。

（二）意志力的差别

正常的多动具有一定的目的，并有一定的计划及安排，这样的儿童具有较强的意志力；而注意缺陷障碍[伴多动]儿童却意志力薄弱，没有耐心，做事有始无终，常常是这件事没做完又做另一件事，整日忙忙碌碌，但效率很低。

（三）自我控制力的差别

在严肃的、陌生的环境中，顽童有较强的自我控制能力，能安分守己不再胡乱吵闹；而注意缺陷障碍[伴多动]儿童则自控能力差，经常不分场合，在一些严肃的场合也会做出越轨的事情来，所以，常常违反纪律和游戏中的规则，不受同学们的欢迎。

（四）动作灵活性的差异

正常儿童做快速、反复和轮换动作时，表现得灵活自如，而注意缺陷障碍[伴多

---

① 刘翔平，刘雪梅.注意缺损多动障碍量表的编制[J].心理发展与教育，2000(1):70.

动]儿童却表现得很笨拙。

注意缺陷障碍[伴多动]是一个症状,是不是应该分为不同的类型,目前还有争议。美国心理学家认为,注意缺陷障碍[伴多动]有注意障碍为主型,也有多动/冲动为主型和混合型。① 从世界各地的研究来看,3%~7%的儿童可以被诊断为具有某种形式的注意缺陷障碍[伴多动]。其中大概有1.5%的儿童只是多动障碍,1%只是注意障碍,其余是两种表现都有的。所有症状都是男孩比女孩普遍,为3~5倍。② 我国传统上希望孩子安静、服从、守规矩,这种养育方式可能导致中国儿童不如国外儿童好动。因此,对多动的定义和对它的态度要考虑到文化因素的影响。③

三、注意缺陷障碍[伴多动]的诊断标准

(一)注意缺陷的诊断标准

以下表现出现6个或更多:
1. 经常不能注意到细节或在作业或其他活动中犯粗心大意的错误;
2. 经常在活动或游戏中表现出不能保持注意力;
3. 当对他讲话时,经常表现出没有倾听;
4. 经常跟不上教学,不能完成练习、作业或应承担的工作;
5. 在组织任务或活动时经常有困难;
6. 经常不愿意、不喜欢甚至回避要求付出努力的任务;
7. 经常丢失完成学习任务必需的物品,如笔、书、工具等;
8. 经常很容易地被外界刺激分心;
9. 经常在日常活动中表现为记忆力差,遗忘得快。

(二)多动的诊断标准

以下表现出现6个以上,且持续至少6个月:
1. 经常在座位上表现得坐卧不安,手脚动个不停;
2. 在应该坐在座位上时,却经常离开座位;
3. 经常过分地跑跳、攀爬或者报告心神不安的感受;
4. 做安静的游戏经常表现很困难;
5. 总是在走或动,好像有个马达在驱动一样;

---

① American Psychiatric Association. Diagnostic and Statistical Manual of Mental Disorders[M]. Washington, D C: American Psychiatric Association, 1994:78-85.
② H Bee. The Growing Child: An Applied Approach[M]. N Y: Longman, 1999:345-346.
③ 苏林雁,万国斌,杨志伟,等.注意缺陷/多动障碍诊断标准的研究[J].中国神经精神疾病杂志,2001(3):199-202.

6. 经常不停地讲话；

7. 经常不等发问完毕就脱口回答；

8. 在需要轮流等待时，经常表现出有困难；

9. 经常打断或侵犯别人。

在诊断儿童是否患有注意缺陷障碍[伴多动]时，要注意这些症状必须在儿童7岁前就已经出现，必须在至少两种情境下都出现过，如学校和家庭；其行为必须对发展适当的社会、学业或职业方面的能力造成干扰。

四、注意缺陷障碍[伴多动]的形成原因

注意缺陷障碍[伴多动]的形成原因有很多，大致可归纳为以下几个方面。

(一)出生前或出生时的不利因素

有一些研究表明，出生前或出生时的一些有害事件(分娩时孩子有窒息、缺氧的历史)可能会导致神经上的损伤而产生日后的注意和活动问题。在一个回顾性研究中发现，智力正常但有行为失调的儿童的母亲，曾经有过孕产期并发症的比例显著高于一般正常儿童的母亲。例如，有注意缺陷儿童的母亲在妊娠期患毒血症、甲状腺功能亢进、糖尿病、高血压和早产等特殊并发症的比例比正常儿童的母亲大。产后儿童中枢神经系统中毒感染也可能导致注意缺陷，但这些因素并非必然会造成注意缺陷，它只是某些注意缺陷儿童的形成原因之一。

(二)神经系统的成熟迟滞

中枢神经系统成熟迟滞被认为是注意缺陷的另一因素。在临床上，常用"轻微神经系统症状"一词来解释成熟迟滞或神经系统的不成熟。有研究发现，80%的注意缺陷儿童至少有3种"轻微"症状，如精细活动笨拙(不会使用剪刀剪细小的东西，不会使用某些工具，系鞋带不灵便等)、语言困难(口吃、吐字不清等)、肌肉的不规则运动等，而正常儿童中的15%、精神病患儿中的10%才表现出这些症状。

(三)遗传上的因素

先天性代谢缺陷病中最有代表性的是苯丙酮尿症，它是一种遗传性蛋白质代谢缺陷病，孩子在出生时体内就缺乏一种蛋白质代谢过程中需要的酶。当孩子出生饮用蛋白质(母乳、牛奶等)后，蛋白质代谢过程紊乱，产生积累过多的中间产物，而导致脑细胞中毒，对婴幼儿大脑发育造成影响，使之神经兴奋性较高，活动过度。

另外，南京儿童心理卫生研究中心的陶国泰1984年研究发现，注意缺陷障碍[伴多动]的模式至少在某些家庭中是遗传的。大约有1/4有注意缺陷障碍[伴多动]子女的家长，他们自己也有多动的历史。同卵双生子中，一个被诊断为注意缺陷障碍[伴多动]的话，另一个也极有可能有这个症状；但是异卵双生子中，这种巧合的发生

率较低,只有17%。

(四)生物化学基础

注意缺陷与某些生物化学物质有关。对注意缺陷障碍[伴多动]儿童进行药物治疗,发现常常能减少儿童的那些偏离行为。在美国,3/4的注意缺陷障碍[伴多动]儿童服用一种叫作哌甲酯的药,其作用是刺激大脑中监管注意保持的部分,虽然不是全部,但是大多数服用此药的儿童的不服从、捣乱、攻击行为都减少了,注意力改善,学业表现也提高了。这类研究虽然不能说明注意缺陷障碍[伴多动]的机理,但是可以说明它与生物学因素有关。

(五)大脑结构和功能上的差异

运用新技术的研究发现,注意缺陷障碍[伴多动]儿童与正常儿童在大脑结构和功能上有些差异。注意缺陷障碍[伴多动]儿童大脑的右半球比左半球大,而大多数正常儿童正相反。另外,还发现注意缺陷障碍[伴多动]成人(他们童年时也患有注意缺陷障碍[伴多动])比起正常成人,大脑对葡萄糖的新陈代谢显著地慢,而这种代谢具有保持注意和抑制不适当反应的能力。

杨晓玲研究发现,脑部的器质性疾病或患其他神经精神疾病也是注意缺陷障碍[伴多动]的原因。

1.脑部的器质性疾病如脑瘤、脑炎后遗症及某些脑部疾病,可能是重要的临床表现之一。如一个9岁的男孩表现活动过多、恶作剧、冲动、好发脾气,一次下课时为一件小事把同学的课桌踢翻了,把20多名同学的铅笔折断了,曾经怀疑是注意缺陷障碍[伴多动],并进行治疗,症状也曾一度缓解,但两年后一次头部CT检查发现患了脑瘤,经外科手术后,活动过度得到了改善。

2.患其他精神疾病的儿童,活动过度也是经常能见到的症状。如少年儿童时期发病的精神分裂症,就常常表现为兴奋,活动多,行为凌乱,行为目的性差,好冲动。此外,儿童时期发病的躁狂抑郁性精神病,处于躁狂状态时,也表现为活动多、终日不停,做事虎头蛇尾、丢三落四,上课坐不住、注意力难以集中,情绪不稳定、易冲动,招惹同学,做事有过分的举动。患癫痫病的儿童也表现出活动多、冲动、任性、固执、情绪不稳定的特征。

(六)不良的社会环境

研究表明,儿童所处的社会环境对儿童注意缺陷的形成起着至关重要的作用。如,父母生活没有规律,造成儿童的学习、生活也没有规律;父母或教师对儿童日常生活习惯、学习习惯、行为习惯没有进行必要的限制与引导,更没有一定的训练等。注意缺陷障碍[伴多动]儿童的父母与对照组父母在教育方式上存在显著差异。[①]

五、注意缺陷障碍[伴多动]的治疗

目前,对注意缺陷障碍[伴多动]常用的治疗方法有以下几种。

(一)药物治疗

"自1937年布拉德利用安非他明药物来改进儿童的行为问题取得成效以来,药物治疗被广泛地用于对注意缺陷/多动障碍的治疗中。药物治疗主要是兴奋药。但布拉德利1977年研究表明,药物对儿童的行为没有实质性的长期效益。"[②]一旦停止服药,症状就恢复,药物不仅不能治愈注意缺陷障碍[伴多动],还有食欲减退、体重减轻、胃痛、头痛、发育迟缓等副作用。所以使用药物要谨慎,滥用药物会给注意缺陷障碍[伴多动]儿童带来更大的不幸。

(二)行为控制技术

徐芬等人研究认为,行为控制技术包括两个方面:(1)环境控制,如减少儿童周围的分心刺激,让儿童处于比较有秩序的环境中,或把座位安置在教师易注意的地方。(2)行为矫正,最基本的方法是操作性条件反射。常用的是间歇强化技术,即根据学习任务和活动任务的需要,有计划、有目的地采取有效措施,予以强化(两次强化之间有一定间歇),以此巩固良好行为,而漠视、惩罚不良行为;给注意缺陷障碍[伴多动]儿童安排合理的作息时间,动静结合,帮助其明确学习目的,懂得行为规范,并充分认识执行规范的重要性,逐步学会自我控制,改善注意力,克服分心,减少过多的活动和不良行为,养成良好的行为习惯。"沃尔赖奇(Wolraich,1979)曾对多动症的行为矫正进行过评述,发现绝大部分的研究都证明行为矫正技术是相当有效的。正强化技术适用于较大的儿童,而消退技术则适用于较小的儿童,惩罚技术可用于危险的较为麻烦的行为。"[③]

(三)整体治疗方式

整体治疗方式包括心理治疗(主要为行为控制)、药物治疗和教育干预三个方面。其中教育干预十分重要,尤其是制订特殊的教育程序进行教育,效果更好。家长和教

---

① 季军,王玉凤,顾伯美,等.多动症和学习困难儿童父母教育方式探讨[J].心理发展与教育,1994(1):52.

② 徐芬,蒋莉.运用行为矫正方法改进注意缺陷儿童课堂行为的研究[J].心理发展与教育,1998(3).

③ 徐芬,蒋莉.运用行为矫正方法改进注意缺陷儿童课堂行为的研究[J].心理发展与教育,1998(3).

师要努力做到以下四点。

1. 要充分认识到儿童注意缺陷障碍［伴多动］是一种病态心理，并不是孩子有意多动，而是缺乏注意力、缺乏自我控制能力的结果。这是一种无意的、自我难以控制的行为，家长和教师要多一分理解，多一点儿耐心。

2. 不要采取过严或过宽的态度对待孩子。既不要溺爱、放任、听之任之，又不能管束过严，动辄采取体罚、打骂等手段进行身体和精神上的虐待。应因势利导，用正确的态度关心、爱护儿童，看到微小进步就应给予表扬和鼓励，并要求儿童入睡、起床、吃饭、学习、游戏等活动均有规律，不能迁就。对儿童的教育应循序渐进，且不能过分苛求，制订过多的清规戒律并强迫执行往往得不到好的效果。

3. 班级同学之间、师生之间和家庭成员之间不要闹纠纷、争吵、指责甚至打骂，要和睦相处，互帮互爱，营造安定、祥和、温馨、欢乐的集体环境和家庭环境，使儿童有安全感和温暖感。

4. 家长要随时与教师、医生保持联系，及时带孩子看医生，进行心理咨询、身心检查和诊断。对于需要服药治疗的患儿，可服用副作用较小的纯中成药系列药物，起到清肺、养肝、补肾、调节脾和胃，以及熄风、化痰、健脑、益智、宁心、安神的良好作用，可在较短的时间内使患儿注意力集中，记忆力加强，学习成绩提高。

儿童注意缺陷障碍［伴多动］的治疗是个复杂的过程，预防工作更为艰巨。这需要家长和教师了解儿童的生理和心理特点，区分好动和注意缺陷障碍［伴多动］；进一步研究教育规律，探讨注意缺陷障碍［伴多动］的形成原因，为防止和治疗注意缺陷障碍［伴多动］而积极努力，促进学生的身心健康。

 思考题

1. 注意，以及注意的特征、外部表现、种类是什么？
2. 注意品质是什么？
3. 如何正确运用无意注意的规律组织教学？
4. 如何组织和发展学生的有意注意？
5. 注意缺陷障碍［伴多动］的基本特征是什么？
6. 儿童活动过度与儿童注意缺陷障碍［伴多动］的区别是什么？
7. 注意缺陷障碍［伴多动］的原因是什么？
8. 注意缺陷障碍［伴多动］的治疗方法是什么？

第四章

感觉与知觉

> 感觉和知觉通常是同时发生的,因此合称为感知,它是认识活动的开端,是人类一切复杂心理活动的基础。
>
> ——黄希庭

▶ **本章要点提示**

- 感觉和知觉概述
- 感觉现象
- 知觉特征
- 观察

在人们丰富多彩的心理现象中,感觉和知觉是最简单的心理活动,也是认识过程的初级阶段。感觉和知觉是怎样产生的?它们有哪些活动规律?教师可以运用哪些感知规律来提高教学质量?这些问题都是本章所要阐述的内容。

第一节 感觉和知觉概述

一、感觉的定义及其分类

(一)感觉的定义

一个物体有它的光线、声音、温度、气味等属性,我们没有一个感觉器官可以把这些属性都加以认识,只能通过一个又一个感觉器官,分别反映物体的这些属性。眼睛看到了光线,耳朵听到了声音,鼻子闻到了气味,舌头尝到了滋味,皮肤感受到了物体的温度和光滑程度等。每个感觉器官对物体一种属性的反映就是一种感觉。因此,感觉是人脑对直接作用于感觉器官的客观事物个别属性的反映。

(二)感觉的种类

感觉是由物体作用于感觉器官引起的,按照刺激来源于身体的外部还是内部,可以把感觉分为外部感觉和内部感觉。

外部感觉是由身体外部刺激作用于感觉器官所引起的感觉,包括视觉、听觉、嗅觉、味觉和皮肤感觉(触觉、温觉、冷觉和痛觉)。

内部感觉是由身体内部刺激所引起的感觉,包括运动觉、平衡觉和机体觉(内脏感觉:饿、胀、渴、窒息、恶心、便意、性欲和疼痛等)。

(三)感觉的意义

感觉是最简单、最基本的心理现象,是认识世界的开端,是一切知识的源泉,是人们进行正常心理活动的必要条件。

刺激和感觉对于任何人的意识状态的正常维持来说也是必不可少的。加拿大心理学家赫布(Donald Hebb)做过感觉剥夺实验。他让参与者分别孤单一人地关闭在隔音暗室里。为了尽量剥夺其触感觉,参与者手上还戴着手套。这些参与者在感觉剥夺期间,都不同程度地出现理智紊乱现象,无法集中思考问题,表现出散漫的无边际的联想,有人甚至说不清自己究竟是睡着了还是醒着的。他们情绪波动,并表现出严重的压抑和恐惧,有不少人(80%)还产生了幻觉。参与者在解除隔音之后所经受的心理测试表明,他们仍存在各种心理功能紊乱。

二、知觉的定义及其分类

(一)知觉的定义

知觉是直接作用于感觉器官的客观物体的整体在人脑中的反映。

人对客观事物的认识是从感觉开始的。环境中的事物包含着许多属性,如物体的形状、大小、颜色、声音、气味和温度等,以及人的骨骼肌肉和内脏器官活动的不同状态。人首先通过感觉来反映作用于感觉器官的客观事物的个别属性和人所处的某种活动状态的信息。在实际生活中,由于物体的个别属性并不是脱离具体事物而独立存在的,因此,人对事物的个别属性的反映是作为事物的一个方面而与整个事物同时被反映的。人在反映客观事物的过程中,不仅形成了属性和物体间关系的经验,而且也形成了物体与物体之间关系的经验。当客观事物直接作用于人的感觉器官时,人不仅能够反映该事物的个别属性,而且能够通过种种感觉器官的协同活动,在大脑中将事物的各种属性,按其相互之间的联系或关系整合成事物的整体,从而形成该事物的完整的映象。例如,人们感觉到面前苹果的颜色、香味、硬度和甜味等个别属性,然后再在脑中对这些属性的感觉信息进行整合,加上已有知识经验的参与就形成了苹果这一整体的印象,这种对信息整合的过程就是知觉。可见,知觉的产生必须是以种种形式的感觉存在为前提,并且是与感觉一起进行的。但不能把知觉单纯地归结为感觉的简单总和,因为知觉除了以各种感觉为基础外,还需要借助于过去经验或知识的帮助。

(二)知觉的种类

1. 根据知觉对象不同,可以把知觉分为三种

(1)空间知觉:对物体的大小、形状、距离、方位等空间特性的知觉。通过空间知觉,我们不仅可以认识事物的形状及大小,而且可以认识物体的上下、左右、前后等方位视觉。

(2)时间知觉:人脑对客观事物发展变化的延续性和顺序性的反映。时间知觉主要通过自然界的周期现象、有机体内的各种生理过程有节律的周期变化以及其他计时工具来进行的,同时它还受人的兴趣、态度、情绪和知识经验的影响。

(3)运动知觉:人脑对物体在空间中的位移产生的知觉,主要作用是分辨物体的运动与静止以及运动速度的快慢。运动知觉的产生依赖于物体本身运动的速度、物体与观察者之间的距离,以及观察者本身所处的状态及其参照系等。

2. 根据知觉内容是否符合客观现实,可把知觉分成正确的知觉和错觉

(1)正确的知觉:人的知觉的主要方面,它是人脑对事物本来面貌的反映。

(2)错觉:在特定条件下产生的对客观事物的歪曲知觉,这种歪曲往往带有固定的倾向。错觉包括两种:对物的错觉和对人的错觉。

对物的错觉主要有以下几种:当人心情急切或百无聊赖时产生的"一日三秋"的时间错觉;夜晚赏月时产生的"月动云静"的运动错觉;同样重的黑色物体比白色物体感觉重的形重错觉以及视错觉等。在这些错觉中,最常见的是视错觉,视错觉又以图形错觉为多见(参见图4-1)。

①缪勒-莱尔错觉(Muller-Lyer Illusion):1989年由缪勒-莱尔(F. Müller-Lyer)设计,末端加上向外的两条斜线的线段比末端加上向内的两条斜线的线段看起来长一些,其实两条线段等长。

②艾宾浩斯错觉(Ebbinghause Illusion):看起来左边中间的圆比右边中间的圆大一些,但实际上这两个圆的大小相同。

③庞佐错觉(Ponzo Illusion):中间的四边形是矩形,而不是顶边比底边宽的四角形。

④厄任斯坦错觉(Ebrenstein Illusion):中间矩形的四条边看起来是弯曲的。

⑤黑灵错觉(Hering Illusion):中间两条线是平行的,但看起来是弯的。

⑥菲克错觉(Fick Illusion):垂直线段与水平线段等长,但看起来垂直线段比水平线段长。

⑦冯特错觉(Wundt Illusion):中间两条线是平行的,但看起来是弯的。

⑧波根多夫错觉(Poggendoff Illusion):被两条平行线切断的同一条直线,看上

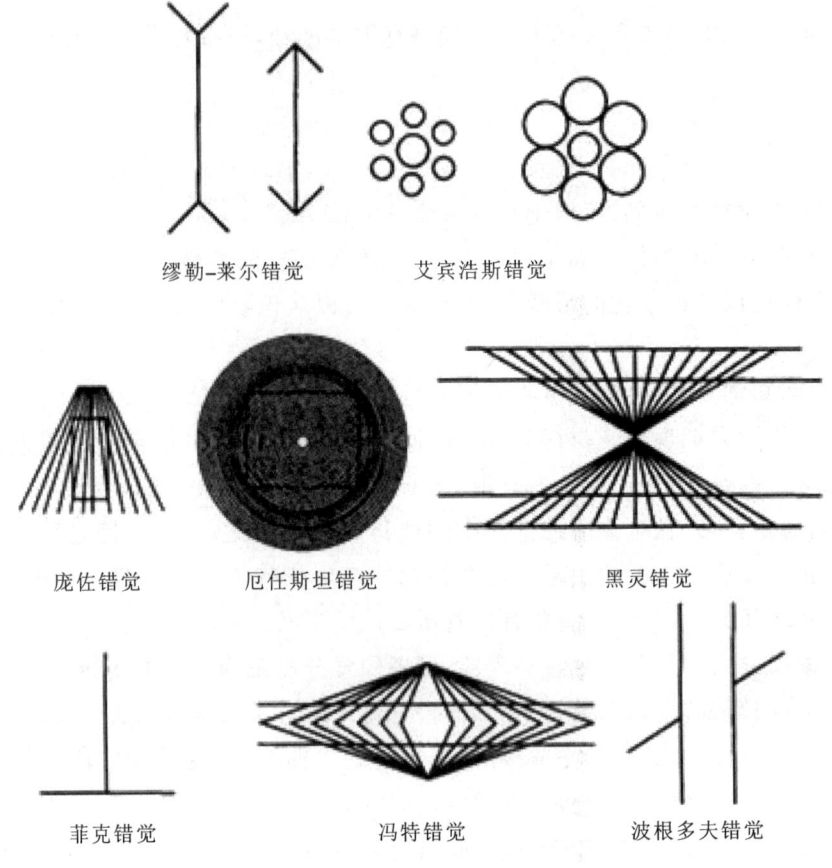

图 4-1 常见错觉举例图

去不在一条直线上。

除了视错觉,还有听错觉(利用仪器使左边来的声波先进入右耳,会觉得声音是从右边来的)、嗅错觉(把一种气味闻成另一种气味,如把杉木气味闻成油漆味)等。

三、一种虚幻的知觉——幻觉

幻觉是在没有外界刺激作用于感觉器官时产生的一种虚幻的知觉。"无中生有"就是一种幻觉,而"杯弓蛇影""风声鹤唳"则是一种错觉。幻觉是一种虚幻的、不正常的知觉,毫无利用的价值。一般说来,这是一种不正常的心理现象,应警惕其产生的原因,特别是精神卫生方面的原因,加以防治。

四、感觉和知觉的关系

知觉是各种感觉的结合(或感觉是知觉的基础和成分);二者反映的都是事物的外部现象,都属于对事物的感性认识。但感觉只反映事物的个别属性,知觉却认识了事物的整体;感觉是单一感觉器官活动的结果,知觉却是各种感觉协同活动的结果;

感觉不依赖于个人的知识和经验,知觉却受个人知识经验的影响。

第二节 感觉现象

感觉是一切高级、复杂的心理现象的基础,没有感觉,正常心理活动也就无从产生。感觉现象主要有感觉适应、感觉后像、感觉对比、联觉。

一、感觉适应

在外界刺激持续作用下感受性发生变化的现象叫感觉适应。例如,从亮的环境到暗的环境,一开始看不到东西,后来逐渐看到了东西,这叫暗适应;从暗的环境到亮的环境,一开始觉得光线刺得眼睛睁不开,很快就习惯了,这叫明适应;"入芝兰之室,久而不闻其香","入鲍鱼之肆,久而不闻其臭",这是嗅觉的适应;手放在温水里,开始觉得热,慢慢就不觉得热了,这是温度觉的适应。各种感觉都能发生适应的现象,痛觉则难以适应,因为痛觉具有保护性的作用。在各种感觉适应的现象中,暗适应是感受性提高的过程,其他适应过程一般都表现为感受性的降低。

二、感觉后像

感觉后像是指在外界刺激停止作用后,还能暂时保留一段时间的感觉形象。例如电灯灭了,你眼睛里还会看到亮着的灯泡的形状,这就是视觉的后像;声音停止以后,你耳朵里还有这个声音的余音在萦绕,这是听觉的后像。与刺激物性质相同的后像叫正后像,如看到白光以后眼睛里仍保留着白光的感觉;与刺激物性质相反的后像叫负后像,如看到灯灭了,眼睛里却留下了一个黑色灯泡的形象。正负后像可以相互转换,后像持续的时间与刺激的强度成正比。

三、感觉对比

不同刺激作用于同一感觉器官,使感受性发生变化的现象叫感觉对比。两种感觉同时发生所形成的对比叫同时对比,如明暗相邻的边界上,看起来亮处更亮,暗处更暗了,这是明度的对比;又如,绿叶陪衬下的红花看起来更红了,这是彩色对比现象,彩色对比的效果是产生它的补色。两种感觉先后发生所形成的对比叫相继对比,如吃完苦药以后再吃糖觉得糖更甜了;从冷水里出来再到稍热一点的水里觉得热水更热了。

四、联觉

一个刺激不仅引起一种感觉,同时还引起另一种感觉的现象叫联觉。如红色看起来觉得温暖,蓝色看起来觉得清凉;听节奏鲜明的音乐时,觉得灯光也随着音乐节奏在闪动,这些现象都叫作联觉。

第三节 知觉特征

人对客观事物的知觉,受主客观条件的影响,有其特殊的活动规律。知觉过程的特征可以归纳为知觉的选择性、知觉的整体性、知觉的理解性和知觉的恒常性。

一、知觉的选择性

人所处的环境复杂多样。在某一瞬间,人不可能对众多事物进行感知,而总是有选择地把某一事物作为知觉对象,与此同时把其他事物作为知觉背景,这就是选择性。分化对象和背景的选择性是知觉最基本的特性,背景往往衬托着、弥漫着、扩展着,对象往往轮廓分明、结构完整。

知觉的对象从背景中分离,与注意的选择性有关。当注意指向某种事物的时候,这种事物便成为知觉的对象,而其他事物便成为知觉的背景。当注意从一个对象转向另一个对象时,原来的知觉对象就成为背景,而原来的背景转化为知觉的对象。因此,注意选择性的规律同时也就是知觉对象从背景中分离的规律。有时人可以依据自身目的进行调整,使对象和背景互换,例如双关图(参见图4-2)中的少女与老妪、花瓶与人脸。选择这一部分作为对象时,图片的内容是少女、花瓶;选择另一部分作为对象时,图片的内容是老妪、人脸。

图 4-2 知觉选择性示意图

知觉的选择性依赖于个人的兴趣、态度、需要以及个体的知识经验和当时的心理状态;还依赖于刺激物本身的特点(强度、活动性、对比)和被感知对象的外界环境条件的特点(照明度、距离)。

二、知觉的整体性

知觉的对象具有不同的属性,由不同的部分组成,但是人并不把知觉的对象感知为个别的孤立部分,而总是把它知觉为一个统一的整体,这种特性称为知觉的整体性。例如,呈现一个由许多小写字母 s 组成的一个大写字母 H,通常人们首先反映到大脑的是字母 H，然后才细辨它是由许多小写字母 s 组成的。再如，同样一个图形"13"，当它处在数字序列中时，我们把它知觉为 13，而当它处在字母序列中时，我们又把它知觉为字母 B。这些都反映了知觉把对象组合为整体的特性(参见图 4-3)。

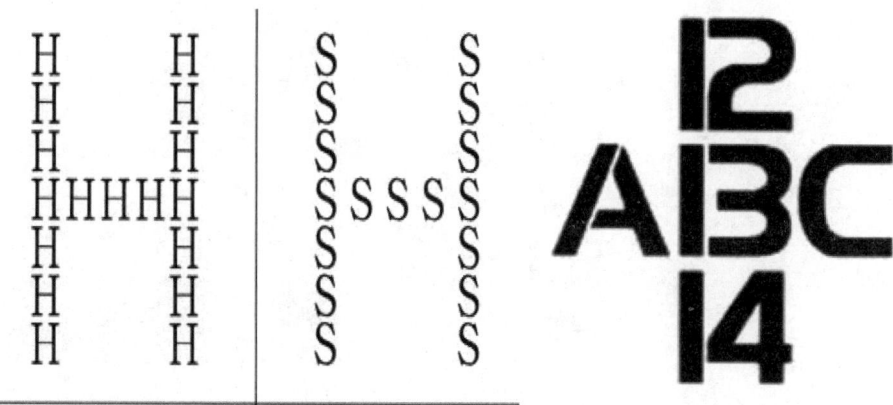

图 4-3　知觉整体性示意图

正因为如此，当人感知一个熟悉的对象时，哪怕只感知了它的个别属性或部分特征，就可以由经验判知其他特征，从而产生整体性的知觉。例如，面对一个残缺不全的零件，有经验的人还是能马上判知它是何种机器上的何种部件。这是因为过去在感知该事物时，是把它的各个部分作为一个整体来知觉的，并在头脑中存留了部分之间的固定联系。当一个残缺不全的部分呈现到眼前时，人脑中的神经联系马上被激活，从而把知觉对象补充完整。而当知觉对象是没经验过的或不熟悉时，知觉就更多地以感知对象的特点为转移，将它组织为具有一定结构的整体，即知觉的组织化。

三、知觉的理解性

在知觉外界物体时，人们总是用过去的经验对其加以解释，并称之为知觉的理解性。其实质是旧经验与新刺激建立多维度、多层次的联系，以保证理解的全面和深刻。在理解过程中，知识经验是关键。例如，面对一张 X 光片，不懂医学的人很难知觉到有用的信息，而放射科的医师却能获知病变与否。

影响知觉理解性的条件有三个：一是言语的指导作用，言语是语言在交际过程中的应用。人的知觉是在两种信号系统的协同活动中实现的，词的作用有助于对知觉对象的理解，使知觉更迅速、更完整。例如图 4-4，我们看到的是一些黑色斑点，一下子分辨不出是什么，当有人说出这是一条"狗"，马上这些斑点便显示成一条"狗"的轮廓。二是实践活动的任务，当有明确的活动任务时，知觉服从于当前的活动任务，所知觉的对象比较清晰、深刻，任务不同对同一对象可以产生不同的知觉效果。比如，对天安门的素描和用文字的描写，任务不同，感知效果就不同。三是对知觉对象的态度，如果对知觉对象抱着消极的态度，就不能深刻地感知客观事物；只有对知觉对象发生兴趣，抱积极的态度才能加深对它的理解。

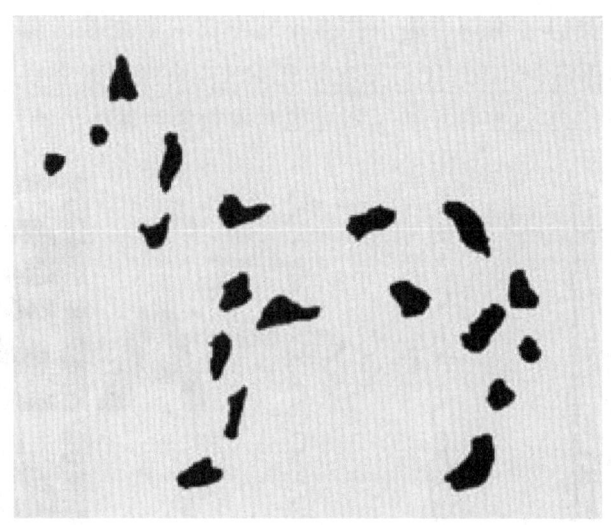

图 4-4 知觉理解性示意图

四、知觉的恒常性

在一定范围内,知觉的条件发生了变化,而知觉的印象却保持相对稳定的知觉特性,这就是知觉的恒常性。例如,对过去认识的人,决不会因为他的发型、服装的改变而变得不认识;一首熟悉的歌曲,不会因它高八度或低八度而感到生疏,或因其中个别曲子走调,就认为是别的歌曲;教师判断学生的错别字,如"尖瑞科学",不会因"端"字写成了"瑞"字,而不去感知尖端科学。

视知觉的恒常性包括形状恒常、大小恒常、亮度恒常、颜色恒常。从不同的角度看同一扇门,视网膜上的投影形状并不相同,但人们仍然把它知觉为同一扇门,这是形状恒常性。一个人由近及远而去,在视网膜上的成像是越来越小的,但是人们并不会认为这人在慢慢变小,这是大小恒常性。煤块在日光下反射的光亮是白墙在月色下反射的光量的 5 万倍,但看上去我们仍然认为煤是黑的,墙是白的,这是亮度恒常性。家具在不同灯光的照明下颜色发生了变化,但人对它颜色的知觉保持不变,这就是颜色恒常性。

恒常性使人在不同的条件下,仍然产生近似实际的正确认识,这对正常的生活与工作是必要的。恒常性消失,人对事物的认识就会失真,人们就难以适应瞬息万变的外界环境。

第四节 观察

观察是人类社会实践所必需的,没有观察,就不可能在科学研究、文学创作、艺术表现等方面取得成功。观察在教育活动过程中也不可或缺,在教师的教育教学过程以及学生的学习活动中,观察具有特殊重要性。

一、观察的定义

观察是有目的、有计划的知觉过程,它是知觉的高级形式。观察力的发展是建立在感知觉综合发展的基础之上的,和注意力、思维能力等密切联系。观察力的培养对于学生的一生具有重要意义。

二、观察的特征

观察的特征包括观察的目的性、观察的精确性、观察的全面性和观察的深刻性。

(一)观察的目的性

观察的目的性表现为个体在观察前能否清楚地意识到观察的目的与任务,在观察过程中能否排除干扰、有始有终地完成观察任务。观察目的性强的人能主动、独立地提出观察任务,并能克服困难,持久专注地完成观察任务。反之,观察目的性弱的人意识模糊,容易受到刺激物的特点和个人兴趣、情绪的支配,游离于观察的过程。

(二)观察的精确性

观察精确性强的人能细致全面地观察客体,发现事物间的细微差别。而观察精确性弱的人则观察粗疏、笼统,容易遗漏对象的特征,对有细微差别的事物常做泛化的反应。

(三)观察的全面性

观察是否全面取决于观察是否有序以及是否动用了多种感官。观察有序的人能捕捉到事物的全部信息,表达也有条理。而观察无序的人观察零乱,容易遗漏事物的重要细节,表达也很混乱。只动用视觉器官进行观察的人,只能获得关于事物在形状、颜色、大小等方面的属性;而善用各种感官进行观察的人,就能发现事物的各种属性,获得对事物的完整认识。

(四)观察的深刻性

观察肤浅的人往往只注意到事物外在的联系和表面特征。观察深刻的人却能透过现象看本质,发现事物内在的联系。

三、观察力的培养

学生观察力的发展水平不是先天决定的,而是教师在教育教学活动中,有目的、有计划地培养起来的。

（一）要使学生明确观察的目的、任务

1. 教师给学生提出具体明确的观察目的和任务

小学低年级学生不善于主动地提出观察的目的、任务，如果教师只提出"好好看""仔细看"之类的笼统要求，收效并不大。只有教师细致具体地引导，比如问"这是什么地方—什么人—什么时候—在做什么—想什么—是怎么做的—人物面部表情如何—动作形态怎么样—人物之间的关系怎样"等，才能使学生的注意指向观察对象，进行全面、细致的观察，收到预期的效果。

当然，给儿童提出具体明确的观察目的、任务，不是要求学生由一串细小题目循序渐进，按规定路线行进，走向目标，实现教师控制具体过程；而是要求教师重视学生自己主动获取、形成、发现知识的过程，使学生调动起自己的经验、意向和创造力，通过自己发现、选择或重组的多种过程形成答案。① 这一过程对学生的发展有多方面的意义。

2. 教师培养学生主动提出观察的目的、任务的能力

对于小学高年级的学生，教师要有计划地培养学生主动地自己给自己提出观察的目的、任务的能力。发展儿童观察的主动性，而不是处处依赖教师的引导。当然一开始教师可以先提出总的要求，让学生自己设计观察步骤，然后再过渡到学生自己独立地提出目的、任务，并进行独立的观察。

（二）要使学生具有相应的知识准备

观察依赖于知识贮备。如果学生对要观察事物缺乏必要了解，就不知从何入手进行观察，也不能引起学生观察的兴趣，从而影响观察的效果。只有理解了的东西才能更好地感知它。因此，教师组织学生观察或参观之前，要向学生介绍相关的知识。在初步了解的基础上，进行观察才能达到深入了解的目的；否则走马观花，收效不大。

（三）指导学生观察的方法，培养观察的技能

1. 观察要有步骤、有计划地进行

观察的步骤对整个物体来说，是先由整体到部分，再由部分到整体。而对各部分的观察也要有一定的步骤，即从上到下、从左到右或由表及里。这样才能做到全面、精确、细致的观察。

观察的计划是要明确为什么观察，在什么时间、什么地点观察什么等问题。例如，一位语文教师为了让学生写好以"春天"为题目的作文，先组织学生"忆春天"；然后在初春时，带学生"找春天"——冰雪开始融化，树枝和小草开始发芽；再过几周带

---

① 叶澜.让课堂焕发出生命活力[J].教育研究，1997(9):7.

学生"看春天"——冰雪完全融化,碧波荡漾,鸟语花香,田野里人们开始播种;最后回来"写春天"。这样有计划地训练,大大地促进了学生的观察力和写作能力。

2. 运用多种感官,勤于思考

在观察中,要把视觉、听觉、嗅觉和运动觉等多种感觉器官结合起来,做到观其形、辨其色、闻其声、触其体、嗅其味。只有这样才能获得丰富全面的信息,提高观察的敏锐性和深刻性。在此基础上引导学生,根据观察的目的、任务,将观察到的事物的具体的个别对象,经过思维分析、综合,进而揭露事物的本质和内在联系。古今中外,许多创造发明(鲁班发明锯,瓦特发明蒸汽机)都是观察与思考结合的成果。学生观察春天后,启发学生思考:季节的更替,以及春天与生命活动的关系等规律性的东西。这不仅有利于学生观察力的培养,而且有利于学生思维能力的发展。

3. 让学生学会比较的方法,全面细致地观察

观察的精确性是观察力的重要品质之一。只有观察精细,才能发现细微差别,以及隐蔽的特征和复杂事物之间的关系。

有比较,才有鉴别。比较是就两种或两种以上同类的事物辨别异同或高下,即在相似的事物中找出它们的不同点,在似乎无关的事物中发现它们的相似点和相互联系。例如,学生在学习三角形的面积时,教师引导小学生观察三角形、矩形、平行四边形,并进行比较。结果学生发现,任何一个平行四边形都可以看成是由两个相等的三角形构成的,任何一个矩形都可以看成是由两个相等的直角三角形构成的,任何一个三角形都可以看成是平行四边形的 1/2,任何一个直角三角形都可以看成是矩形的 1/2。这样通过比较得出的三角形面积公式,不仅便于理解和记忆,也促进了学生观察力的发展。

4. 观察时要运用言语

语言具有概括性。言语这种第一信号系统活动参与观察,有利于更好地对事物进行分析和概括,同时通过言语活动,还可以把所观察的结果保存起来,纳入已有的知识系统之中。

(四)要重视对观察结果的处理

观察前就要求学生记录观察结果,如写观察日记、观察记录和观察报告或写作文、绘画等。这样做有利于促进学生观察的积极性,使观察更仔细、认真,更真实、可靠,还有利于巩固观察结果,便于学生在观察后对观察结果的反复思考中不断发现新问题,促进学生观察力的发展。

(五)观察要持之以恒,养成习惯

马克思主义哲学告诉我们:运动是物质的根本属性。世界上的一切事物每时每刻都处在运动变化之中。因此观察不能只从静态的角度进行,还要从动态的角度对事物的发展变化进行跟踪观察,才能掌握事物的特点和规律。这就需要在较长时间内持之以恒的观察。另外,持之以恒的观察还能够培养学生的观察兴趣和观察习惯,对学生观察力的提高也会有很大帮助。这一点比观察本身的收获更为重要。

思考题

1. 感觉的定义及其分类是什么?
2. 知觉的定义及其分类是什么?
3. 感觉现象包括哪些?
4. 知觉有几个方面的特征?
5. 观察的定义及其特征是什么?
6. 教师怎样培养学生良好的观察力?

第五章

记　忆

> 人，如果没有记忆，就无法发明创造和联想。
>
> ——（法）伏尔泰（Voltaire）

▶ **本章要点提示**

- 记忆的定义及类型
- 记忆的过程
- 遗忘及遗忘规律
- 记忆的品质
- 记忆的三个系统
- 学生记忆力的培养

记忆是人脑对过去经验中发生过的事物的反映，是过去感知和经历过的事物在大脑留下的痕迹。事实上，我们每个人都意识到学习与记忆之间的关系。儿童经验的积累和心理的发展是以记忆为重要前提的。没有记忆，儿童的心理活动在时间上就不能得以延续，旧的经验就不能对当前的心理活动产生影响，心理发展也将失去基础，儿童的心理能力将永远停留在最初始的水平上。

第一节　记忆心理概述

一、记忆的定义和作用

记忆是人脑对过去的经验中发生过的事物的反映。所谓过去的经验是指过去对事物的感知，对问题的思考，对某个事件引起的情绪体验，以及进行过的动作操作。

感知觉强调的是当前直接作用，记忆强调的是过去的经验。

记忆是人类智慧的根源，人的心理发展的奠基石。从心理生活上看，记忆可以将人过去的经验和当前的心理活动联系起来，逐渐形成自己的个性。从实践生活上看，一旦丧失记忆，人将无法正常生活。

二、记忆的类型

根据不同角度，把记忆分为不同种类。

(一)按记忆时意识参与程度分

1. 内隐记忆

内隐记忆也称自动的无意识记忆，是指在无意识情况下，已有的经验对当前任务自动产生影响作用的记忆。内隐记忆强调的是信息提取过程中的无意识性，它并不在乎识记信息过程中是否有意识的参与。

2. 外显记忆

外显记忆与内隐记忆相对，是指人在意识的控制下，过去的知识经验对当前作业产生的有意识影响的记忆。外显记忆是对过去经验的有意识检索与提取的过程，其突出特点是强调信息提取过程的有意识性。

(二)按信息加工与存储的方式分

1. 陈述性记忆

陈述性记忆是指人对有关事件和事实的记忆，它与程序性记忆相对，涉及"是什么(what)"和"为什么(why)"的知识，如教科书中的人名、地名、名词解释、定理、定律等静态知识，以及日常生活知识和抽象命题等。陈述性记忆具有明显的可以用语言描述和传授的特征，即在需要时可将记得的事实陈述出来。

2. 程序性记忆

程序性记忆是指人对具有先后顺序的活动的记忆，它与陈述性记忆相对。程序性记忆主要包括智力技能和动作技能两个部分。涉及"如何做(how to do)"的过程性知识，是经过观察学习和多次尝试与实际操作练习而获得的记忆，如骑车、游泳、溜冰、写字以及怎样解答数学应用题等。

程序性记忆需要按照一定程序的练习才能获得，一般刚开始时比较困难，但一旦掌握后便很难遗忘。如小时候学会了弹钢琴，几十年后仍不会忘记。程序性记忆的显著特点是不能用语言表述，即不能言传。

(三)按记忆内容分

1. 形象记忆：对感知过的事物形象的记忆(或称表象记忆)，如风景，小学的老师、同学，家乡的风味小吃。

2.情景记忆:对亲身经历过的,有时间、地点、人物和情节的事件的记忆,如读大学时的美好时光、高考的失意。

3.情绪记忆:对自己体验过的情绪和情感的记忆,如被骗的愤怒记忆。

4.语义记忆:又叫语词—逻辑记忆,是用语词概括的各种有组织的知识的记忆,如对基础心理学基本概念的记忆、公式、定律等。

5.动作记忆:对身体的运动状态和动作技能的记忆,如舞蹈动作、琴法。

三、记忆过程

记忆的基本过程由识记、保持和回忆三个环节组成。

(一)识记

识记是识别和记住信息,从而积累知识经验的过程。它是记忆的第一环节,包括无意识记和有意识记。

1.无意识记:没有预定的目的,也不需要意志努力就可以实现的识记。

2.有意识记:有预定目的,必要时需要意志努力实现的识记。

有意识记包括机械识记和意义识记:

(1)机械识记:指在不理解材料意义的情况下,采用多次机械重复的方法进行的识记。

(2)意义识记:在理解材料意义的基础上依靠材料本身的内在联系,结合自己的知识经验而进行的识记,因此又称理解记忆。如:

脑神经共12对,依次为嗅神经、视神经、动眼神经、滑车神经、三叉神经、展神经、面神经、位听神经、舌咽神经、迷走神经、副神经和舌下神经;

一嗅二视三动眼,四滑五叉六外展,七面八听九舌咽,迷副舌下神经全;

巧记圆周率:3.1415926535897932384626……

山顶一寺一壶酒,尔乐苦煞吾,把酒吃,酒杀尔,杀不死,乐而乐。

(二)保持

知识经验在大脑中储存和巩固的过程叫保持。它是记忆的第二环节,是实现回忆的必要前提。

(三)回忆

从大脑中提取知识经验的过程叫回忆,这也是记忆的最后一个阶段。识记、保持的最终目的就是为了在必要的时候能回忆起它。回忆有不同的水平:

1.再现:当识记过的事物不在时能够在头脑中重现。这是一种高水平的回忆,如学生在做闭卷问答题时回忆学过的内容。再现按目的性划分,可以分为无意再现和有意再现。无意再现是指事先没有预定目的,也不需要意志努力的再现。人们常常触景生情油然回忆起某事,便是一例。有意再现则是有预定目的、自觉的再现,如回忆某人的地址,以便去拜访。再现按中介联想划分,可以分为直接再现和间接再现。直接再现是指没有中介联想而径直回忆起某事的再现,如脱口而出叫出多时未见的老朋友的名字。间接再现是指借助中介联想而回忆某事的再现,如一时想不起某一公式,但经过推断性联想又重新回忆起来了。

2. 再认:当识记过的事物再度出现时能够把它识别出来。如公安人员让人看照片辨别罪犯,学生考试时做选择题等。一般来说,再认比再现容易。

四、遗忘及遗忘规律

(一)遗忘

1. 遗忘的定义

对识记过的材料既不能回忆又不能再认,或者发生了错误的回忆或再认叫遗忘。遗忘基本上是一种正常、合理的心理现象。因为,感知过的事物没有全部记忆的必要,识记材料的重要性具有时效性,它也是人心理健康和正常生活所必需的。

2. 遗忘的分类

(1)根据遗忘时间,把遗忘分成暂时性遗忘和永久性遗忘。暂时性遗忘是指已转入记忆中的内容一时不能被提取,但在适宜条件下还可恢复;永久性遗忘是指识记过的材料,不经过重新学习则不能再行恢复的现象。

(2)根据遗忘内容,可分为部分遗忘和整体遗忘。部分遗忘是指对识记材料的部分内容的遗忘,如对材料细节的遗忘;整体遗忘是将识记材料的全部遗忘。

3. 遗忘的原因

产生遗忘的原因,既有生理方面的,如因疾病、疲劳等因素造成的遗忘;又有心理方面的。关于这方面的原因,主要有四种学说:

(1)记忆痕迹衰退说

记忆痕迹衰退说强调生理活动过程对记忆痕迹的影响,认为遗忘是因为记忆痕迹得不到强化而逐渐减弱、衰退以致消失。这种说法接近于常识,容易为人们接受,因为某些物理的、化学的痕迹有随时间而衰退甚至消失的现象。

(2)记忆的干扰说

记忆的干扰说认为,遗忘的主要原因是在学习和回忆时受到了其他刺激干扰,一旦排除了这些干扰,记忆就可以恢复。干扰抑制理论与记忆衰退理论的不同点在于记忆痕迹并没有从头脑中消失,只是由于相互抑制而造成了遗忘。

干扰抑制分为两类:前摄抑制与倒摄抑制。前摄抑制是指先学习与记忆的材料对后继学习与记忆材料的干扰。倒摄抑制是指后学习与记忆的材料对先前学习与记忆材料的保持与回忆的干扰。研究表明,在长时记忆中,信息的遗忘尽管有自然消退的因素,但主要是由于信息之间相互干扰造成的。

前摄抑制和倒摄抑制一般是在学习两种不同的,但又彼此相似的材料时产生。不过,学习某一种材料的过程中也会出现这两种抑制现象。如果学习一个较长的字表或一篇文章,往往总是首尾部分记得好,不易遗忘,而中间部分识记较难,也容易遗忘,这是因为起首部分没有受到前摄抑制的影响,末尾部分没有受到倒摄抑制的影响,中间部分则受到了两种抑制的影响和干扰。

(3)记忆的压抑说

记忆的压抑说又称动机性遗忘说,认为遗忘是由于某种动机的压抑所致。例如,个体会把一些痛苦经历压抑到潜意识领域里而导致遗忘,因此,遗忘是维护自我、自信的动态过程,以避免生活中的痛苦记忆而引起焦虑、羞耻感或不安等。这种难以回忆的经验,既不像记忆痕迹衰退说所认为的痕迹的自然消失,又不像记忆干扰说所述的由于学习材料之间的相互干扰所造成的抑制。通过某种方式,例如催眠或自由联想等,能够恢复被压抑的记忆。如果能消除人为的压抑,消除记忆材料与消极情绪之间的联系,那么遗忘现象就可能被克服。

(4)记忆的线索依赖性理论

记忆的线索依赖性理论是与记忆痕迹衰退说相反的观点,认为遗忘不是由于痕迹的消退,而是因为检索线索困难所致。图尔文(Endel Tulving)将线索依赖性遗忘和痕迹衰退说做了重要的区分。他认为遗忘有两种可能性:一种是信息从记忆系统中消失了,这是痕迹衰退说的观点;另一种是信息仍存储在记忆系统里,但一时不能被提取出来,这是线索依赖性遗忘。

(二)遗忘规律——先快后慢

1.艾宾浩斯保持(遗忘)曲线:在识记的最初阶段里遗忘的速度很快,但是随着时间的推移,遗忘的速度越来越慢,甚至一两天以后保存量的变化就不大了。

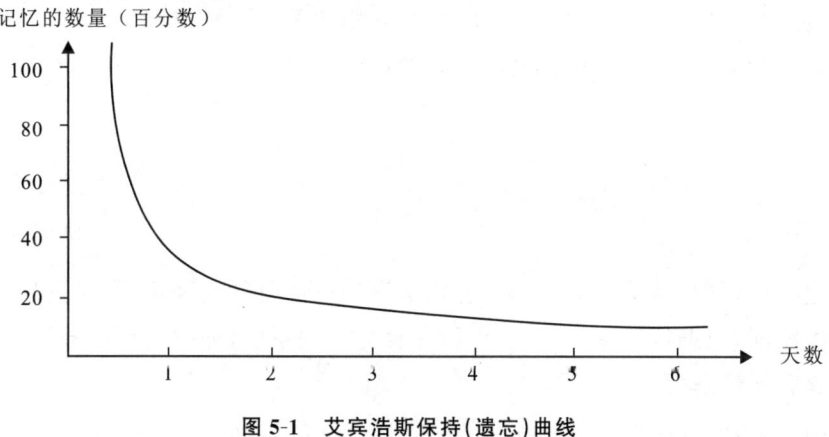

图 5-1　艾宾浩斯保持(遗忘)曲线

2.启示:为了取得良好的记忆效果,要做到及时的复习。

五、记忆的品质

良好的记忆品质有利于知识和经验的巩固,并且具备敏捷性、持久性、准确性和储备性等特性。

(一)记忆的敏捷性

记忆的敏捷性品质是记忆速度和记忆效率的特征。据说著名的桥梁专家茅以升小时候看爷爷抄古文《东都赋》,他的爷爷刚刚抄完,他即能背出。这种"过目成诵"的品质,是记忆敏捷性的超常表现。

(二)记忆的持久性

记忆的持久性品质是记忆保持的特征。人的记忆力随年龄的增长会逐渐衰减,但只要个人好学不倦,人的记忆可保持到七八十岁以上,甚至八九十岁的老人还能回忆起幼年所经历的许多细节。

(三)记忆的准确性

记忆的准确性品质是记忆正确和精确的特征。一个人若能准确地记住大量信息,说明其已具备良好的记忆品质。

(四)记忆的储备性

记忆的储备性品质是记忆中信息提取与运用的特征。在实际生活中,当现实需要时,能够迅速、灵活地提取相关信息,回忆所需内容,说明其具有良好记忆品质。如果存储在脑内的信息无规律,头绪乱,提取不便,说明还不具备良好的记忆品质。

以上4个记忆品质特征是相互联系、相互影响的。从整体上看,一个人只有具备了这些品质特征,才能够表明其具有良好的记忆品质。

第二节 记忆系统

在记忆过程中,从信息输入到信息提取所经过的时间间隔不同,对信息的编码方式也不尽相同,根据这些特点,一般把记忆分为三种系统,即感觉记忆系统、短时记忆系统和长时记忆系统。

从图5-2中可见,外界信息通过感觉器官时,按输入信息原样的感觉痕迹形式被登记,这就是感觉记忆系统,信息在此保持的时间一般不超过2秒钟,其中一部分信息受到注意或模式识别而进入短时记忆系统,如果信息极为强烈深刻,也会一次性直接进入长时记忆系统。但是,如果感觉记忆中的信息没有受到注意,则会很快减弱甚

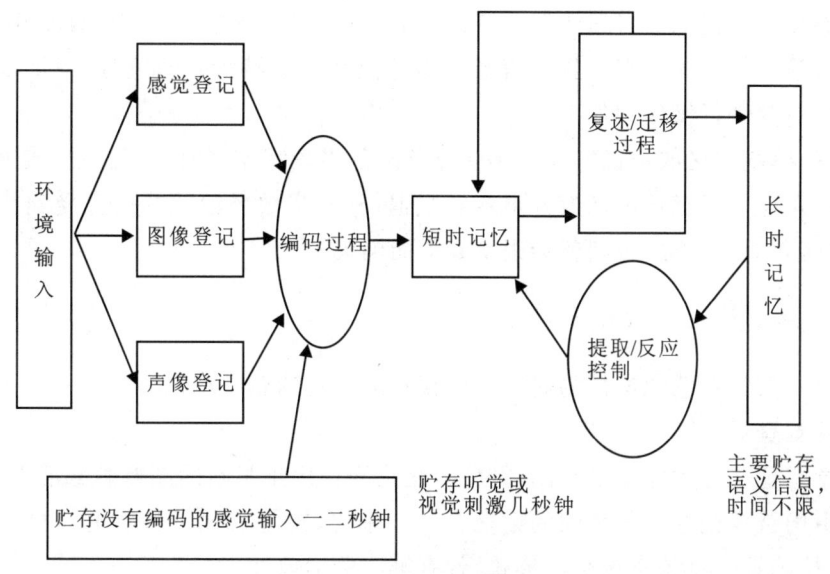

图 5-2　三种记忆信息加工与存储模型

至消失。短时记忆系统中的信息主要来自感觉记忆,也有来自长时记忆系统的,这是当某人需要用经验、规则来加工信息时便从长时记忆中提取,提取出的信息回溯到短时记忆系统才能对信息进行有意识加工。短时记忆系统中的信息经过复述而进入长时记忆中得到长久保存。感觉记忆、短时记忆和长时记忆是记忆系统中的三个不同的信息加工阶段,它们之间不是非此即彼的记忆种类,而是相互联系、相互作用,密切配合对信息加工处理的记忆系统。

一、感觉记忆

(一)什么是感觉记忆

感觉记忆是指感觉性刺激作用后仍在脑中继续短暂保持其映像的记忆,它是人类记忆信息加工的第一个阶段,后像就是感觉记忆的一个例子。各种感觉器官通道都存在着对相应适宜刺激的感觉记忆,但并非把所有的感觉器官接收到的刺激全部"登记"在感觉记忆中,而是具有选择性的。它既依赖于客观事物本身的特点,又依赖于人的主观心理因素。

感觉记忆的信息还未经任何心理加工,是以感觉痕迹的形式被登记下来的,它具有以下基本特点:

第一,进入感觉记忆中的信息完全依据它所具有的物理特征编码,并以感知的顺序被登记,具有鲜明的形象性。奈塞尔把它称为映象记忆,各种感觉的后像就是这种感觉记忆的不同表现。

第二,进入感觉记忆的信息保持时间很短暂。图像记忆保持的时间约 1 秒,声像记忆虽超过 1 秒,但不长于 4 秒,它为感觉记忆保持高度的效能提供了基本条件。若信息不能在感觉记忆中瞬间登记或急速消失,就会同不断输入的新信息相互混杂,从而丧失对最初信息的识别。虽然信息在感觉记忆阶段停留时间短暂,但足以使人的认知系统对其进行操作和加工。

第三,感觉记忆的记忆容量由感受器的解剖生理特点所决定,几乎进入感官的信息都能被登记。但感觉记忆痕迹很容易衰退,只有当被登记了的信息受到特别的注意,才能转入短时记忆,否则就会很快衰退而消失。

(二)感觉记忆中的信息贮存

目前心理学对感觉记忆的研究多以视觉与听觉的感觉记忆为主。

1. 视觉登记

视觉登记又称图像记忆或图像储存,是指当作用于眼睛的图像刺激消失,视像在视觉通道内被登记并保留瞬间的记忆。一般来说,视觉登记可将感觉信息存储几百毫秒,保持感觉信息的直接编码形式,就有鲜明的形象性。

2. 听觉登记

听觉登记又称声像记忆,指听觉系统对刺激信息的瞬间保持。听觉刺激的记忆痕迹可以保持几秒,是视觉刺激痕迹保持时间的几倍。这种区别可能是由于耳朵和眼睛的生理机制不同,其中一个原因是声音编码有助于信息的保留。然而,声像跟图像一样随着时间的流逝会很快衰退。

二、短时记忆

(一)什么是短时记忆

短时记忆是指脑中的信息在一分钟之内的加工编码的记忆。短时记忆又称操作记忆或工作记忆,它与感觉记忆在功能上的区别是:感觉记忆中的信息既是无意识的,又是未加工的感觉痕迹;而短时记忆中的信息是来自于感觉记忆并对其进行操作、加工,是正在工作的、活动的记忆,只有当那些被加工处理编码后的信息才能被转入长时记忆中贮存,否则就会被遗忘。

人在短时记忆某事物时,是为了对该事物进行某种操作(或称加工)。因此,它是根据记忆活动目的,适当地执行一定操作的过程。例如,抄写或临摹字画活动,就需要不断地暂时把视线离开范本,凭借对范本的短时记忆来进行操作。可见,短时记忆是信息在感觉记忆之后的高一级加工水平阶段,它具有以下基本特点。

第一,短时记忆中的信息的保持时间在无复述的情况下,一般只有5~20秒,最长也不超过1分钟。1959年美国学者彼得森夫妇(L. R. Peterson and M. J. Peterson)做的简单实验表明,学习任何材料后,若使用分心技术干扰复述的进行,则在间隔18秒后就会忘掉绝大部分信息。实验是这样进行的:给参与者一个由3个辅音字母组成的项目表,如PSQ、GKB等,字母声音呈现后,要求参与者回忆刚才听到的辅音字母,并同时马上开始从某个三位数上减 3,即 258、255、252……直到实验者发出开始回忆出字母的信号。结果表明,仅仅间隔 3 秒钟时参与者就有明显的遗忘,到了 18 秒时几乎遗忘了 90%。导致这种遗忘现象的原因主要是参与者不能在间隔时间内进行复述,换句话说,就是不让参与者把信息从短时记忆中转入长时记忆。由此可见,信息从短时记忆转入长时记忆的机制就是复述。复述是指为了把一定数量的信息保持在记忆中的一种内部语言。

第二,短时记忆的容量有限,短时记忆的容量又称记忆广度,指信息短暂出现后参与者所能呈现的最大量。研究表明,人类记忆广度为 7±2,亦即 5～9 个项目,平均数为 7,它不分种族文化,是一般成人的短时记忆平均值。1956 年美国心理学家米勒(George Miller)发表了一篇论文《神奇的数字 7±2》("The Magic Number Seven Plus or Minus Two"),明确提出短时记忆容量为 7±2 个无任何关系的项目。他从信息加工的观点出发认为,如果人在主观上对材料加以组织、再编码,那么记忆中的信息容量可以扩大,为此他提出了"组块(chunk)"的概念。组块是指将若干单位联合成有意义的、较大单位的信息加工的记忆单元,因此,组块又称意义单元。由此可见,同样的信息,对具有不同经验的人来说意义单元的大小是不同的,例如排列 8 个英文字母 thankyou,对懂英语的人来说,只构成了两个组块"thank you",而对于不懂英语的人则仍为 8 个组块,因此,7±2 项目通常受到了主体原有知识经验的影响。人们可以运用长时记忆中的信息(知识和经验),把小意义单元组合成大意义单元,从而扩大和增加记忆广度,以提高记忆效率。

(二)短时记忆中的信息编码

短时记忆中的信息编码主要是采用听觉形式编码,少量的是视觉的或语义编码。编码是对信息进行转换,使之适合于记忆贮存。

1. 言语听觉形式编码

在短时记忆中,对信息主要以听觉形式编码与存储。即使信息以视觉方式呈现,人对其进行加工处理时也会把它们转换成能被短时记忆编码的言语听觉代码,即在短时记忆中会以形—音进行转换,视觉信息也以声音形式在短时记忆中加工后保持与存储。

2. 视觉形式编码

在短时记忆中,对字母、语词或句子等语音信息来说,即使是非言语信息,如图画等也通过言语听觉进行编码。但这并不意味着短时记忆只有听觉编码一种加工方式。研究表明,在短时记忆最初阶段存在着视觉形式的信息加工与编码过程,然后才向言语听觉形式编码过渡。对于非言语信息来说,视觉代码可以避免因转换言语听觉代码而丢失许多信息。

三、长时记忆

(一)什么是长时记忆

长时记忆是指信息经过充分加工,在人脑中长久保持的记忆,又称永久性记忆。一个人在社会环境中生活、工作和学习活动的开展和维持,主要是利用长时记忆中随时可以检索和提取的经验与知识。长时记忆一般具有以下特点:

第一,长时记忆的容量无限,它可以存储一个人对世界认识的知识,是一个庞大的信息库,有人认为长时记忆的容量为 5 万～10 万个组块,也有人认为它的容量达到 10 的 15 次方比特的信息量。长时记忆中的信息主要来自于对短时记忆信息的复述,也有一些是感知中印象深刻的内容一次性直接进入长时记忆系统而被贮存起来的。长时记忆把现在的信息保持下来以备将来使用,或把过去已贮存的信息提取出来用于现在。这样,人的活动就在长时记忆的参与下把过去、现在和将来有机地联系起来了。

第二,长时记忆中的信息保持时间长久,可以按时、日、月、年乃至终身计算,在理论上被认为是永久存在的。一般认为长时记忆中出现的遗忘现象,主要是由于信息受到干扰所致,而使提取信息的过程发生了困难。

(二)长时记忆的编码

长时记忆并不排斥对信息逐字逐句进行加工的编码方式。在长时记忆中的信息是以意义编码为主的,意义编码有两种形式:语义编码和表象编码,它们又被称为信息的双重编码。

1. 表象编码

人对信息的意义编码形式之一是表象编码,它主要是加工处理非言语的对象和事件的知觉信息。表象编码是指以空间平行的方式表征信息,对某种复杂对象的各种成分同时进行处理,并贮存到复杂的联想结构中,以便使输出的信息具有空间特点,能反映对象的静态特征和动态特征。表象编码的重要特征是平行加工,即类似于在知觉真实物体时的加工。但是,表象编码又不是一种刻板的对外界事物的摹写,不是个体所贮存的有关环境的一种完整的、原始的、未经加工的"图片",而是经过加工了的一种抽象的类似物的再现,并且不受视觉或任何其他感觉通道的束缚,它包含着人对于类似信息加工的概括的能力。

2. 语义编码

人对信息的意义编码的另一个形式是语义编码。语义编码是按言语发生的顺序以系统方式来表征信息的,包括言语听觉和言语运动两方面的信息。人们使用语言时所需要的全部信息,不仅包括词和它们的符号、意义、所指的对象,也包括应用这些词的规则,即语言的文法规则、数学运用规则等。语义编码的特征是串行加工,是按照节点和线的复杂网络贮存的。节点代表概念或事件,而线则表示有意义的联系,按照语义编码原理,长时记忆中的所有信息都是按照一个节点和许多关系而编码的,语义成分间的联系,即概念、事件和情节的信息可以用语义网络的形式来表示。

第三节 记忆力的培养

记忆是学习的一种基本要素。正是由于记忆的存在,个体的知识经验才得以延续、积累和运用。但记忆能力不是天生的,它需要有计划的训练与培养。

一、有意识记能力和意义识记能力的培养

(一)有意识记能力的培养

大量的研究结果证明,有意识记的效果一般优于无意识记。为提高学生的学习效果,教师就必须培养学生的有意识记能力。培养学生的有意识记能力要把握以下几点。

第一,增强小学生识记的目的性,使他们明确自己的识记任务。小学儿童起初不善于根据一定的目的来识记,更不善于自觉地给自己提出识记的目的、任务,因此,教师在教学过程中,要给他们提出明确而又适当的识记任务。有人曾对小学三年级学生进行阅读课文的实验。对甲组没提出任何明确的目的和要求,对乙组提出阅读后要回答几个问题,对丙组不仅要求回答几个问题,而且还指导他们掌握阅读方法。实验证明,甲组识记效果最差,乙组识记效果一般,丙组识记效果最好。所以,在教学中要向学生提出明确的目的和要求并做具体的指导。有人在小学四年级儿童中分两组实验,要求甲组阅读故事后记住原文的词汇,要求乙组阅读故事后记住内容并用自己的话复述原文。在检查词汇时,甲组保持率达31%,乙组达23%;在复述课文故事时,甲组保持率只有14%,而乙组达24%。上面两个实验说明,识记的目的和具体任务的明确程度对实际效果有直接影响。

为发展学生的有意识记能力,教师和家长不应仅限于向他们提出识记的目的和要求,还应要求他们自觉地、独立地向自己提出识记的目的和任务,由被动转为主动。

第二,要给学生提出适当的长时识记任务。有人曾做过一个实验,要学生记忆两个故事,但考察的时间不同,一个故事要求第二天检查,另一个故事要求一个星期后检查。实际上都是两周后检查,结果,要求一个星期后检查的成绩比要求第二天检查的成绩好。这是因为向学生提出长时识记任务,能引起更为复杂的智力活动和更高的积极性,使识记材料在大脑皮层上留下的痕迹更深。

第三,要培养学生独立检查识记效果的能力。小学低年级学生在识记时还不善于进行自我监督、自我检查,甚至不明白什么叫学会,怎样算记住。因此,教师的任务是通过对儿童识记的监督、检查,教会学生自觉地对自己的识记进行监督、检查;同时

还要教会他们一些有效的识记方法,如运用比较、联想、拟提纲、尝试再现等办法来进行积极的识记。

第四,充分利用无意识记的特点,提高有意识记的能力。无意识记具有识记较轻松、不易疲劳的特点,但无意识记的产生与识记材料的活动性、形象性、新颖性、生动性有关,也与识记者的兴趣、情绪有关,即学生往往可以在自然状态下不知不觉地记住有兴趣的、能激起感情的材料。因此,教学中需要教师注意以下几点:(1)要充分利用具体形象的材料;(2)要善于激发学生的情感体验;(3)要积极培养学生多方面的学习兴趣;(4)要经常变换教学方法;(5)利用鲜明的标志;(6)利用日常的潜移默化。总之,教师要充分利用无意识记的特点,帮助学生提高有意识记的效果和能力。

(二)意义识记能力的培养

由于意义识记是一种与思维活动密切联系的积极主动的识记,是把材料整理后归到已有知识系统中的识记,所以识记效果好。教师要努力做到以下几点。

第一,把握意义识记的规律,帮助学生充分理解教材。理解是识记的基础,学生对识记的材料理解得越透彻,识记的效果就越好。因此,教师在教学生新知识时,要注意揭示新旧知识的联系,搭好新旧知识的桥梁,只有这样新知识才能被学生理解。在学习中,当小学生遇到一些意义性不强甚至枯燥的内容时,教师应尽量人为地赋予一些意义来帮助他们识记,保证识记的效果。

第二,教师注意培养儿童学习的积极性,培养儿童智力活动的组织性,培养儿童善于对学习材料进行思维加工的能力,也是十分重要的。

第三,向学生提供有效的意义识记的方法。进行意义识记有赖于一系列的方法和技巧,如对材料内容加以对照、比较、分类、概括、利用提要、为材料加大小标题等。教师在提供这些有效的意义识记方法的同时,首先要做好示范,然后与学生共同操作,逐渐引导学生独立操作。

第四,适当训练机械记忆能力。在学习过程中,根据学习材料的性质不同,既需要意义识记,又需要机械识记。背诵在小学生的学习中还是有积极意义的。我们提倡在有意识记的基础上进行积极的、合理的背诵;学生在背诵的过程中,也能对自己的记忆进行监督、检查;学生在把材料背熟的情况下也能加深对材料的消化和理解。我们反对的是,对任何学习材料不加分析地一味要求学生死记硬背。

二、指导学生科学地进行复习

知识的掌握离不开复习。孔子提倡"学而时习之",科学的复习是防止遗忘最有效的方法,也是达到长时记忆的基本途径。

(一)及时复习,趁热打铁

艾宾浩斯的保持(遗忘)规律告诉我们:识记一结束,遗忘就开始,而且遗忘的进程是先快后慢,先多后少。实验发现,当两组参与者学习同样内容的一段文章,要求甲组学后不久就复习,乙组不复习,结果甲组的保持率大大优于乙组。甲组一天后保持了98％,一周后保持了83％;乙组一天后保持了65％,一周后保持了33％。因此,学习结束后就应趁热打铁,马上复习。开始时,复习的次数宜多,两次复习的间隔时间宜短,以后可以逐渐减少复习的次数与时间,扩大复习的间隔时间。

(二)合理分配复习时间,分散复习优于集中复习

遗忘规律表明,过于集中地复习既有前摄抑制和倒摄抑制的干扰,又有精神过分紧张与身心疲劳的干扰,集中复习不如分散复习的效果好。

复习时间的分配有两种方式:一种是集中复习,另一种是分散复习。集中复习是指在一段时间内相对集中地复习一种学习材料。分散复习是对同一学习材料的复习分成多次进行,在每两次复习之间有一定的时间间隔。是集中复习还是分散复习,一般要视学习材料的性质、数量、难易程度以及记忆已经达到的水平而定。心理学的实验证明,相对集中一段时间学习同一内容材料,识记的效果好。例如,要参与者识记50个数字,重复1~4次,记住的数字不多;如果重复次数超过4次,记住的数字就会急剧上升;重复7次后,就能够记住了。

在学习材料的内容较多时,分散复习的效果会优于集中复习的效果,但分散复习的时间间隔不宜过短或过长。在一项实验中,五年级甲班和乙班成绩大体相同,学习自然课时,甲班最后集中复习5节课;乙班分散4个单元复习,1次总复习(共计5节课),其他条件相等,结果分散组学生成绩为:优31.6％,良36.8％,及格31.6％;集中复习学生成绩为:优9.6％,良36.6％,及格47.4％,不及格6.4％,两者成绩差异显著。当然,知识掌握到一定阶段必须整合,才能构成体系并巩固,集中复习有利于知识的整合与巩固。因此,要把分散复习与集中复习结合起来进行,这样的复习才是最有效的。

(三)尝试回忆和反复识记相结合

尝试回忆是指在识记的材料尚未牢固记住之前试图回忆的复习方法。尝试回忆与反复识记相结合是一种有效的复习手段。通过尝试回忆能够检验自己的识记情况,及时发现难以识记的部分和发生错误的地方,然后有重点地进行重新阅读,避免了时间的浪费;同时,又能够集中注意力在所识记的学习材料上,提高了复习的信心和热情,从而提高了记忆效果。

(四)复习方法多样化

复习方法单调,容易使学生产生厌倦、疲劳,降低复习效果。而多样化的复习方式,能够使学生感到新颖,引起和加强注意,激发兴趣,调动学习的积极性,从而提高复习的效果。同时,多样化的复习所采用的不同方法对学习材料进行加工,有助于把

学习内容更好地纳入自己已有的知识结构中去。例如,同一字词的复习,可用默写、填空、造句、分析字形的偏旁部首、写出同义词或反义词等多种形式进行。通过多样化的复习,进一步巩固和加深所学知识,不断积累知识。

(五)掌握复习的"量"

把握复习的量应注意两方面:(1)学习的内容要适量。有研究表明,学习内容的多少与复习的次数和所花的时间是成正比的。(2)要适度提倡过度学习,即学习的内容达到初步掌握时仍然不停止,而是继续进行学习,达到完全巩固的程度。有人曾做过研究,发现过度学习达到50%~100%,学习效果最佳,最不易遗忘,时间最经济。如果学习过多,不仅在时间上是一种浪费,而且效率反而会递减,即所谓的过犹不及。由于小学生具有记忆快、遗忘也快的特点,过度学习就显得更重要。教师在教学实践中,应让小学生进行过度学习,以巩固学习效果。

三、指导学生掌握增进记忆的策略

(一)复述策略

复述是为了保持信息而对信息进行反复记忆的过程。复述策略是指复述的一些有效方法和技术,如画线就是最常见的复述策略之一。

画线就是在复习时把材料的重点画出,看似简单,但大多数学生不会运用此策略,不知哪些材料最关键,画出许多无关信息,有研究表明,画出无关信息将降低对重要材料的回忆。因此,教师要指导学生学会画线:

(1)向学生解释在一个段落中什么是重要的,如主题句。

(2)教学生谨慎地画线,有时只需画一两个句子。

(3)教学生用自己的话解释画了线的句子。

(4)为更好地发挥画线的作用,在画线的旁边做注释也很必要。常用的批注方法有:①圈出不知道的词;②标出定义或例子;③列出观点、原因或事件序号;④在重要的段落前加上星号;⑤画箭头表明关系;⑥标出总结性的陈述等。

(二)精制策略

精制指通过把所学的新信息与已有知识联系起来,以此来增加新信息的意义。充实意义的方式可以是添加、构建。精制策略能帮助学习者将信息存储到长时记忆中去,它是通过在所学各项信息之间建立联系来实现的。心理学家通过实验发现,精细加工越深入、越细致,回忆就越容易。还有较多研究表明,能否使用精制策略是成功学习者与非成功学习者的重要区别。精制策略的精髓就是要掌握如何进行精细加工。精制策略有以下几种。

1. 类比法

类比法是根据两个对象之间在某种属性上的相同或相似所做的一种类推,它是精细加工的重要方法。运用类比,抽象的东西可以具体化、形象化,陌生的东西可以转化为熟悉的东西,深奥的道理可以明白简单地揭示出来。如,一位数学老师在讲负数时,打了这样一个比方,他说:"我们至今为止学习的最小数是0,0表示什么都没有。如表示钱,就是一分钱都没有。而负数比0小,不仅一分钱都没有,而且还借了别人的钱。如借了3元就以-3表示。"这就把负数的概念解释得一清二楚了。

类比不仅是学生深入理解新知识的重要方法,也是教师深入浅出讲授教学内容的重要教学技术。运用类比,应注意以下几点:第一,要考虑事物之间的可比性;第二,要考虑可接受性;第三,类比是手段而不是目的,因此在运用时不应对用来说明的类比物的细节过多描述,以免喧宾夺主;第四,要注意紧扣教材的重点、难点、关键点来用。

2. 扩展与引申

对新知识进行扩展与引申也是深化理解新知识的重要途径,因为扩展、引申就是思维的过程。思维程度增加,获得的印象就深刻。此外,扩展、引申后的知识可以与原知识经验连接起来。如学生学习"维生素C可以治感冒"这一命题时,就可以借助已有的旧知识——"维生素C可以促进白细胞生长","白细胞可以消灭病毒",引申出新的命题——"维生素C能医治感冒的原因是促进白细胞的生长"。这一引申命题加深了对新知识"维生素C可以治感冒"的理解,把知其然深化为知其所以然了。

3. 质疑

质疑是以追问"为什么"或用挑剔、批判的眼光来看待已有的事物,达到对事物的深层次理解。研究表明,学习中采取质疑方法的学生比不采取质疑方法的学习效果要好。此外还表明,以合作学习的方式相互提问效果更好。在合作学习中,同伴的学习方法易于相互吸取与模仿。

4. 先行组织者

先行组织者是一种抽象概括水平较高的导入内容,它可以是概念也可以是规则,但不是新的学习内容的概要和总结。它与学习者认知结构中已有观念相联系。它的作用是提供一个能将新旧知识联系起来的一般观念,为学习新观念提供一个"观点固定点",使新知识顺利地纳入已有的认知结构中去,有效地促进教学,同时帮助学习者组织要学习的材料。如在学习"分数四则运算"前,呈现比较性先行组织者"分数四则混合运算同整数四则运算的运算顺序相同"。这样学生就能有效地运用旧知识,迅速、容易地掌握新知识"分数四则混合运算"。

有关先行组织者的研究表明,先行组织者的作用具体体现在:(1)当学习者缺乏必要知识准备时更为有效;(2)学习材料缺乏良好组织时作用更大;(3)测验概念性知识的迁移效果比测验具体知识的保持效果更佳;(4)具体形象化的先行组织者比抽象的先行组织者效果更好。

除此之外,通过比较、口述、做笔记以及人为联想,赋予无意义或意义性不强的材料以生动的形象或意义,也是常用的精制策略。

教师可以从以下几方面促进学生进行精细加工。

第一,课堂教学速度要适当。要保证学生对所学内容进行精细加工,就应给学生思考的余地,使新旧知识能同时并存于工作记忆中。如课堂教学速度过快,学生有限容量的工作记忆对新知识就来不及进行精细加工。

第二,采用灵活多样的形式促使学生进行精细加工。常用的方法是在教新课前,复习与新知识紧密联系的旧知识,使学生能顺利地将旧知识联系在一起,将新知识纳入已有的知识体系中。

第三,在知识教学中贯穿方法的教学。结合有关内容,经常不断地向学生介绍一些精细加工的实例,丰富学生的感性认识,增加量的积累,从模仿到逐步学会精细加工。

(三)组织策略

组织策略是将分散、孤立的知识集合成一个整体并表示出它们之间的关系。理论和实践都告诉我们,组织有序的材料比杂乱无章的材料易于学习和记忆。

组织策略可以表现为多种具体形式:描述策略,即将孤立的单词组成一句描述性的句子;表象策略,即将言语形式的信息转化成视觉形式或图画形式的信息;归类策略,即将分离的项目按类别组织成一个序列,以减少记忆项目的数量。这些策略较适合于简单的陈述性知识的学习。对于复杂的陈述性知识的学习,组织策略往往表现为对前后学习内容进行纵向梳理、横向比较分析的方法,如列提纲、画网络图等。

1. 列提纲

列提纲是以简要的语词写出主要和次要的观点,也就是以金字塔的形式呈现材料的要点。每一具体的细节都包含在高一级水平的类别中。

对于语义记忆的研究表明,人类较多的概念和知识是按层次组织、储存在记忆中的。列提纲,就是对识记的材料进行分析、综合、概括的过程,这一过程就是理解材料、巩固记忆的过程。学习只要抓住了纲目要点,整个材料就好把握了。一篇文章或材料总是有其主题和中心的,同时,为突出说明主题,往往需要一些例证进行补充和说明,所以只要略去枝节,抓住中心,也就抓住了材料的灵魂,这样也便于记忆。实践证明,只有经过了自己的分析,用自己的语言列过提纲的材料,才比较容易记住和保持。例如,记叙文的主要提纲结构可以用图 5-3 来表示。

教师在教学生列提纲技能时,可给学生提供一个列得比较好的提纲,并向学生讲解这一提纲是如何统领整个材料的,指出各部分之间的关系,然后给学生提供一个不完整的提纲,分步对学生进行训练:

(1)提供一个几乎完整的提纲,需要学生听课或阅读时填写一些支持性的细节。如给学生提供记叙文主题纲要的完整结构,让学生通过阅读有关课文后,填写出对人物具体的描写和事件发生的细节等;

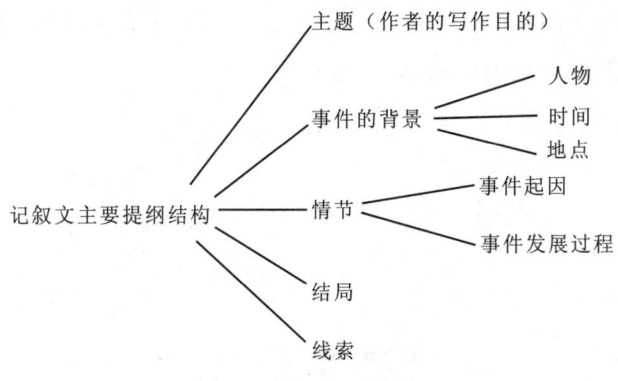

图 5-3　提纲结构图

(2)提供一个只有主题的提纲,要求填写所有的支持性细节。如给学生提供记叙文主题纲要结构中主题、事件的背景、情节、结局、线索这一级内容,让学生填写下一级的支持性内容;

(3)提供一个只有支持性的细节而要求学生填写主要观点的提纲。

只要让学生通过以上的步骤进行适当练习,就会列出很好的提纲来。

2. 画网络图

美国著名心理学家布鲁纳(Jerome Bruner)认为,人类记忆的首要问题是检索而不是储存,检索的关键在于组织,获得的知识如果不纳入组织好的结构中,迟早会被遗忘。所以,要善于把零散的知识编织成网络,这是巩固记忆的重要措施。

比如,小学数学中有关数的整除的内容,可用网络图来突出各部分知识之间的关系,如图5-4[①]所示:

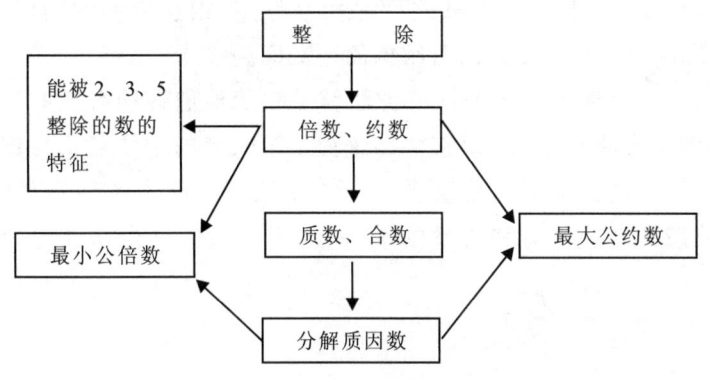

图 5-4　网络图

由图可见,该章以倍数、约数为核心建构了知识网,大脑有了这样的知识网,就为今后的学习打下了稳固的基础。

---

① 刘晓明,张宝来.小学学习心理与学习指导[M].长春:东北师范大学出版社,1999:133.

又如,说明文《太阳》(人教版九年义务教育六年制小学教科书《语文》第 8 册中的课文),按种属关系可组织为网状结构,参见图 5-5[①]。

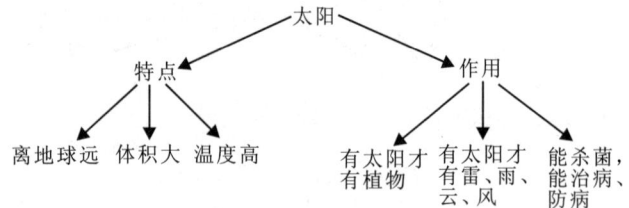

图 5-5 知识网状结构

教师在教学生画网络图时,应把画网络图的具体步骤作为重点,其步骤如下:

(1)掌握材料间的关系,通过比较、列表等方式对识记材料进行系统组织,从而为编织网络提供主干线索;

(2)把识记材料纳入原有的知识结构之中,对知识分析、加工、归类,使其条理化,从而提高大脑对信息的组织能力;

(3)深刻领会和把握材料,自己动手画网络图。

总之,组织是优秀学习者常用的记忆策略。由于记忆材料内容不同,特点不同,学习者可以根据材料内容本身的特点进行材料组织,组织途径可概括为以下几种:①按顺序关系组织,即按时间关系、空间关系、发展关系组织;②按因果关系组织,因果关系可能是一因多果,也可能是一果多因;③按种属关系组织,网络法就是按种属关系组织,如前面所举《太阳》一课的网络图。说明文、议论文通常就用网状结构组织信息。除此之外,我国学者还提出更为复杂的网中有线式、线中有网式、线中有线式等组织方式。但以上各种组织方式之间是相互作用、相互影响的,有时是相互重叠的,因而可以形成一个相当复杂的有结构的记忆库。

发展青少年记忆能力的传统训练方法就是教给他们各种有效的记忆术或者记忆策略,这种训练存在局限性,即它往往忽视了记忆者的主体意识在记忆活动中的作用。现代教育中的记忆训练更重视个体关于记忆活动中各种要素的知识、个体对自己记忆状态的监控能力和自发的策略行为等因素,重视发展青少年的元记忆能力。

思考题

1. 记忆的定义和类型是什么?
2. 记忆的过程是什么?
3. 遗忘及遗忘规律是什么?

---

① 阎金铎,金学方,祁乃成.学习生理、心理和策略[M].北京:北京师范大学出版社,1999:195.

4. 记忆的品质是什么？
5. 记忆的系统是什么？
6. 教师如何培养学生意识识记的能力？
7. 教师如何培养学生意义识记的能力？
8. 教师如何指导学生科学地进行复习？
9. 增进记忆的策略包括哪些？

第六章

想　象

> 想象力比知识更重要,知识是有限的,而想象力概括着世界上的一切,推动着社会的进步,并且是知识进化的源泉。
>
> ——(美)爱因斯坦(Albert Einstein)

▶ 本章要点提示

- 表象的定义及其特征
- 表象的种类
- 想象的定义
- 想象的种类
- 学生想象力的培养

当你游览了北京故宫后,其雄伟壮观的建筑形象仍在脑海中浮现;看了电影后,脑海里还会呈现出精彩的镜头,这些在日常生活中经常出现。当客观事物不在眼前,而在脑海里出现的关于某事物的形象,在心理学中称为表象。表象是在视、嗅、触、味等感觉的基础上形成的,具有自动转换功能,它是从感知觉到思维的过渡阶段。

你读到《敕勒歌》中"天苍苍,野茫茫,风吹草低见牛羊"时,脑海里会浮现出草原牧区的景象:湛蓝的天空,碧绿的草地,壮实的牛羊,奔驰的骏马,尽管你可能并没有去过大草原,但由于脑海中存有在电影中看到过的景象,因此,可以把它们组合并构成一幅绚丽的草原图景,这种心理活动就是想象。

第一节　表象

一、表象的定义及其特征

（一）表象的定义

表象是人脑对感知过的事物的形象的反映。例如，小学老师的形象，书中某个精彩的片段，电影中某个感人至深的镜头，经常留在脑海里并浮现出来，这些都属于表象。表象曾是心理学研究的重要对象。17世纪英国哲学家洛克（John Locke）等人认为表象是思考的元素，19世纪英国心理学家、测量学家高尔顿（Francis Galton）就对表象进行了测量研究。但是，在20世纪初，行为主义在心理学研究中占主导地位，认为表象毫无功能上的意义，是感觉中的幽灵，故而将其排斥在科学研究之外。所以，关于表象的科学研究一时陷入了停顿状态。直到20世纪60年代，由于认知心理学的兴起，表象作为人们信息加工、贮存的基本方式才又受到重视，表象研究也成为认知心理研究的重要内容。

表象是人脑中以形象的形式对客观事物进行操作与加工的过程，是事物不在面前时关于事物的心理复现。表象由人脑中的刺激痕迹的再现引起，因此，它是以感知所提供的材料为基础，没有对客观事物的感知，表象就无法形成。但表象不是感知觉的翻版和重复，它是感知觉痕迹经信息加工后的产物。

（二）表象的特征

表象具有直观形象性、概括性、可操作性的基本特征。

1. 表象的直观形象性

表象和感觉、知觉一样具有直观形象性，是人脑对外界事物的感性反映，但它所反映的通常只是事物的大体轮廓和一些主要特征。表象没有感知所得的形象那样鲜明、完整和稳定。例如，游览过北京天坛的人们虽然对天坛有很清晰的映象，但这种映象总不如正在观看天坛时的知觉形象那样鲜明、完整和稳定。正是由于表象不能反映事物的全部特征，而且不稳定、比较模糊，它所反映的一些主要特征就显得突出和直观。

表象的直观形象性是指在人脑中所保持的生动的具体形象和过去感知过的对象具有一定相似之处。因此，表象的形象性与感知的直接性存在着差异，这些差异主要表现在：表象没有直接感知的形象那么鲜明、具体和生动，具有暗淡性和模糊性；表象不如直接感知的形象那么完整，具有片断性和零碎性；表象不如直接感知的形象那么稳定，它具有动摇性和可变性。例如，看新闻联播时，看到的天安门形象，听到的音乐声音是具体的、稳定和完整的，而当回忆这些镜头时，脑中所出现的形象，其清晰性和完整性就比较模糊,听到的乐曲也会时强时弱或断断续续。

2. 表象的概括性

概括性是指表象所反映的客观事物的形象,不是某个具体事物或事物的某个特征,而是一类事物所共同具有的特征,是一种归类了的事物形象。

表象具有概括性,但表象的概括性和思维的概括性是不同的。表象是形象的概括,所概括的既有事物的本质属性又有非本质属性,而思维是对事物本质属性的概括,已摈弃了其非本质属性。因此,表象往往被看成感知到思维过程的中间环节。

3. 可操作性

表象在头脑中不是凝固不动的,而是可以被智力操作的。表象在头脑中可以被分析、综合,可以放大、缩小、可以移植,也可以翻转,正因为表象具有可操作性,形象思维、创造思维、想象才成为可能。

二、表象的种类

(一)视觉表象、听觉表象、动觉表象、嗅觉表象等

根据表象产生的感觉通道不同,又可将其分为视觉表象、听觉表象、动觉表象、嗅觉表象、味觉表象、触觉表象等。视觉表象是比较鲜明、最常发生的表象形式。由于人们所从事的社会实践活动的不同,各种表象形式所起的作用也有所侧重。一般而言,画家具有较发达的视觉表象,音乐家的听觉表象较发达,而体操运动员的动觉表象较为丰富。值得注意的是,各种表象形式往往是综合起作用的,如钢琴演奏既需要听觉表象,又需要动觉表象;完成体操动作既需要动觉表象,又需要听觉表象。

(二)个别表象和一般表象

根据表象产生的概括化程度,把表象分为个别表象和一般表象。将对于某一具体事物(如六和塔)的表象称为个别表象,对于某一类事物(如宝塔)的表象称为一般表象。个别表象和一般表象有着密切联系,个别表象是一般表象的基础和核心,而一般表象具有更高的概括性。

(三)记忆表象和想象表象

根据表象的创造性成分,表象可以划分为记忆表象和想象表象。记忆表象基本上是过去感知过的事物形象的简单重现;想象表象是旧表象经过加工改造、重新组合创造出来的新形象。这两种表象往往是交织在一起的,很难绝对地加以分开。亚里士多德说过:"记忆和想象属于心灵的同一部分,一切可想象的东西在本质上就是记忆的东西。"只有从记忆表象中提取素材,想象才能得以进行,同时,记忆表象在某种程度上为想象形象所补充,与想象表象相结合。

（四）遗觉像

在刺激停止作用后,脑中继续保持异常清晰、鲜明的表象,称为遗觉像。遗觉像是记忆表象的一种特殊形式,它几乎与感知形象一样鲜明和生动,似乎是介于知觉和幻觉之间的状态。这种特殊的表象形式是心理学家杨施(Erich Jaensch)首先发现的。遗觉像是部分学龄儿童所特有的,随着年龄增长会逐渐消退。有些儿童的遗觉像能保持半分钟。他们背诵课文就像看着课文朗读一样,准确无误;在一幅像拿掉后,仍然能在原处看到那幅画的十分清晰的图像。通常,较为多见的遗觉像是视觉表象,但一些研究也发现了听觉遗觉像、嗅觉遗觉像和味觉遗觉像等。

三、表象的作用

表象是从感知到思维的过渡阶段,是认识过程中的重要环节。从表象的直观性来看,表象和知觉相似;从表象的概括性来看,表象又和思维相似,但它既不是知觉又不是思维,而是介乎其间的中间环节。表象打破了人的认识受当前事物直接作用的局限,使认识更趋概括化。运用表象训练能更好地挖掘潜能,发展智力。例如,我国心理学工作者曾利用表象训练提高幼儿园儿童的加减法计算能力。开始时,儿童只能按实物计算;后来,研究者将实物遮起来,要儿童想着那里的实物计算(即用表象计算)。经过这种训练,儿童能较快地掌握口算和心算。体操和游泳运动员也常常用表象训练以提高运动成绩。

表象是人们实践活动的必要条件。在活动前在头脑中形成,"做什么"和"怎么做"的表象,是人类心理活动区别于动物的主要特点。画家、作家、工程师、运动员、发明家、军事指挥员的各种实践活动,都要求具有鲜明、稳定、完整的表象。

第二节　想象概述

一、想象的定义及其功能

（一）想象的定义

人脑对已有表象进行加工改造而形成新形象的心理过程,是一种以表象为内容的特殊形式的心理活动。

想象最突出的特征是形象性和新颖性。想象是在记忆表象的基础上进行的,它以直观形式呈现人们头脑中的具有形象性特征的表征(representation),而不是言语符号。在想象过程中,表象得到进一步的加工和组合,创造出新的形象。这些新形象既可以是主体没有感知过的事物的形象,又可以是世界上根本不存在或还未出现的新形象。如读过《阿房宫赋》后人们在头脑中浮现出的阿房宫形象,发明家设计出新机器前头脑中构思的机器形象，人们头脑中出现的神州大地上的妖魔鬼怪形象，等等，都是想象的产物。

想象是以组织起来的形象系统对客观现实的超前反映。乍看起来似乎是"超现实的"，其实，任何想象都是不是凭空产生的，构成新形象的材料都来自生活，取自过去的经验，不可能无中生有。天生的聋子决不能想象出优美的音乐，天生的盲人也想象不出真实的美景。鲁迅先生曾记录过一位盲诗人的谈话："在缅甸遍地是音乐，房里、草里、树上都有昆虫的吟叫，各种声音成为合奏，很神奇，其间夹着蛇鸣'嘶嘶'。"字里行间充满了听觉形象，视觉形象则十分匮乏。这说明，想象无论如何新颖甚至十分离奇，构成新表象的材料则永远来自对客观现实的感知。梦也是一种想象，梦中出现的形象有时显得十分新奇甚至荒唐，但组成梦境的"素材"仍然是感知过的事物。

可见，想象虽然是新形象的创造，但它的内容和其他心理过程一样，来自客观现实。想象是反映客观现实的各种成分的形象组合过程，也是人脑反映客观现实的一种形式。

（二）想象的功能

想象具有预见功能、补充功能和代替功能。

1. 预见功能

想象的预见功能是指想象能对客观现实进行超前的反映。想象以形象的形式实现对客观现实的超前认知。人类进行实践活动，总是先在脑中形成未来活动过程和期望结果的形象，并利用它指导和调节自己的活动，实现预定的目的和计划。科学家的发明创造、工程师的工程设计，都是想象预见功能的体现。学生在学习过程中也必须具有想象力，如果想象力缺乏，思考问题就比较狭窄，很难获得较强的分析问题和解决问题的能力，像"未雨绸缪""居安思危"等都是想象的预见功能的表现。

2. 补充功能

想象的补充功能是指想象能弥补人的认知活动在时间与空间上的局限和不足。在社会生活中，经常会遇到一些靠感知无法直接认知的事物。例如，宇宙间的天体运动、原始人的生活情景等，这些在空间和时间上十分遥远的事物，不能直接感知，此时可以借助想象的补充功能，实现对客观世界更充分、更全面以及更深刻的认识。

3. 代替功能

想象的代替功能是指当某些需要和活动不能实际得到满足或完成时，可以通过想象，从心理上得到某种替代与满足。如在游戏中，儿童借助想象，满足其模仿成年人某些行为的需要，来增长知识与才干，实现自己参与社会活动的愿望。在日常生活中，有人通过想象来缓解心中的压力或寄托某种期望。

二、想象的种类

(一)根据想象的目的性和计划性,可将想象分为无意想象和有意想象

1. 无意想象

无意想象又称不随意想象,是没有预定目的,在一定刺激的作用下,自然而然产生的想象。如天空中变化的浮云,时而似人头,时而似奔马,时而似城楼……各种想象形象不自觉地浮现着,转化着。另外,当人们长久地进行机械、枯燥的活动时,注意力不集中,如冗长的会议、长久地躺在草地上休息,某种想象形象就可能不经意地浮现在眼前。这些都是不随意想象。由于不随意想象不需要人做意志努力,出现也很突然,往往对思维具有启发作用。梦是无意想象的一种特殊的形式。它是人在睡眠状态下的一种漫无目的的、不由自主的奇异想象。在梦中,有时见到已故的亲人、昔日的朋友,体验到童年时代的激情,经历一些稀奇古怪的事情。从梦境的内容看,它是过去经验的奇特组合。按照巴甫洛夫的解释,人在睡眠时,大脑皮层产生一种弥漫性抑制,由于抑制发展不平衡,皮层的某些部位出现活跃状态,暂时神经联系以意想不到的方式重新组合而产生各种形象,就出现了梦。

2. 有意想象

有意想象又称随意想象,指根据预定目的,在一定意志努力下自觉进行的想象,是意识活动的一种形式。这种想象活动具有一定的预见性、方向性,人们在想象过程中一直控制着想象的方向和内容。

(二)根据有意想象的新颖性、独立性和创造性程度的不同,可以把有意想象分为再造想象和创造想象

1. 再造想象

再造想象是人们根据言语的叙述、图形或符号的示意,在人脑中产生的有关事物新形象的过程。再造想象必须以别人的描述和提示为前提,再造别人想象过的事物,虽然具有一定的独立性,但独立性差。值得注意的是,再造想象不是别人想象的简单重现,而是依据以往的经验再造出来的,如技术工人根据平面的图纸,生产出立体的产品。由于个体之间的知识经验、兴趣爱好、个性的差异,每个人再造出来的形象各不相同。例如,我们想象"朝辞白帝彩云间,千里江陵一日还。两岸猿声啼不住,轻舟已过万重山"这首诗所描述的形象时,每个人再造出来的形象各不相同,都按各自的方式来构成新形象。可见,再造想象中也有创造性的成分。

再造想象是理解和掌握知识必不可少的条件。在接受间接经验时,概念停留在机械识记水平上是毫无意义的,只有在头脑里形成了与概念相应的形象,主体才能理解和掌握知识。概念只有作为事物原形信息的代替物时才有实在的意义。因此,课堂教学的形象化、直观化有利于知识的掌握和运用。图表、模型、标本等直观教具和

生动的语言,有利于想象的发展和知识的掌握。

再造想象对人格的塑造也有重要作用。再造想象是榜样言行的内化过程的一种形式。儿童听了故事、看了电影或连环画后,往往沉浸在故事情节中,想象自己亲身体验这些行为。这种想象甚至能指导他们的行为。如影片《少林寺》放映后,街上会出现一些模仿影视人物的小"十三棍僧"。所以,在政治思想教育和品德教育中,教师要用各种方式唤起学生正确的再造想象,使学生潜移默化地形成良好的品德和行为。

形成正确的再造想象有赖于两个条件:一是正确理解语词描述和图形或符号标志的事物的意义。再造想象由言语描述或图样示意所引起,如果言语不能引发表象,想象活动将难以进行。想象活动是第一信号系统和第二信号系统协同作用的结果,要形成正确的想象必须正确理解和掌握词与实物标志的意义。例如,不懂外语的人,就无法在脑中形成外语原版作品中所描绘的人物与场景的景象。教师一方面要正确地运用语言,生动形象地描述事物或现象,另一方面还要有意识地进行各种符号的指导,促使学生把符号与标志相应事物的形象结合起来。二是丰富的表象储备。表象是想象的基础,表象愈丰富,再造想象的内容愈丰富;再造想象不仅对已有表象的数量有较高的要求,对表象的质量和种类也有很高的要求。正确反映客观现实的直观材料愈丰富,再造出来的想象内容就愈生动、准确。教师要有计划地组织学生参观、访问、调查、实验等,并创造条件尽可能地使用现代化教学手段,以丰富学生表象储备,促进再造想象的不断发展。

2. 创造想象

创造想象是指根据一定的目的和任务,不依据现成的描述,在人脑中独立创造事物新形象的心理过程。

创造想象根据预定目的,通过言语符号对已有表象进行选择、加工、改组而产生可以作为创造性活动"蓝图"的新形象。文学家、艺术家、发明家、科学家、设计人员的创新作品都是创造想象的产物。与再造想象相比,创造想象具有独立性、首创性、新颖性等特点。

创造想象是人类创造性活动的一个必不可少的因素,是创造性活动顺利开展的关键。创造性活动由于有了创造想象的参与,才能结合以往的经验,根据预定的目的和计划将概念和形象、具体和抽象、现实与未来有机地结合起来,形成创造性的新形象,勾画出劳动的最终或中间产品的立体表象模型。没有创造想象,技术发明、科学研究、艺术创作等一切创造活动都无法顺利进行。

创造想象能力的培养具有十分重要的意义。教师在学生的作文、绘画、解题和实习等创造活动中正确运用启发教学法,创造问题情境诱导学生自己去"发现"问题、"解决"问题,是培养学生创造想象能力的一种重要途径。

发展创造想象要依赖四个方面的条件:一是创造动机。社会生活不断地对个体提出创造新事物、解决新问题的需求。这种需求反映在人的头脑中就成为创造新事物的需要和动机。创造动机是创造想象的动力。二是扩大知识范围,增加表象储备。

没有相应的表象储备,再造想象和创造想象都很难顺利进行。创造想象有将相关表象的某些因素重新组合排列成新形象的"凑合式想象",如狮身人面像;有将几种表象融合成新形象的"融合式想象",如《战争与和平》中娜塔莎的形象是托尔斯泰(Leo Tolstoy)融合其妻子、妻妹两人的形象创造的;有"改换式想象",即改变旧表象创造新表象;有"夸张式想象",即对现实中的形象做夸张处理,如"飞流直下三千尺";有抽取某些事物的本质特征的"典型式想象",如鲁迅笔下的阿Q是旧社会农村流氓无产者的典型形象。这些创造想象的形式都以丰富的表象储备为先决条件的。三是积极的思维活动。创造想象受思维的调节,思维活动由一定的问题引起,并指向问题的解决。如作家在写作前要考虑文章的主题、人物、情节等,如果不假思索、信马由缰,就很难创造出活生生的令人信服的形象来。四是灵感。灵感是指创造活动接近突破时出现的心理状态。灵感首先表现为人的注意力高度集中在创造对象上。这时意识处于十分清晰和敏锐的状态,思维极为活跃。因此,在产生灵感时人有极高的工作效率。灵感的出现使久思不解的问题迎刃而解,常常伴随着无法形容的喜悦。例如,古希腊哲学家阿基米德(Archimedes)在验证王冠是否由纯金制成的问题时,一次入浴中忽然有悟,起来在街上狂呼:"我发现了!我发现了!"(即发现了阿基米德定律)简直达到了狂喜的程度。这是成功的喜悦、胜利的喜悦。唯心论者将灵感看作是神灵的感应。其实,灵感不是天上掉下来的,也不是人脑所固有的,而是经过艰巨劳动的长期酝酿促成的。它是一朵长期积累后偶尔得之的思想火花,"灵感是对艰苦劳动的奖赏"。灵感的产生需要一定的客观条件,创造者长期形成的创造习惯有利于灵感的出现。另外,灵感常常一瞬即逝,若不注意捕捉就会失之交臂。

(三)幻想

幻想是创造想象的一种特殊的形式,是指与个人的生活愿望相结合并指向未来的想象。幻想是创造想象的准备阶段,也是创造想象的特殊形式。与一般的创造想象相比,幻想具有两个特征:一是幻想体现了个人的愿望,是向往的形象。幻想中的形象总是与个人的愿望相联系,体现了个人的向往和祈求,而创造想象所形成的形象则并不一定是个人所向往的形象。例如,作家创造的人物形象有的是他所喜欢的和同情的,有的(如反面人物)则可能是他所厌恶或鞭挞的,后一种形象就不是作者所向往的。二是幻想常常是创造性活动的准备阶段。幻想虽然是有目的的,但不像一般的创造想象那样需要付出艰苦的精神劳动。幻想不指向于当前物质产品和精神产品的创造,而是指向未来,代表个体的愿望。

根据幻想的社会价值和有无实现的可能性,可以把幻想分为积极的幻想和消极的幻想。积极的幻想是指符合事物的发展规律,具有一定社会价值和实现的可能性的幻想。因此,又把积极的幻想称为理想。理想能使人展望将来发展的美好前景,激发人的信心和斗志,鼓舞人顽强地克服内外困难。消极的幻想是指不符合或违背事物发展规律,毫无实现可能性的幻想。因此,又把消极的幻想称为空想。空想是一种无益的想象,它常使人脱离现实,想入非非,逃避艰苦的劳动,以无益的想象代替实际行动。所以,在教育教学过程中,教师要教育学生力戒空想,坚持正确远大的抱负,培养克服内外困难的意志力,以实现自己所追求的理想。

第三节 学生想象力的培养

想象是学生在目前和将来从事创造活动的重要心理条件。在教学过程中,教师要有意识努力做到以下四个方面来发展和培养学生的想象力。

一、多种手段与措施丰富学生的表象储备

人的想象不是凭空产生的,所有的想象都是利用感知所形成的表象创造出来的。表象是想象的必要材料。教师在教育教学过程中要创设条件,采取多种手段和运用不同措施来丰富学生的表象储备。教师可以通过以下三个方面来做到:一是通过课堂学习积累。一切新形象都来自生活,取之于过去的经验。文化课学习中正确理解图形与符号所标志的意义,通过词汇联想掌握词汇描写的各种形象;在实验课学习中注重正确观察,使用实物、模型等各种直观教具,积累新的表象。二是课外阅读汲取。课外阅读是对想象的最好训练,是培养想象能力的有效措施。课外广泛阅读,特别是多阅读幻想小说、科技读物及其他课外读物,从中汲取丰富表象。三是实践过程储备。丰富的表象是在实践活动中形成的,教师要经常组织学生参加科技活动、课外活动,在实践中开阔视野、储备表象。

二、结合学科教学有目的地训练学生的想象力

教师要结合各学科的教学活动,有目的地训练学生的想象力。例如,在上语文课时,可以让学生带着感情朗读课文,鼓励他们通过想象,体会作品中主人公的思想和感情,想象作品中所叙述的事情发生的缘由以及可能的发展趋势,指导学生阅读健康有益的课外书籍,通过书中的文字描述,能够发展学生的再造想象,同时也能发展和激发学生的创造想象。在音乐课上,歌词与乐曲激发学生情感,同时也是激发想象力的重要方式。绘画、手工、雕刻、科技小制作,以及文艺演出等活动,也是培养和提高学生想象力的有效途径。

三、科学运用联想法培养学生的想象力

联想是头脑中由一事物(或观念)想到另一事物(或观念)的心理活动。如从"六月飞雪"想到"窦娥之冤";由英语中的"过去时"想到"现在进行时"和"将来时";由"唯物主义"想到"唯心主义";由"遵义会议"想到"二万五千里长征";由"蛇、青蛙和飞蛾三者关系"想到"食物链"等,这些都是各学科里经常运用联想法学习的知识内容。想象的方法,主要就是联想法。联想法主要有接近联想、相似联想、对比联想和关系联

想四种。所谓接近联想,就是由空间和时间上的接近而产生的联想。例如,提到杭州而想到西湖,说到铁轨就容易想到火车,提到冬天就想到寒冷、下雪,说到夏日就容易想到曝晒等。相似联想是由于客观事物在现象或本质方面有类似之处而建立起来的联想方法。如记忆汉字或外语单词时,将同义近义字、同音近音字、同形近形字等归集在一起,就是运用相似联想帮助记忆的一种有效方式。对比联想是由于客观事物存在着对立性而建立起来的一种联想。例如,我们在记忆汉字和外语单词时,就可以按照这一联想规律,把反义词归纳在一起进行记忆,运用对比联想法来提高记忆效果。关系联想是以事物之间的因果关系、从属关系,如部分和整体、原因和结果、种和属等为中介性线索产生联想的方法。

四、多途径开发想象区和右脑培养想象力

根据生理心理学家的发现,人的大脑有四个功能部位,即感受区、贮存区、判断区、想象区。一般人在日常生活中,经常动用的只有前三个区,而想象区一般只被动用15%左右。科学家之所以具有丰富的想象力,就是因为他们大脑中的想象区经常处在一种积极的兴奋状态,善于想象构思并创造新形象,而一般人对想象区潜力的挖掘是不够的,所以学校教育不能单纯地传授知识,还要注意培养学生的想象力,不断提高学生的创新精神。学生在学习生活中要自觉地加强想象力的训练,不断加强自身的创新意识、创新思维、创新精神的培养。

1981年获得诺贝尔生物学奖的美国罗杰·斯佩里(Roger Sperry)博士提出了大脑两半球各司其职、功能互补的观点。左半球的功能与理解能力相对应,右半球的功能与想象能力相对应。按照这一观点,开展丰富多彩的课外活动,特别是音体美活动、科技小发明小创造活动、智力竞赛活动等,可以开发大脑的右半球,发展想象力。此外,还可采取下列方法:左手握筷,活动左手以刺激右脑;左手触物;左脚踩球;左侧梳发等。

思考题

1. 表象的定义及其特征是什么?
2. 表象的种类及作用是什么?
3. 想象的定义及功能是什么?
4. 想象的种类有哪些?
5. 再造想象的形成具有哪些基本条件?
6. 发展创造想象依赖哪些条件?
7. 教师在教学中如何培养学生的想象力?

第七章

思　维

> 一个不想思考的人是顽固者,一个不能思考的人是傻瓜,一个不敢思考的人是奴隶。
>
> ——(英)德拉蒙德(William Drummond)

▶ **本章要点提示**

- 思维的定义及其特征
- 思维的种类与过程
- 思维的形式与品质
- 问题解决
- 学生创造性思维的培养

人类作为万物之灵,拥有很高的智慧,而人类智慧最集中的体现是人的思维。恩格斯(Friedrich Engels)曾经把思维赞誉为地球上最美丽的花朵。正是它,赋予人类以无尽的力量。

在现实生活中,当看到一个人兴高采烈时,人们会推测他一定是遇到了高兴、愉快的事情,而当看到一个人紧缩双眉,就可能会认为他遇到烦心、恼人的事情。有时在农贸市场,当看到萝卜、青菜、西红柿和鸡、鸭放在一起时,会自然而然地把它们分为蔬菜和家禽两类。这些可叫作透过现象看本质。这是由于人类的思维活动,才能够对自己通过感觉和知觉所获得的各种感性材料,以及各类信息去伪存真、由表及里、由深入浅地加工,从而实现从感性活动上升到理性活动认识的飞跃,达到对客观事物深刻的、准确的和全面的认识。

第一节 思维概述

一、思维的定义和特征

(一)思维的定义

思维是人脑对客观事物的本质和事物之间的内在联系的认识。思维是心理发展的最高阶段。

思维和感觉、知觉一样,也是人脑对客观现实的反映。不过感觉和知觉是对客观现实的直接反映,它们所反映的是客观事物的外部现象或个别属性;而思维则是对客观事物间接的、概括的反映,它所反映的是客观事物的共同的本质特征和内在联系。例如,当人们研究"水"时,通过感觉和知觉只能认识水的颜色、形态和温度,而通过思维能舍弃水的颜色、形态和温度的具体特征,认识到水在大气压力 760 毫米汞柱下,温度降低到 0 ℃时,就会结冰;增加到 100 ℃时,就会沸腾这样的规律。因此人的思维是以感觉和知觉为基础的更复杂、更高级的认识过程。

(二)思维的特征

思维具有间接性和概括性的特征。

1. 思维的间接性

思维的间接性是指它能以直接作用于感觉器官的事物为媒介,对没有直接作用于感觉器官的客观事物加以认识。

例如,夏天天气闷热,蜻蜓低飞,虽未直接见雨,但人们却能通过思维预料将会下雨;人不能直接感知猿人的生活情景,但可以通过化石和其他考古资料,复现出猿人的形象和当时的情景;天文学家哈雷(Edmond Halley)在 1742 年根据万有引力定律,推算出一颗彗星将于 1759 年、1835 年、1910 年等年份多次出现,事实证明,这颗彗星每次都如期而至,"哈雷彗星"由此得名;医生根据病人的体温、血液、心率、血压的变化,对直接观察不到的内部器官的状态做出正确诊断等。所有这些都是间接的认识,是通过人脑"去粗取精,去伪存真,由此及彼,由表及里"的加工活动,即思维活动来实现的。

2. 思维的概括性

思维的概括性是指它可以把一类事物的共同属性抽取出来,形成概括性的认识。思维的概括性包含两层含义:

第一,思维所反映的是同类事物的共同特征。

例如通过感知,认识到许多人,有男人、女人、儿童、老人、黑人、白人、富人、穷人等,通过思维,舍弃人的年龄、性别、肤色和贫富等具体特征,概括为人是有意识和语言、能够制造和使用劳动工具的高等动物的本质特征。

第二，人通过思维能从部分事物相互联系的事实中找到事物之间普遍的或必然的联系，并将其推广到同类事物中去。

通过思维我们认识到鸟的本质属性是有羽毛，卵生。因此把不会飞的鸡、鸭列入鸟类，而不把会飞的蝙蝠、蜻蜓等列入鸟类。

思维的间接性是以人对事物概括性的认识为前提的。人之所以能够根据屋顶潮湿做出曾下过雨的推断，是因为知道下雨和屋顶潮湿之间的因果关系，而这种认识正是由思维的概括性所获得的。因此，思维的概括反映和间接反映的特点是密切联系的。

二、思维的种类

（一）根据思维的形态，可分为动作思维、形象思维和抽象思维

1. 动作思维

动作思维是以实际动作为支柱去解决问题的思维过程，也称操作思维或实践思维。例如，3岁前的幼儿的思维就属于动作思维。他们的思维活动离不开触摸、摆弄物体的活动。聋哑人靠手势与摆弄对象的动作进行交往，也属于动作思维。正常成人有时也会出现动作思维。例如，体操运动员一边进行运动操作，一边进行思维，就属于动作思维。成人的动作思维是以丰富的知识经验为中介，并在整个动作思维过程中由词进行调节和控制，与没有完全掌握语言的幼儿的动作思维不同。动作思维是人与其他高等动物共同具有的一种思维形式，但是人的动作思维与其他动物的动作思维具有本质的区别。

2. 形象思维

形象思维是以直观形象和表象为支柱的思维过程。例如，一个人在考虑沿着哪条路可以更快到达目的地时，在他的头脑中会出现若干条通向目的地的道路，并运用其形象进行分析和比较，最后选择一条最短、最方便的路线。汽车驾驶员就经常运用这种形象思维。学龄前儿童的思维主要是形象思维。心理学的研究表明，形象思维是个体发展的重要阶段。正常成人虽以概念思维为主要形式，但也不可能完全脱离形象思维，特别是在解决比较复杂的问题时，鲜明生动的形象或表象有助于思维过程的顺利进行。作家、画家等的文艺创作则更多地运用形象思维。

3. 抽象思维

抽象思维是指用词进行判断、推理得出结论的过程，又称词的思维或逻辑思维。例如，学生运用数学符号和概念进行数学运算或推导；科学工作者根据实验材料进行某种判断等都是抽象思维。抽象思维是人类特有的一种思维形式。

(二)根据探索问题答案的方向的不同,可分为辐合思维和发散思维

1. 辐合思维

辐合思维也叫求同思维、集中思维、会聚思维,是指把问题所提供的各种信息聚合起来,朝着同一个方向得出一个正确答案的思维,其主要特点是求同。这种思维是利用已有的知识经验或传统方法来解决问题的一种有方向、有范围、有组织、有条理的思维形式。例如,甲>丙,甲<乙,乙>丙,乙<丁,其结果必然是丙<丁。

2. 发散思维

发散思维又叫求异思维、分散思维,是指从一个目标出发,沿着各种不同途径去思考,探求多种答案的思维。这种思维的主要特点是求异与创新。例如,要求人们根据"海"字把想到的一切有关"海"字的词组都说出来。这时,人们就要沿着不同的方向去思考,想出海洋、海鸥、海盐、海风等。这种思维无一定方向和范围,不墨守成规,不囿于传统方法,由已知探索未知。

(三)根据思维的结果是否经过明确的思考步骤和对过程有否清晰的意识,可分为分析思维和直觉思维

1. 分析思维

分析思维也称逻辑思维,它严格遵循逻辑规律,逐步进行分析与推导,最后得出合乎逻辑的正确答案或做出合理的结论。如学生通过多步的思考和论证解决数学难题或者警察对现场事故进行调查等,都离不开分析思维的缜密推理活动。

2. 直觉思维

直觉思维是一种非逻辑思维,它是人脑对于突然出现的新问题、新事物和新现象,能迅速理解并做出判断的思维方式。它也是一种直接的领悟性的思维方式。例如,古希腊学者阿基米德在浴缸中洗澡时突然发现浮力定律;达尔文(Charles Darwin)在阅读马尔萨斯(Thomas Malthus)人口论时突然思考出"自然选择"理论;魏格纳(Alfred Wegener)在看地图时突然闪现出"大陆漂移"观念等,都是直觉思维的典型例证。在一定程度上,直觉思维是逻辑思维的凝聚或简缩,具有敏捷性、直接性、简缩性、突然性等特点。

(四)按照思维是否具有创造性可分为创造性思维和再造性思维

1. 创造性思维

创造性思维是以新颖独特的方法解决问题,并产生首创的、具有社会价值思维成果的思维活动。例如,剧作家创造一个新的剧目,设计师发明一种新的机器等。创造性思维是人类思维的高级过程。许多心理学家认为,创造性思维是多种思维的综合表现,它既是辐合思维与发散思维的结合,又是分析思维与直觉思维的结合;它不仅包括抽象思维,而且也离不开创造性想象。"别出心裁"就是一种创造性思维。

2. 再造性思维

再造性思维是指用已知的方法去解决问题的思维。这种思维创造性水平低，对原有知识不需要进行明显的改组，也没有创造出新的思维成果，往往缺乏新颖性和独创性。

三、思维的过程

思维活动表现为对作用于人脑的客观事物进行分析、综合、比较、归类、抽象、概括、系统化、具体化等具体过程。其中分析和综合是思维的基本过程，它贯穿于整个思维活动过程之中，其他过程都是由分析和综合派生出来的具体活动。

（一）分析和综合——人认识事物的开端

分析和综合是思维过程的基本环节，一切思维活动都是在分析和综合的基础上进行的。分析是在头脑中将事物分解为各个部分或各个属性的过程。如我们把植物分解为根、茎、叶、花、果实、种子；把人的心理现象分解为心理过程和个性心理等。综合是在头脑中将事物的各个部分、各种属性结合起来，形成一个整体的过程。如把学生的思想品德、智力水平、学业成绩、健康状况等各方面联系起来进行评估，得出正确结论等。

分析和综合在人的认识过程中有不同作用。通过分析，人可以进一步认识事物的基本结构、属性和特征；可以分出事物的表面特性和本质特性，使认识深化；可以分出问题的情境、条件、任务，便于解决思维问题。通过综合，人可以完整、全面地认识事物，认识事物间的联系和规律；整体地把握问题的情境、条件与任务的关系，提高解题的技巧。

分析和综合是同一思维过程中彼此相反而又紧密联系的过程，是相互依赖、互为条件的。分析是以事物综合体为前提的，没有事物综合体，就无从分析。综合是以对事物的分析为基础的，分析越细致，综合越全面；分析越准确，综合越完善。例如，学生读一篇课文，既要分析，又要综合。经过分析，理解了词义和段落大意；经过综合，掌握了文章的中心思想，便获得了对文章的整体认识。对事物只有分析而没有综合，只能形成片面的、支离破碎的认识；只有综合没有分析，只能形成表面的认识。分析和综合是辩证统一的，只有把分析和综合有机地结合在一起，才能发现事物的联系，才能更好地认识事物。

分析和综合可以在不同的水平上进行。人可以在直接摆弄物体的情况下进行分析和综合，例如，小学生用散装的零件自己组装成舰模或航模的过程；也可以在直观形象的水平上进行分析与综合，例如指挥员在军事图上分析敌情，服装师设计服装，建筑师设计建筑物等；还可以在思想上对抽象的事物进行分析和综合，例如，公安人员分析案情，学生解题等，这是分析和综合的最高水平。

(二)比较和归类——高级的分析和综合

比较是在人脑中把各种事物或现象加以对比,确定它们之间异同点的思维过程。人们认识事物,把握事物的属性、特征和相互关系,都是通过比较来进行的。只有经过比较,区分事物间的异同点,才能更好地识别事物。例如,教师要讲清"思维"这个概念,必须与相近的"思想"这个概念相比较,找出它们的共同点和差异点。它们的共同点是,二者都是理性认识;它们的差异点在于,思想是理性认识的内容,思维是理性认识的形式。通过比较,对思维这一概念的认识就更加准确了。

比较与分析、综合是紧密联系的。比较总是对事物的各部分、各种属性或特性进行鉴别与区分,因此没有分析就谈不上比较,分析是比较的前提。然而,比较的目的是确定事物间的异同,因此比较也离不开综合。要比较事物,既要对事物进行分析,又要对事物进行综合,离开分析和综合,比较难以进行。

比较既可以是同中求异,又可以是异中求同。例如,在教学中,教师为了帮助学生清楚地了解某个对象,就把这个对象与它十分相似的各种对象进行比较,找出它们的不同点;又把这个对象与它差异很大的对象进行比较,找出它们的相同点。这样,学生就较容易地明确这个对象的本质特征。

归类是在人脑中根据客观事物或现象的共同点和差异点,把它归入适当类别中去的思维过程。分类是在比较的基础上,将有共同点的事物划为一类,再根据更小的差异将它们划分为同一类中不同的属,以揭示事物一定的从属关系和等级系统。例如,学生掌握数的概念时,把数分为实数和虚数,又把实数分为有理数和无理数等。

由于学生年龄的差异,思维发展水平不同,分类的水平也不同。小学生往往不是根据事物的本质特征,而是根据事物的外部特征和功能进行分类;少年期学生容易把本质特征与非本质特征并列起来进行分类;青年期的学生则会按事物的本质特征进行分类。

(三)抽象和概括

抽象是在思想上把事物的共同属性和本质特征抽取出来,并舍弃其非本质的属性和特征的过程。例如,我们对人的认识,人可以分为男性、女性、大人、小孩,工人、农民、军人、学生、教师、商人、高个、矮个、白种人、黄种人、黑种人;人能吃饭,能睡觉,能喝水,能活动,能知觉,能记忆,能说话,能思维,能制造和使用工具等。通过分析、比较,抽出人类具有的共同的、本质的属性,即能说话、能思维、能制造工具等,舍弃能吃饭、能睡觉、能喝水、能活动等其他动物也有的非本质属性,这就是抽象过程。

概括就是把抽取出来的共同属性和特征结合在一起的思维过程。例如,我们把"人"的本质属性——能说话、能思维、能制造工具综合起来,推广到古今中外一切人身上,指出:"凡是能说话、能思维、能制造和使用工具的动物都是人。"

抽象和概括的关系十分密切。如果不能抽出一类事物的本质属性,就无法对这类事物进行概括。而如果没有概括性的思维,就抽不出一类事物的本质属性。抽象和概括是相互依存、相辅相成的。抽象是高级的分析,概括是高级的综合,抽象、概括都是建立在比较基础上的。任何概念、原理和理论都是抽象和概括的结果。

学生的概括可以分为两种水平:

(1)初级形式的感性概括。这种概括形式是根据事物的外部特征,对不同事物进行比较,然后对它们的特征加以概括。如,小学生根据鸟会飞这一外部特征得出"会飞的动物就是鸟类",从而错误地认为鸭、鹅不会飞,所以不是鸟类。这种概括是属于知觉和表象水平的概括。

(2)高级形式的科学概括。这是根据事物的本质特征进行的概括。如,学生通过学习有关动物学的知识,能准确地概括出鱼的本质特征,即"用鳃呼吸的脊椎动物是鱼类"。这种水平的概括属于思维水平的概括。

(四)系统化和具体化

系统化是在人脑中根据客观事物的本质特征,按不同顺序与层次组成一定系统的思维过程。例如,生物学家按界、门、纲、目、科、属、种的顺序,把世界上千千万万种生物分类,同时揭示出各类生物之间的关系,这就是在人脑中对生物种类系统化的过程。具体化是人脑把经过抽象、概括而获得的概念、原理和理论,运用到某一具体对象上去的思维过程。如用习得的一般原理解答习题,就是一种具体化的表现。

系统化是在分析、综合、比较和分类的基础上实现的。系统化的知识便于在大脑皮层上形成广泛的神经联系,使知识易于记忆。也只有掌握了系统的知识结构,才能真正理解知识,才能在不同条件下灵活运用知识。

四、思维的形式

人们往往通过活动过程掌握各种概念,并运用各种概念组成判断,用各种判断进行推理。也就是说,人们是通过概念、判断和推理来进行思维活动的,概念、判断和推理是思维的基本形式。心理学可以通过对思维形式的研究来认识人类思维活动过程的规律性。

(一)概念

概念是人脑反映事物或现象的一般特征和本质属性的思维形式。概念是在分析、综合、比较、分类、抽象、概括的基础上形成的。它反映一类事物共同的、一般的、本质的特征,而不包括那些非本质属性。譬如,"人"这个概念,反映着人所特有的本质属性(即会制造工具,并能使用工具进行劳动的高等动物),而不包括其他的、表面的非本质特征(不同肤色、不同性别、不同年龄、不同民族、不同国籍、不同信仰等)。

概念是通过思维活动而形成的,并且是用词来标志的。个体概念的获得一般经过两条基本途径:一是通过日常生活,在与别人进行交往等积累个体经验的过程中掌握概念。这些通过日常生活掌握的概念,叫作日常概念。二是在专门的教学过程中,在教师的引导下掌握概念。这种通过有计划的教学活动,在熟悉有关概念的内涵条件下掌握的概念,叫作科学概念。

(二)判断

判断是概念与概念之间的联系,是人脑对客观现实的对象和现象之间的本质关系的反映形式,即是用概念去肯定或否定事物具有某种属性的思维形式。

判断是以句子的形式来表达概念与概念之间的关系,进而阐明事物,肯定或否定事物之间的联系。例如,当我们说"闪电后有雷鸣"时,便肯定了这两种自然现象之间在时间上的一定联系;当我们说"中国和日本是一衣带水的邻邦"这句话时,便肯定了两国地理位置在空间上的一定联系;当我们说"蝙蝠不是飞禽"这句话时,便否定了蝙蝠的本质特征与飞禽所具有的本质特征之间的一定联系。判断不能模棱两可,不是肯定,就是否定。判断是否正确,要用实践来加以检验。

(三)推理

推理是判断与判断的联系,是从一个或数个已知判断推出新的未知判断的思维形式,也是事物之间的联系在人脑中的反映。例如,以"果实是植物中有种子的部分"(判断)与"杏中有种子"(判断)这两个判断为前提,推出"杏是果实"(新判断)的结论,这就是推理。推理可以使人达到对客观事物的间接认识。

推理主要分为归纳推理、演绎推理和类比推理三种形式。归纳推理是从特殊事例出发归纳出一般原理的思维形式。例如,从戏剧、小说、诗歌、散文等具体的文学作品中,看到它们都具有以语言和文字来形象地反映现实的特点,因而就可以归纳出"文学都是以语言、文字为工具来形象地反映现实的艺术"的结论。演绎推理是从一般原理到特殊事例的思维形式。例如,当我们听说某人是优秀教师时,就能够根据优秀教师都是热爱教育事业的普遍原理,推知这个人也是热爱教育事业的。归纳推理和演绎推理是相辅相成的过程。凭借归纳推理,可以从特殊的、具体的事例得到一般原理;凭借演绎推理,可以把一般原理运用到具体特殊的事实,以验证一般原理。类比推理则是从某个特殊事例到另一个特殊事例的思维形式。当人们发现两个或两类事物具有某些共同属性后,就能推出它们在其他属性上也可能有共同性。例如,发现甲、乙两个人在性格的意志特征上很相似,由此便可以推出他们在性格的情绪特征上也很相似。

五、思维的品质

思维的品质包括思维的深刻性、思维的广阔性、思维的独立性、思维的批判性、思维的灵活性和思维的敏捷性。

(一)思维的深刻性和广阔性

思维的深刻性即思维的深度,是指善于透过表面现象认识问题的本质,达到对事物的深刻理解。反之,对问题不求甚解,妄下结论,就是思维的片面性。思维的广阔性是指思路广泛,善于把握事物各方面的联系,善于全面地思考和分析问题。它以丰富的知识经验为依据,从事物各方面的联系上看问题,反之,就是思维的狭隘性。思维的深刻性和广阔性是密切联系着的,有广阔性才有深刻性,才能深刻地认识事物,反之,就会做出错误的判断和结论。

(二)思维的独立性和批判性

思维的独立性是指善于独立思考,充分发挥个人的主观能动性,独立地提出问题;认识事物,得出自己的结论。思维的批判性是指善于冷静地思考问题,不轻信、不迷信权威,能有主见地分析评价事物,不易被偶然暗示所动摇。

(三)思维的灵活性和敏捷性

思维的灵活性是指根据环境的变化,机智灵活地考虑问题、应付变化,反之,就是思维的固执和刻板。思维的敏捷性是指思路来得快,解决问题迅速,又能当机立断,不优柔寡断,不轻率行事。

第二节 问题解决

问题解决是重要的思维活动,也是思维的主要目的。例如,证明几何题就是一个典型的问题解决的过程。几何题中的已知条件和求证结果构成了问题解决的情境,而要证明结果,必须应用已知的条件进行一系列的认知操作。操作成功,问题就得以解决。

一、问题及问题解决的定义

(一)问题的定义

问题是指蕴含着个人面临障碍的目标,既不能认知又不能用习惯反映,是个体在达到所期望目标过程中遇到的障碍。问题有三个要素:第一,有一组已知的问题情境和条件的描述,即问题的起始状态;第二,有一组达到或期望的目标,即具有构成问题结论或结果的描述,或者具有问题所要求的答案,即问题的目标状态;第三,遇到障碍,即对该问题正确解决的方法不直接显现,需要通过间接思考才能达到。

（二）问题解决的定义

问题解决是指由一定的问题情境引起,经过一系列具有目标指向性的认知操作,使问题得以解决的过程。它是使问题获得解决的思维活动,具有复杂的心理过程,同时也是人类思维的普遍形式。

问题解决有三个基本特征:目标指向性、操作系列性和操作认知性。具体来说,问题解决需要具有明确的目标指向性;有一系列的操作程序,包括外在的动作操作和内在的心理操作过程;要有思维认知成分的参与。

问题解决具有两种类型:常规问题解决和创造性问题解决。常规问题解决是问题解决者使用现成方法进行的问题解决。创造性问题解决是需要运用新颖独特的方法进行具有社会意义的问题解决。常规问题解决和创造性问题解决是相对的,它们能够相互转化。

二、问题解决的思维过程

问题解决的思维过程分为以下四个阶段。

（一）发现问题

我们生活的世界处处时时都存在着各种各样的矛盾,当某些矛盾反映到意识中时,个体才发现它是个问题,并要求设法解决它。这就是发现问题的阶段。从问题解决的阶段性看,这是第一阶段,是解决问题的前提。发现问题不论对学习生活,还是创造发明都十分重要,是思维积极主动性的表现,在促进心理发展上具有重要意义。

（二）明确问题

要解决所发现的问题,必须明确问题的性质,也就是弄清有哪些矛盾、哪些矛盾方面,它们之间有什么关系,以确定所要解决的问题要达到什么结果;明确所必须具备的条件、其间的关系和已具有哪些条件,从而找出重要矛盾、关键矛盾之所在。

（三）提出假设

在分析问题的基础上,提出解决该问题的假设,即可采用的解决方案,其中包括采取的原则和具体的途径、方法。但所有这些往往不是简单现成的,而是有多种多样的可能。但提出假设是问题解决的关键阶段,正确的假设引导问题顺利得到解决,不正确不恰当的假设则使问题的解决走弯路或导向歧途。

（四）检验假设

假设只是提出一种可能的解决方案,还不能保证问题一定能获得解决,所以问题解决的最后一步是对假设进行检验。通常有两种检验方法:一是通过实践检验,即按假定方案实施,如果成功就证明假设正确,同时问题也得到解决;二是通过心智活动进行推理,即在思维中按假设进行推论,如果能合乎逻辑地论证预期成果,就算问题初步解决。特别是在假设方案一时还不能立即实施时,必须采用后一种检验。但必须指出,即使后一种检验证明假设正确,问题的真正解决仍有待实践结果的证实。不论哪种检验,如果未能获得预期结果,必须重新另提假设再行检验,直至获得正确结果,问题才算解决。

三、影响问题解决的因素

问题解决的思维过程受多种心理因素的影响,有些因素能促进思维活动对问题的解决,有些因素则妨碍思维活动对问题的解决。下面讨论其中主要的几种。

(一)问题表征

问题表征是在头脑中对问题进行信息记载、理解和表达的方式。要能解决一个问题,不仅有赖于我们分解该问题的策略,而且有赖于我们对该问题如何进行表征。如图7-1所示的九点方阵和火柴排图两个问题,看似简单,做起来并不容易,不容易的原因是受到知觉情境的限制。左图中的9个点,很容易使人在知觉上构成一个封闭的四边,从而让人难以突破知觉经验,但四条线必须延伸到9个点构成的区域之外才能达到目的;右图中的6根火柴是在平面上排列的,但想在平面上排成4个连接的三角形,6根火柴无法达到目的,唯一的可能是将6根火柴架成立体的。

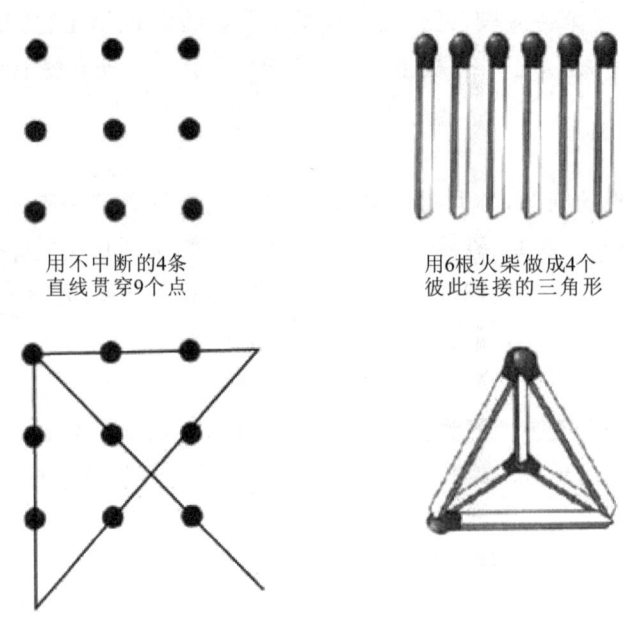

图 7-1 两个问题及其解法

(二)思维定势

思维定势是个体先前的思维活动形成的心理准备状态对后继同类思维活动的决定趋势。定势常常是意识不到的,有时有助于问题的解决,有时会妨碍问题的解决。最初研究定势在解决问题中的作用的是美国心理学家梅尔(Maier,1930)。在他的实验中,对部分参与者利用指导语给予指向性的暗示,对另一些参与者不给予指向性暗示。结果,前者绝大多数参与者能解决问题,而后者则几乎没有一个能解决问题。

定势对问题解决的妨碍作用可以从陆钦斯(Luchins,1942)的实验中看到。在实验中,告诉参与者有三个大小不同的杯子,要求他利用这三个杯子量出一定量的水。其实验程序见表7-1。实验结果表明,通过序列1~5的实验,由于参与者形成了利用 $B-A-2C$ 这个公式的定势,结果,对序列6和序列7,参与者也大都用同样方式加以解决,竟然没有发现原本应该显而易见的简单办法(即 $A-C$ 和 $A+C$)。在这个例子中,定势使问题解决的思维活动刻板化。

表 7-1 陆钦斯的量水问题实验序列

单位:毫升

序列	三个杯的容量			要求量出水的容量
	A	B	C	
1	21	127	3	100
2	14	163	25	99
3	18	43	10	5
4	9	42	6	21
5	20	59	4	31
6	23	49	3	20
7	15	39	3	18

(三)功能固着

功能固着指一个人看到某个物品有一种惯常的用途后,就很难看出它的其他用途;如果初次看到的物品的用途越重要,也就越难看出它的其他用途。这是一种特殊类型的定势。这个概念是德国心理学家东克尔(Duncker,1945)首先提出的。他在一个实验中,让学生们想办法在一块垂直的木板上放置蜡烛,并要使蜡烛能够正常地燃烧。东克尔给每个学生三支蜡烛,以及火柴、纸盒、图钉和其他东西。参与者中有一半人分到的是放在纸盒里的材料,另一半人分到的东西都散放在桌面上。东克尔发现,把东西放在盒子里提供给参与者,会使问题解决变得更困难,因为此时盒子被看作是容器,而不是能够参与解决问题的物体。在这个实验中,解决问题的方法是要先将盒子钉在木板上,把它当烛台用。

另一个实验是梅尔于1931年设计的摆荡结绳的实验。该实验设计的问题情境是在一个房间内,由天花板上垂下两条绳子,要求参与者设法将它们连接在一起。房间里还摆放有一把椅子、一把钳子和其他东西(参见图7-2)。问题是两条垂绳间距太远,参与者无法同时用手将它们连接。实验设计的目的旨在观察参与者能否突破功能固着,利用现场所陈列的材料,达到问题解决的目的。这一问题的解决办法是将钳子拴在一条垂绳上,使垂绳摆动,摆动期间有时两绳间的距离缩短,参与者就可以同时抓住两条垂绳,即可结在一起。实验结果发现,一般大学生只有39.3%的参与者能够想到上述方法解决问题。显然,大多数参与者没想到钳子可以用作摆锤,在他们看来,钳子的功能就是拔钉或剪断铁丝之类。

图7-2 结绳问题

功能固着也是思维活动刻板化现象。在日常生活中经常碰到,硬币好像只有一种用途,很少想到它还能导电;衣服好像也只有一种用途,很少想到它可用于扑灭烈火。这类现象使我们趋向于以习惯的方式运用物品,从而妨碍以新的方式去运用它来解决问题。

(四)酝酿效应

当反复探索一个问题的解决而毫无结果时,把问题暂时搁置一段时间,几小时、几天或几个星期,然后再回过头来解决,反而可能很快找到解决办法。这种现象称为酝酿效应。在酝酿期间,个体虽在意识中终止了解决问题的思维过程,但其思维过程并没有完全终止,而仍然在潜意识中断断续续地进行着。通过酝酿,最近的记忆和已有的记忆被整合在一起,弱化了心理定势的效应,并容易激活比较遥远的思维线索,因而容易重构出新的事物,产生对问题的新看法,使问题得以顺利解决。

有人用实验说明了这种效应。给参与者提出经济项链问题(参见图7-3):"你面前有四条小链子,每条链子有三个环。打开一个环要花2分钱,封合一个环要花3分钱。开始时所有的环都是封合的。你的任务是要把这12个环全部连接成一个大链子,但花钱不能超过15分钱。"(这个问题的解法是:把一条小链的三个环都打开,用这三个环把剩下的三条小链连接起来。)实验中的三组参与者都用半小时来解决问题:第一组,半小时中有55%的人解决了问题;第二组,在半小时解决问题中间插入半小时做其他事情,结果有64%的人解决了问题;第三组,在半小时中间插入4个小时做其他事情,结果有85%的人解决了问题。在这个实验中,实验者要求参与者大声说出解决问题的过程,结果发现第二、三组参与者回头来解决项链问题时并不是接着已经完成的解法去做,而是像原先那样从头做起(Silveira,1971)。因此,可以认为,酝酿效应打破了解决问题不恰当思路的定势,从而促进了新思路的产生。

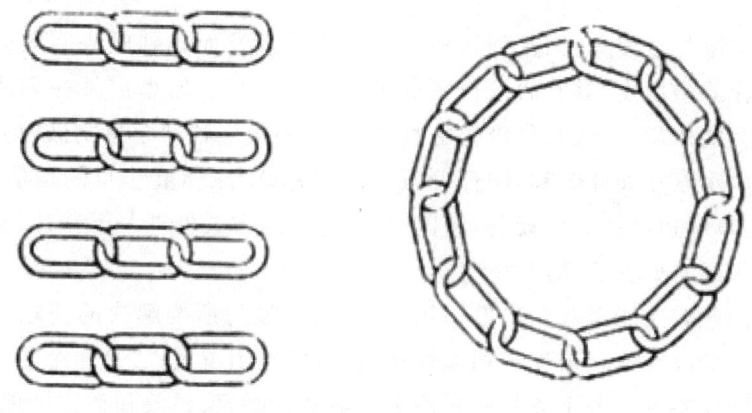

图7-3 经济项链问题

(五)知识经验

解决问题的知识经验越丰富,越有利于问题的解决。善于解决问题的专家与新手的区别,在于前者具备有关问题的知识经验并善于实际运用这些知识来解决问题。例如,一位老医生与一名刚参加工作的年轻医生,在面对一名具有很多症状的患者时就采取了不同的处理方式。年轻医生不确定病人患了什么病,于是便为病人开出了各种各样的医学检查单,在有了一套几乎完整的症状信息之后,才可能做出正确的诊断。但有经验的老医生很可能会立即认定这些症状符合某种或少数几种疾病的特征,仅仅对病人做了有限的检查后便很快做出了相当准确的最后诊断。

那么,知识经验为什么能促进问题的解决呢?西蒙(Herbert Simon)等人对这个问题进行过研究。他们把具有25个棋子的国际象棋盘以5秒的时间向国际象棋大师和棋艺不太好的一般棋手呈现(5秒的时间,参与者完全能看清棋盘,但不能存入长时记忆)。分两种实验条件:第一种是把象棋好手下到一半的真实棋盘布局呈现给这两组;第二种是在棋盘上随机摆上25个棋子的布局。呈现棋盘撤走后,要求参与者把刚才看过的棋盘布局在另一棋盘上摆出来。结果发现,对于真实的棋盘布局,象棋大师能恢复25个棋子中的23个,而一般棋手则只能恢复6个左右;对于随机排列的棋盘布局,象棋大师和一般棋手能恢复的数量是相等的,都是6个。研究还表明,专家在看棋盘上的有规律的25个棋子时,并不是看25个孤立的东西,而是以组块为单元,加上组块之间的关系来看棋盘的。根据对国际象棋大师的研究,西蒙认为,任何一个专家必须储存有5万～10万个组块的知识,而要获得这些知识不得少于10年。由于专家储存有大量的知识以及把这些知识运用于各种不同情况的丰富经验,因而他能熟练地解决本领域所遇到的各种问题。需要新手冥思苦想才能解决的问题,对专家来说也许只要检查一下储存的解法就可以了。

（六）原型启发

在问题解决的过程中,因受到某种客观事物的启发而找到解决问题的途径和方法的过程叫作原型启发,具有启发作用的事物叫作原型。原型启发在创造性解决问题中起着很大的作用。例如,鲁班爬山时,手不小心被一种丝茅草割破,疼痛之余,他惊诧于柔弱的小草竟如此锋利,便怀着浓厚的兴趣研究、琢磨小草的构造,终于找到了秘密所在:草叶边缘的毛刺就是"利器"。用同样的方式处理一下铁片,岂不可以断木如泥？锯子的雏形就这样产生了。

原型对问题解决能否起到启发作用,一是看原型与所要解决的问题是否具有特征上或属性上的联系或相似性。相似性越强,启发作用越大;二是看个体是否处于积极的思维活动状态中。若个体不能积极主动地进行联想、想象和类比推理,即使事物存在着很大相似性,也难以受到启发。

（七）情绪

情绪对于解决问题具有重要的影响。紧张、惶恐、烦躁、压抑等消极情绪会降低问题解决的效率,而乐观、镇静、愉悦、轻松的情绪有助于激发人的潜能,使智力活动处于积极、敏锐、灵活的状态,导致问题顺利解决。

（八）动机和人格

人在解决问题的过程中,总会伴随一定的动机,如人们的社会责任感、学习态度、学习兴趣等都可成为活动的动机。心理学家的研究表明,在一定限度内,动机水平与解决问题效率之间的关系呈倒"U"字形曲线(参见图7-4)。适中的动机水平有利于问题的解决,过强或过弱则不利于问题的解决。因为太强的动机水平,会使人处于高度的紧张状态,因而容易忽视解决问题的重要线索;而动机太弱,个体又容易被无关因素所吸引。

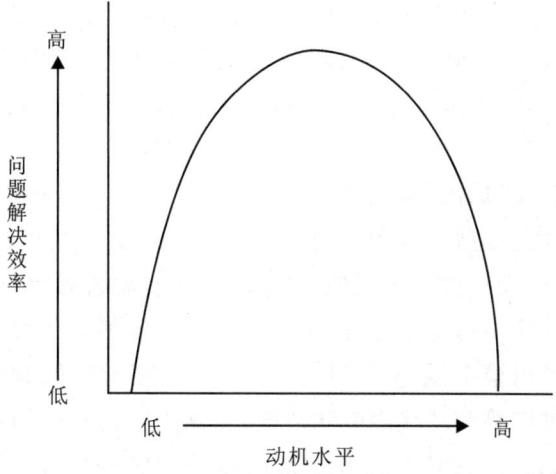

图 7-4 动机水平与问题解决效率

个体的人格差异也会影响解决问题的效率。理想远大、意志坚强、自尊、自信、自立、自强等优良的人格品质都会提高解决问题的效率。而缺乏理想、意志薄弱、骄傲懒惰、缺乏自尊、自卑等消极的人格特点都会妨碍问题的解决。

总之,影响问题解决的心理因素是多方面的。它们不是孤立地起作用,而是互相联系、互相影响,综合地影响着问题解决的思维过程。

第三节 创造性思维

创造性思维是人类思维能力的最高体现,如果说思维是美丽的花朵的话,那么,创造性思维必然是其中最绚烂的一朵。

一、创造性思维及其特征

(一)创造性思维的定义

创造性思维是以新颖独特的方法解决问题,并产生首创的、具有社会价值思维成果的思维活动。通过创造性思维,人们可以在现有科学成果的基础上,揭示客观事物或现象的本质特征及其规律,形成新的认知结构,并使认识超出现有水平,达到探索未知、创造新知的境界。

(二)创造性思维的特征

创造性思维主要有四个方面的特征。
1. 新颖性
与一般思维活动相比,创造性思维最突出的特征是新颖性。这是因为创造性思维不仅遵循一般思维活动的规律，而且要另辟蹊径，超越甚至否定传统的思维活动模式，冲破原有理论的束缚，提出具有重大社会价值、前所未有的思维成果。例如，哥白尼（Nicolas Copernicus）的"太阳中心说"、伽利略（Galileo Galilei）的"自由落体定律"以及达尔文的"生物进化学说"等划时代的理论，都体现了创造性思维的基本特征。

2. 发散思维与辐合思维的有机结合

创造性思维主要是发散思维和辐合思维的统一。我们要解决某一创造性问题，首先要进行发散思维，设想种种可能的方案；然后进行辐合思维，通过比较分析，确定一种最佳方案。在创造性思维中，发散思维和辐合思维都是非常重要的，二者缺一不可。然而对于创造性思维来说，发散思维更为重要，它是思维创造性的主要体现。发散思维可以突破思维定势和功能固着的局限，重新组合已有的知识经验，找出许多新的可能的解决问题方案。它是一种开放性的没有固定的模式、方向和范围的，可以"标新立异""海阔天空""异想天开"的思维方式。没有发散思维就不能打破传统的框框，也就不能提出全新的解决问题的方案。

发散思维有三个指标：

（1）流畅性，指发散思维的量。单位时间内发散的量越多，流畅性越好；

（2）变通性，指思维在发散方向上所表现出的变化和灵活；

（3）独创性，指思维发散的新颖、新奇、独特的程度。

例如，让学生说出"红砖"都有哪些用途，学生可能回答：盖房子，筑墙，砌台阶，修路，当锤子，当武器，压纸，作画写字，磨红粉当颜料，练功，垫东西，吸水……在有限的时间内，提供的数量越多，说明思维的流畅性越好；能说出不同的用途，说明变通性好；说出的用途是别人没有说出的、新异的、独特的，说明具有独创性。发散思维的这三个特点有助于人消除思维定势和功能固着等消极影响，顺利地解决创造性问题。

辐合思维在创造活动中发挥着集大成的作用。当通过发散思维，提出种种假设和解决问题的方案、方法时，并不意味着创造活动的完成，还需从这些方案、方法中挑选出最合理、最接近客观现实的设想。这一任务的完成是靠辐合思维来承担的，辐合思维具有批判选择的功能。

3. 创造想象的积极参与

创造性思维有创造想象的参与。因为创造性思维的成果都是前所未有的，而个体在进行思维时借助于想象，特别是创造想象来进行探索。创造性思维只有创造想象参与，才能从最高水平上对现有知识经验进行改造、组合，构筑出最完整、最理想的新形象。例如，牛顿（Isaac Newton）的万有引力定律的提出就是以地球绕太阳运转、月亮绕地球运转、大海潮汐现象、苹果落地等事实为前提，先在头脑中进行创造想象，然后进行推理而产生的。世界著名的物理学家爱因斯坦在高度抽象的理论物理领域中有许多杰出的创造性成果，他大多是运用创造想象来进行研究的。他对想象力的评价是:"想象力比知识更重要,因为知识是有限的,而想象力概括着世界的一切,推动着进步,并且是知识进化的源泉。严格地说,想象力是科学研究的根本因素。"

4. 灵感状态

在创造性思维过程中,新的解决问题的思路、方案的产生往往带有突然性,这种突然产生新思路、新方案的状态被称为灵感。它常给人一种豁然开朗、妙思突发的体验,使百思不得其解的问题顿释。对许多科学家的调查表明,他们的发明创造过程中大多出现过灵感。灵感并不是什么神秘之物,它是思考者长期积累知识经验、勤于思考的结果。研究表明,灵感的出现有一定的规律性。首先,灵感出现的基本条件是,个体对所要研究的问题有一个长时间的思考,要反复考虑所要解决问题的一切方面、一切角度及一切可能。这种苦思冥想是灵感产生的前提。其实灵感的出现是对某问题的一切方面经过深入考虑之后达到的瓜熟蒂落、水到渠成的境界。其次,注意力高度集中在所要解决的问题上,甚至达到痴迷的程度。这样可以全身心投入思考,使要解决的问题时时萦绕于心。最后,灵感出现的最佳时机是在长期紧张思考之后的短暂松弛状态,可能是在散步、洗澡、钓鱼、交谈、舒适地躺在床上的时候或其他比较轻松的时刻。因为紧张后的轻松之时,大脑灵活,感受力强,最易产生联想、触发新意。

二、创造性思维的基本过程

创造性思维的过程极为复杂,英国心理学家华莱士(G. Wallas)提出创造性思维"四阶段论"的观点,把创造性思维过程分为准备阶段、酝酿阶段、豁朗阶段和验证阶段。

(一)准备阶段

准备阶段是在创造活动之前,围绕要解决的问题,收集以往资料,积累知识素材及他人解决类似问题的研究资料的过程。这一阶段主要是收集和整理资料,储存必要的知识和经验,准备必要的技术、设备及其他有关条件等。对于任何领域的创造,都必须首先对前人在这个领域内所积累的知识和经验有比较完整的了解,必须对必要的基础和专业知识进行深入学习。例如,爱迪生为发明电灯,所收集的有关资料据说竟写了 200 本笔记,总计达 4 万页之多。因此,就创造性思维的整个过程而言,准备阶段是它的第一步。

(二)酝酿阶段

酝酿阶段也叫孕育期,这是在积累一定知识经验的基础上,在头脑中对问题和资料进行深入的分析、探索和思考,力图找到解决问题的途径和方法的过程。

这一阶段从表面上看没有明显的思维活动,创造者的观念仿佛处于"冬眠"状态,但事实上思考仍在断断续续地进行着。这个时候在创造者的意识中可能对该问题已不再去思考,转而从事或思考其他一些无关的问题,但在不自觉的潜意识中问题仍然存在,当受到一定刺激的作用,又会转入意识领域。不少创造者在这一阶段往往表现为狂热或如痴如醉的状态。我们所非常熟悉的牛顿煮手表、安培(A. Ampère)不认识自己的家门以及黑格尔(Georg Hegel)一次思考问题竟在同一地方站了一天一夜等故事,都充分说明了处于这一思维阶段中的人,常常被认为是"某种程度上的狂人"。

（三）豁朗阶段

豁朗阶段也叫灵感(顿悟)阶段。这是经过充分的酝酿之后,在头脑中突然跃现出新思想、新观念和新形象,使问题有可能得到顺利解决的过程。这时事物之间的各种联系和关系突然意想不到地、闪电般地联结起来,头脑似乎从"踏破铁鞋无觅处"的困境中摆脱出来,有一种"得来全不费工夫"的感觉,并显示出极大的创造性。这种现象在心理学上称为"灵感"或"顿悟"。灵感的出现无疑对问题的解决十分有利,然而,灵感是在上一阶段的长期思考或过量思考的基础上才会产生的,没有苦苦的"过量思考",灵感是决不会到来的。

（四）验证阶段

验证阶段是对新思想或新观念进行验证、补充和修正,使其趋于完善的阶段,也是对整个创造性过程进行反思的过程。这是在豁朗阶段获得了解决问题的构想或假设之后,在理论上和实践上进行反复检验,多次补充和修正,使其趋于完善的过程。这个阶段,或从逻辑角度在理论上求其周密、正确；或是付诸行动,经观察实验而求得正确的结果。在验证阶段,创造者需要经过无数次的存优汰劣,才能使创造结果达到完美的地步。

三、学生创造性思维的培养

创造性思维在人类的创造性活动中起着重要作用。培养大批具有创造意识和创造能力的人才,是教育工作的重要任务,"为创造性而教"已成为当前教育界的共识。那么,如何培养学生的创造性思维呢？

（一）保护好奇心,激发求知欲

好奇心和求知欲是推动人主动积极地去观察世界,进行创造性思维的内部动力。具有强烈好奇心和求知欲的人,对事物有着执着的追求和迷恋,会在创造活动中获得精神鼓舞和情感满足。它是科学家、发明家有所成就的重要心理因素。在教育过程中,教育者应通过启发式教学和创设问题情境,使学生面临疑难,产生求知需要和探索欲望,积极思维,主动提问和质疑;要有意识地强化他们对一切事物的兴趣,保护其好奇心和求知欲。

(二)创设创造性思维形成的氛围

教师既是知识的传授者,又是创造教育的实施者。为了培养学生的创造性思维,教师应为学生创设一个支持和容忍标新立异的环境。教师在教学工作中,应善于提出问题,启发学生独立思考,寻求正确答案;要鼓励学生质疑争辩,自由讨论;要指导学生掌握发现问题、分析问题和解决问题的科学思维方法。为了培养学生的创造性思维,托兰斯(E. P. Torrance)向教师提出五条建议:(1)尊重学生提出的任何幼稚甚至荒唐的问题;(2)欣赏学生表示出的具有想象和创造性的观念;(3)多夸奖学生提出的意见;(4)避免对学生所做的事情给予否定的价值判断;(5)对学生的意见有所批评时应解释理由。

(三)加强发散思维和直觉思维的训练

培养学生的发散思维,在引导学生吃透问题,把握问题实质的前提下,关键是要学生能够打破思维的定势,改变单一的思维方式,运用联想、想象、猜想、推想等尽量地拓展思路,从问题的各个角度、各个方面、各个层次进行或顺向、或逆向、或纵向、或横向的灵活而敏捷的思考,从而获得众多的方案或假设。例如学生写作文,从审题、立意到选材、结构,从一个词的选用到一个句的修饰,几乎无不需要发散思维。思维发散得好,可供选择的东西就多,所选取的结果就新颖而富有创造性,所写的文章也就会在各个方面给人以新意。

直觉思维是对于突然出现在前面的新事物或新问题及其关系的一种迅速识别和直接判断,认识问题的直接性、快速性是它的最大特点。教师要鼓励学生对问题进行大胆的推测、应急性回答或提出各种念头,以培养学生敢于猜想的良好习惯,使学生有更多的机会获得新观念和新设想。

(四)陶冶创造性人格

创造性思维的发展不仅和智力因素有关,而且和一系列的非智力因素和人格特征有密切的联系。实验研究发现,一个有创造力的人富有责任感,热情,有毅力,勤奋,富于想象,依赖性小;喜欢自学,勇于克服困难,好冒险,有强烈的好奇心;能自我观察,有较强的独立性,兴趣广泛,好沉思,不盲从等。创造性人格是在创造性活动中逐渐形成和发展起来的。有计划、有组织地开展一些诸如科技小组、兴趣小组、文艺小组等实践活动,有助于创造性人格的形成。

思考题

1. 思维的定义及其基本特征是什么?
2. 思维的过程有哪些?
3. 思维的种类有哪些?
4. 思维的形式有哪些?
5. 思维的品质有哪些?
6. 问题解决的定义、阶段及影响因素是什么?
7. 创造性思维的基本过程是什么?
8. 教师应该怎样培养学生的创造性思维?

第三篇

情意篇

第八章

情绪与情感

> 没有情感,道德就会变成枯燥无味的空话,只能培养出伪君子。
> ——(苏联)苏霍姆林斯基

▶ **本章要点提示**

- 情绪和情感的定义
- 情绪情感与身心健康
- 情绪和情感的分类
- 情绪发展理论
- 学生积极情绪和情感的培养
- 正确对待学生的情绪障碍

第一节 情绪和情感概述

"人有悲欢离合,月有阴晴圆缺。"成功了,手舞足蹈;失败了,垂头丧气。分离时,依依不舍;害羞时,扭扭捏捏。奋斗过,无怨无悔;落魄过,忍辱负重。爱,直叫人生死相许;恨,欲寝其皮食其肉。有的人笑口常开,活得像阳光一样灿烂;有的人牢骚满腹,永远像是上帝的弃儿。有的人会为区区小事而大发雷霆,有的人总对过去的恩恩怨怨耿耿于怀。有的人经常后悔,却总悔而不改;有的人总感到委屈,好像整个世界都对不起他;有的人时时感到不安全,似乎危机四伏;有的人口口声声"捣糨糊",却终究心有不甘。子欲养而亲不待,成为人生的剧痛;失去了才懂得珍惜,终成难言的遗憾。在一次次的感动与自我感动中,人性慢慢升华;在一次次的体验与领悟中,个体渐渐成长。

以上种种,展示的均是人的心理的一个重要侧面——情绪与情感。正如诺尔曼·丹森(Norman K. Denzin)所言:情感规定着人的存在。没有情感性,日常生活将是一种毫无生气,缺乏内在价值,缺少道德意义,空虚乏味而又充满无穷无尽交易的生活。因为一个真正的人,必须是一个具有情感的人。所以他认为,情感的本质就是自我的感受。

一、情绪和情感的定义

情绪、情感是指人对客观事物是否符合主观需要而产生的态度体验。人在实践活动中,在认识客观现实时并非无动于衷、漠然置之,而总会伴随着一定的情绪与情感。情绪、情感与认识过程一样,也是人脑对客观现实的反映。但不同于认识过程,其反映的不是客观事物本身,而是客观事物与人的需要之间的关系。

首先,情绪和情感是以人的需要为中介的一种心理活动,它反映的是客观外界事物与主体需要之间的关系。外界事物符合主体的需要,就会引起积极的情绪体验,否则便会引起消极的情绪体验,这种体验构成了情绪和情感的心理内容。例如,同样是一杯茶水,对于喜欢品茶的人来说,会引起愉悦感;对于喜欢喝咖啡的人来说,则多少有些失望。

其次,情绪和情感是主体的一种主观感受,或者说是一种内心的体验。它不同于认识过程,因为认识过程是以形象或概念的形式来反映外界事物的。

再次,情绪和情感会引起一定的生理变化,包括心率、血压、呼吸和血管容积上的变化。如愉快时面部微血管舒张,脸变红了;害怕时微血管收缩,血压升高、心跳加快、呼吸减慢,脸变白了。这些变化是通过内分泌腺的作用实现的,认识活动则不伴有这种生理上的变化。

最后,我们可以从一个人的外部表现看到他情绪上的变化,却看不到他所进行的认识活动过程。因为情绪和情感具有独特的外部表现形式,即人的表情。

表情就是人的情绪变化的外部表现模式,包括面部表情、身段表情和言语表情。面部表情是面部肌肉活动所组成的模式,它能比较精细地表现出人的不同情绪和情感,是鉴别人的情绪和情感的主要标志。例如,高兴的时候人的眼是眯着的,嘴角是往上提的;伤心的时候眉头是皱着的,嘴角是向下的;害怕的时候眼是瞪着的,嘴是张着的。身段表情是指身体动作上的变化,包括手势和身体的姿势。例如,高兴的时候手舞足蹈;不好意思的时候手足无措。言语表情是情绪和情感在说话的音调、速度、节奏等方面的表现。例如,高兴的时候说话的音调高,说话的速度快;悲伤的时候说话音调低,速度慢,一句一句之间停顿的时间长。

表情既有先天的、不学而会的,又有后天模仿学习获得的性质。因而人类表达情绪的主要方式是一样的,笑都是表示快乐,哭都是表示悲伤,不是规定的行为规范,是全人类约定俗成的。但是,不同文化背景的影响也使人表达情绪的方式带有不同的色彩,西方民族和东方民族在表达欢迎的方式上就有明显的区别。所以表情又具有后天学习模仿,受社会制约的特性。

二、情绪和情感的区别和联系

情绪和情感都是对需要满足状况的心理反应,是属同一类不同层次的心理体验,是既有区别又紧密联系着的两个概念。

(一)情绪和情感的区别

第一,情绪和情感赖以产生的需要不同。情绪更多的是与生理需要满足与否相联系的心理活动,而情感则是以社会性需要满足与否相联系的心理活动。如一个人在食不果腹时有食物吃,在衣不蔽体时有衣服穿就会很高兴,这是一种情绪反应,而不能说他产生了热爱食物或热爱衣服的情感。情绪是原始的,是人和动物(尤其是高级动物)所共有的;情感则是人类所特有的心理活动,具有一定的社会历史性。如民族自豪感是与对本民族的爱相伴而生的社会性情感。

第二,情绪和情感发生的先后顺序不同。情绪发展较早,是人和动物共有的一种反应形式,但人类的情绪又和动物的情绪有本质的区别;而情感则发生得较晚,为人类特有。同时,就人类个体而言,情绪体验在先,情感体验在后。婴儿最初的表情反应具有无条件反射的性质,而情感则是社会接触过程中逐渐产生的。如婴儿对母亲的依恋感就是在不断得到母亲的爱抚和关怀的过程中产生出的愉快的情绪体验而逐渐培养起来的。

第三,情绪和情感的稳定程度不同。与情感相比,情绪不稳定,具有一定的情境性,情绪会随着情境的改变以及需要满足情况的变化而发生相应的改变。而情感具有较大的稳定性、深刻性和持久性,是对事物态度的反映,是构成个性心理品质中稳定的成分。

第四,情绪和情感的表现倾向不同。情绪的表现倾向于外显,情感的表现倾向于内隐。情绪表现有明显的冲动性和外部特征,面部表情是情绪的主要表现形式,而情感多以内在感受、体验的形式存在。人们高兴时手舞足蹈,愤怒时咬牙切齿,这些都是情绪的外部表现,而情感是一种内心体验,虽不轻易表露但对行为有重要的调节作用。

其实,情绪与情感的区别是相对的,虽然它们所表达的主观体验内容有所不同,但往往在强烈的情绪反应中也有稳定的主观体验,而情感也多通过情绪反应表现出来。情绪和情感之间具有密切的联系。

(二)情绪和情感的联系

第一,情绪是情感的基础,是情感的外在表现。情感是在情绪的基础上发展而来的,同时,一个人的情感又通过其情绪来表达。

第二,情感控制情绪,如一个有着强烈尊严感的绅士,绝不可能在庄重的宴席上狼吞虎咽地吃东西。

三、情绪和情感的功能

（一）适应功能

情绪和情感是有机体生存、发展和适应环境的重要手段。有机体通过情绪和情感所引起的生理反应能够发动其身体的能量，使有机体处于适宜的活动状态，便于机体适应环境的变化。同时，情绪和情感还可以通过表情表现出来，以便得到别人的同情和帮助。例如，在危险的情况下，人的情绪反应使有机体处于高度紧张状态，身体能量的调动可以让人进行搏斗，也可以呼救。

情绪和情感的适应功能从根本上说，就是服务于改善人的生存和生活条件。婴儿通过情绪反应与成人交流，以便得到成人的抚养；成人也要通过情绪反映他处境的好坏。在社会生活中，人们用微笑表示友好，用示威表示反对；人们还可以通过察言观色了解对方的情绪状态，以便决定自己的对策，维护正常的人际关系。这些都是为了更好地适应社会环境，求得更好的生存和发展的条件。

（二）动机功能

情绪和情感构成一个基本的动机系统，它可以驱动有机体从事活动，提高人的活动效率。一般来说，内驱力是激活有机体行动的动力，但是，情绪和情感可以对内驱力提供的信号产生放大和增强的作用，从而能更有力地激发有机体的行动。例如，缺水使血液变浓，引起有机体对水的生理需要。但是，这种生理需要还不足以驱动人的行为活动，如果意识到缺水会给身体带来危害，因而产生了紧迫感和心理上的恐惧，这时，情绪和情感就放大和增强了内驱力提供的信号，从而驱动了人的取水行为，成为人的行为活动的动机。

情绪和情感还表现在对认识活动的驱动上。认识的对象并不具有驱动活动的性质，但是兴趣却可以作为认识活动的动机，起着驱动人的认识和探究活动的作用。心理学研究发现，当情绪唤醒水平达到最佳状态时，工作与学习效率最高；情绪唤醒水平很低时，人就像处于深度睡眠状态，没有效率可言；情绪唤醒水平过高，则会干扰认知操作。

（三）组织功能

情绪和情感对其他心理活动具有组织的作用，积极的情绪和情感对活动起着协调和促进的作用，消极的情绪和情感对活动起着瓦解和破坏的作用。这种作用的大小还和情绪情感的强度有关，一般来说，中等强度的愉快情绪有利于人的认识或和操作的效果；痛苦、恐惧这样的负面情绪则降低操作的效果，而且强度越大，效果越差。

情绪和情感对记忆的影响表现在愉快的情绪状态下，容易记住带有愉快色彩的材料；在某种情绪状态下记住的材料，在同样的情绪状态下也容易回忆起来。

情绪和情感对行为的影响表现在,当处于积极的情绪状态时,人容易注意事物美好的一面,态度变得和善,也乐于助人,勇于承担重任;在消极情绪状态下,人看问题容易悲观,懒于追求,更容易产生攻击性行为。

(四)信号功能

情绪和情感具有传递信息、沟通思想的功能。情绪和情感都有外部的表现,即表情。二者的信号功能是通过表情实现的,微笑表示友好,点头表示同意等。表情还和身体的健康状况有关,医生常把表情作为诊断的指标之一。中医的望闻问切的望包括对表情的观察。此外,表情既是思想的信号,又是言语交流的重要补充手段,在信息的交流中起着重要的作用。从发生上来说,表情的交流比言语的交流更早出现。

四、情绪、情感与身心健康

与认知相比较而言,情绪、情感与身心健康的关系更加直接可感。

情绪直接影响人的身体健康。"笑一笑,十年少;愁一愁,白了头。""喜伤心,怒伤肝,忧伤肺,思伤脾,恐伤肾。"现代医学研究发现,人类疾病中,由心理因素、身心失调引起的心因性疾病占 50%~80%。紧张、悲哀、抑郁等不良情绪,会激活体内有害物质,击溃机体保护机制,破坏人体免疫功能,因此致病。有调查表明,在 250 名癌症患者中,有 156 人有过重大精神打击。

情绪既能导致身体疾病,又能治疗身体疾病。世界上有一剂包治百病的药——快乐。乐观、开朗、稳定、适度的愉快情绪是治病的良方。有调查表明,战争结束后,胜利者的伤口愈合得比失败者快。乐观和开朗甚至能使癌症患者战胜疾病,起死回生。

五、情绪和情感的分类

(一)从生物进化的角度分

从生物进化的角度可把情绪分为基本情绪和复合情绪。基本情绪是人和动物共有的,不学而会。每一种基本情绪都有其独立的神经生理机制、内部体验、外部表现和不同的适应功能。

基本情绪的种类各家有不同的分法,近代研究中常把快乐、愤怒、悲哀和恐惧列为情绪的基本形式,又叫原始情绪。

复合情绪是由基本情绪的不同组合派生出来的。如由愤怒、厌恶和轻蔑组合起来的复合情绪叫作敌意;由恐惧、内疚、痛苦和愤怒组合起来的复合情绪叫作焦虑。

(二)按情绪状态分

按情绪状态,就是按情绪发生的速度、强度和持续时间的长短,可以把情绪分为心境、激情和应激。

1. 心境

心境是一种微弱、持久而又具有弥漫性的情绪体验,通常叫作心情。心境并不是对某一事件的特定体验,而是以同样的心态对待所有的事件,让所遇到的各种事件都具有当时心境的性质。愉快的心境使人觉得轻松愉快,看待周围的事物都带上愉快的色彩,动作也显得比平时敏捷。不愉快的心境使人觉得沉重,感到心灰意冷,对什么事情都不感兴趣,即心境具有弥漫性。心境所持续的时间短的只有几小时,长的可到几周、几个月,甚至更长的时间。心境往往由对人有重要意义的事件引发的,但人们并不见得能意识到引起某种心境的原因,而这种原因肯定是存在的。心境对人的生活、工作和健康会发生重要的影响,积极乐观的心境会提高人的活动效率,增强克服困难的信心,有益于健康;消极悲观的心境会降低人活动的效率,使人消沉,长期的焦虑会有损于健康。经常保持积极乐观的心境,善于调整自己的心态,克服不良的心境是一种良好的性格特点。

2. 激情

激情是一种强烈的、爆发式的、持续时间较短的情绪状态,具有明显的生理反应和外部行为表现。激情往往由重大的、突如其来的事件或激烈的意向冲突引起,既有积极的,又有消极的。在激情状态下,人能做出平常做不出来的事情,发挥出自己意想不到的潜能。但也会使人的认识范围变得狭窄,分析能力和自我控制能力降低,因而在消极的激情状态下人的行为可能失控,甚至会做出鲁莽的行为。人应该善于控制自己的激情,学会做自己情绪的主人。

3. 应激

应激是在出现意外事件或遇到危险情景时出现的高度紧张的情绪状态。能够引起应激反应的事物叫应激源。它对个体来说是一种能引起高度紧张、具有巨大压力的刺激物,是个体必须适应和应对的环境要求。应激源既有躯体性的,如高温或低温、强烈的噪声、辐射或疾病;又有心理社会性的,如重大的生活事件、难以适应的社会变革和文化冲突,以及工作中的应激事件等。个体对应激事件所做出的反应叫应激反应,包括生理反应和心理反应。生理反应包括身体各系统和器官的反应;心理反应包括认知、情绪和自我防御反应,如出现认知障碍、焦虑、恐惧、愤怒、抑郁,或采取某种行动以减轻应激给自己带来的紧张。强烈和持久的应激反应会损害人的工作效能,还会造成对许多疾病或障碍的易感状态,在其他致病因素的共同作用下使人患病。应付应激可以调整自己的情绪,如重新评价应激源或采取某种行为(如饮酒、服用镇静剂、听音乐、从事体育活动、寻求亲友的安慰和帮助);也可以集中精力解决面对的问题,或者在不具备解决问题的条件时采取回避的策略。怎样应对应激是心理学研究的重要课题。

(三)按社会性内容分

按社会性内容,情感可以分为道德感、美感和理智感。此外还有宗教情感、母爱等。

1. 道德感

道德感是按照一定的道德标准评价人的思想、观念和行为时所产生的主观体验。包括热爱祖国、热爱人民、热爱社会的情感，集体荣誉感、责任感、同情感等都是同道德评价相联系的情感。一个人具有高尚的品德，人们会觉得他值得尊敬；一个人损人利己，人们会觉得他卑鄙，这些都属于道德情感。

2. 美感

美感是按照一定的审美标准评价自然界、社会生活及文学艺术品时所产生的情感体验，如自然美感、社会美感、艺术美感。人的审美标准既反映事物的客观属性，又受个人的思想观点和价值观念的影响，所以美既是客观的，又是主观的，是主客观的对立统一。优美的自然环境可以陶冶人的情操；善良、纯朴的人格特征，公正无私、舍己救人的高贵品质给人以美的感受；奸诈狡猾、徇私舞弊、损人利己的行为则让人厌恶和憎恨。美感体验的强度受人的审美能力和知识经验的制约，进行美感的培养和美的教育是精神文明建设的重要组成部分。

3. 理智感

理智感是在智力活动过程中所产生的情感体验。例如，对未知事物的好奇心、求知欲和认知的兴趣；在解决问题过程中表现出来的怀疑、自信、惊讶，以及问题解决时的喜悦等都是理智感。理智感不仅产生于智力活动过程中，而且对推动人学习科学知识，探索科学奥秘也有积极的作用。

第二节 情绪发展理论

对情绪的产生、表现，情绪和生理变化以及其他心理活动之间的关系，情绪对人的活动和人际关系的影响，乃至情绪的生理机制，心理学家都给予了特别关注。在心理学发展的过程中，产生过不少解释情绪的理论。从情绪理论发展的过程来看，比较重要的、对情绪的研究具有推动作用的情绪理论有以下几种。

一、情绪发展的学习理论

从 20 世纪 30 年代开始，学习理论家就对情绪发展开始了正式研究，他们强调情绪是如何受环境因素影响的。最具代表性是美国行为主义心理学家华生的观点，他认为所有的情绪反应都是儿童学习的直接结果。华生曾进行过一项著名的恐惧产生实验，参与者是一个 11 个月大的小男孩阿尔伯特（Albert）。实验开始时，阿尔伯特对白鼠没有表现出恐惧，华生采用建立条件反射的方法，每当小白鼠出现时就伴随出现一个大声刺激，以引起孩子的恐惧。白鼠和大声刺激多次结合后，阿尔伯特就形成了对白鼠（甚至其他白色的、毛茸茸的东西）的恐惧。在另一个恐惧消退的实验中，小男孩彼得（Peter）对老鼠和兔子都很害怕，每当彼得吃糖的时候，就把兔子放在一边，并逐渐接近他。兔子的出现伴随愉快的刺激（吃糖），最后，彼得就不再害怕兔子了。

华生由此认为情绪都是通过经典条件反射而产生的。人类婴儿天生具有惧怕、怒、爱三种基本情绪，其他情绪反应都是在这些基本情绪基础上通过不同形式的学习而产生的。

在早期研究的基础上，学习理论家进一步提出社会因素对情绪的影响。他们认为，大量的学习都是通过模仿而产生的。模仿在儿童学习如何表达情绪上起着重要的作用。儿童观看他人对情境刺激的反应而获得相应的知识、行为或情绪反应，如婴儿看到别人被狗咬而表现出痛苦时，就会产生对狗的恐惧。相反，害怕狗的孩子观察到他人与狗的积极交往则会消除这种恐惧。

二、情绪发展的认知理论

情绪发展的认知理论主张情绪是认知的产物。心理学家曼德勒（G. Mandler，1980）认为，情绪与对当前的认知相联系，与认知过程相互作用。情绪状态的产生来自两个方面。首先，自主神经系统的反应打断思维，使个体认识到自己的内部反应，并评价这些反应和当前环境。包括将当前环境与已有经验相比较，在此基础上，人们产生情绪状态和行为。例如，有人故意使劲挤你一下，你立即会产生自主神经反应，认知过程也立即活动，使你产生愤怒的情绪。其次，情绪和认知可同时产生。例如，当一个儿童听到另一个儿童讲其祖母去世的情景时，这个儿童也会回忆起自己祖母去世时的情景以及自己当时的情绪反应，从而产生悲伤的情绪。

赫布于1946年通过对黑猩猩的恐惧经验的研究指出，知觉经验是建立在一系列神经活动序列的痕迹之上的。一个新的知觉经验与原有的知觉经验相似，就使痕迹序列激活。反之，如果两者不相符合，就破坏原来的神经回路而产生恐惧反应。按照这个理论的解释，婴儿对陌生人的恐惧是由于婴儿对熟悉的人建立了记忆痕迹，当陌生人出现时就激活而不是保持这一痕迹。其他的一些恐惧反应也同样是由于新的知觉经验与原有记忆痕迹之间的不一致而造成的。

凯根（Jerome Kagan）在此基础上进一步指出，影响儿童的不仅有感觉输入，而且还有整个环境。凯根设想，婴儿逐渐发展了一些与他接触的人、东西和事件的图式，类似于那些图式的刺激源倾向于被婴儿接受，而跟原先的图式有细微不同的刺激源则会引起兴奋，并引发探索性行为和微笑。如果刺激源与原先的图式差别相当大，就会引起婴儿的害怕。而当婴儿的图式不断扩大时，原先曾引起害怕的陌生人就可能同化到新的图式中，这样，对陌生人害怕的情绪就逐渐减弱直至消失。

三、精神分析理论

精神分析理论的一个关键性假设在于自我是在母子交往过程中发展起来的。自我发展过程受母子交往水平的影响，交往越好，自我发展越早。超我是在自我基础上发展起来的。自我和超我都支配着个体的知觉、思维的方向及情感的表现和体验。情感在自我和超我发展中起着重要作用。儿童记忆和言语的获得都以情感为主要基础。由于母亲能够满足婴儿的生理需要并经常对婴儿施加影响和管束,以使儿童适应社会的要求,母亲对儿童的养育过程随时制约着儿童内驱力的提高或下降。内驱力增长(如饥饿时)则产生不愉快,内驱力下降(如饱足时)则产生平静和愉快。因此,精神分析学家非常强调儿童早期的感情发展,特别是母婴关系的重要性。许多临床资料表明,早期的母婴分离对婴儿今后的个性发展具有关键和持久的作用。对精神病人的研究也发现,由于早期经验的影响而可能产生缺乏情感的人格特征,如冷漠、不关心、不信任他人、缺乏情绪反应,这对儿童情绪的发展是极其有害的。

四、人类学理论

人类学理论强调研究自然环境中某些特定的种属行为,强调环境交流、生物成熟以及学习的作用。它认为,人类也像比较低级的动物一样,其情绪已具有明显的交际功能。一方面,情绪是内部状态的表现;另一方面,当情绪信号偏离了种族习俗时,人的交往就会受到相反的影响,如盲童的冷漠表情可能使母亲感到失望,而母亲的冷漠、拒绝、缺乏正常的社会性反应,也会使婴儿感到不安。

人类学理论强调情绪信号的显示和接受。如果母亲对婴儿的情绪信号非常敏感并立即反应,婴儿不仅会重复此信号,而且学会预料母亲的反应。人类学家相信,学习和生物成熟对情绪发展有重要意义,情绪交往存在着发展的敏感期,即有些情绪反应在某一时期可以学得较快、较好,如依恋关系的建立存在着敏感期,社会性微笑的出现和对陌生人恐惧的产生是敏感期开始和结束的信号。

以上几种情绪发展的理论都从其基本观点出发,对情绪发展的不同方面进行了重点研究。因此,尽管每一个理论都有其不全面之处,但在各自的研究领域中都进行了深入的研究,取得了许多有意义的结论,对我们也很有启发意义。

第三节 学生积极情绪、情感的培养

情感对人的思想行为有一定的影响,对儿童性格的形成起着重要的作用。所以小学生的情绪较之幼儿期有了很大发展,但因神经系统的兴奋性依旧很强,所以情绪的易动性、两极性和情境性仍然较明显,很容易产生焦虑、冲动等不良情绪,并且因不善于排解,从而导致情绪问题的产生。教师应注意对小学生进行情感教育,培养他们的积极情绪,控制消极情绪的发展。

一、提高学生的认识水平,树立对待生活的正确态度

认识是情感的基础,小学生对人或事物的认识正确与否,直接影响着情感的发展。例如,有些学生把对人讲礼貌看成是虚伪,把粗野、不守纪律看成是英雄行为,把守纪律看成是胆小等,都是由于缺乏正确认识。因此,教师应该有计划、有目的地向学生讲明道德规范和行为准则,使他们对事物的是非、好坏、美丑、善恶能够进行正确

的辨别和评价,从而产生相应的情感。

当然,提高学生的认识水平,应采取多种多样的形式。采取符合儿童心理特点的形式和方法,这比简单、抽象的说教效果要好些。

二、教师在教育教学中注意培养学生的积极情感

(一) 组织各种活动使学生获得直接的情感体验

情感是通过活动形成和发展的,因此,教师要让学生有足够的时间接触社会,扩大活动空间。学生可以在各种实践活动中扮演不同的角色,获得直接的内心体验。例如,在集体活动中,学生可以体验到人与人之间团结友爱、互敬互爱的集体氛围,以及助人为乐的高尚情感;在各种文体竞赛中,体验成功的喜悦。

当然,活动只是培养情感的一种途径,活动本身并不能培养出预期的、积极的情感品质,关键是活动的组织和安排。

(二) 利用富有情感的文艺作品使学生获得间接的情感体验

学生不可能事事都直接体验,新中国成立前劳动人民的悲惨生活、战场上的英雄壮举等,都是学生没有经历过的,有的是不可能直接体验的。因此,可以通过各种文艺作品——诗歌、小说、戏剧、音乐,树立榜样,宣扬英雄、模范和身边的好人好事,使学生获得间接体验,受到感染,培养学生热爱劳动、热爱劳动人民、热爱人民军队的思想感情,培养爱国主义和国际主义情感。

(三) 通过教育教学情境和教师的情感去培养学生的情感

学生情感容易受具体情境的影响,且易受别人情感的感染而产生共鸣。教师可以通过有意识地设计教育教学情境——环境的布置,气氛的熏陶,以及(学生亲近的、尊敬的)成人情感的感染,培养学生的积极情感。尤其是教师,通过自己的表情、语调、手势和行动不断影响学生,对学生的情感塑造起着潜移默化的作用。学生与乐观的教师在一起,易形成乐观的精神风貌;与悲观的教师在一起,易形成悲观的精神风貌。

(四) 利用超出预期策略,培养学生的积极情感[①]

超出预期策略(strategy of exceeding expectation)是从情感维度上处理教材,呈现教学内容的策略。它的内涵是,教师在教学过程中恰当处理教学材料,使呈现的教学内容超出学生的预期,引发学生的兴趣情绪,以有效调节学生的学习心向,提高其

[①] 卢家楣.教学心理学情感维度上的一种教材处理策略——超出预期[J].心理发展与教育,1998(3):53-57.

学习的积极性。

这里涉及两个环节,即由超出预期策略的刺激引发惊奇情绪,再由惊奇情绪转化为兴趣情绪。一般来说,刺激的新异性、变化性往往导致客观事物超出个体预期,也是产生惊奇的直接原因。但是,惊奇作为一种中性情绪,很容易转化,只有让这个新异性、变化性的刺激与个体的认知需要相联系,才能使有机体继续对它维持注意并进行探索。这样,惊奇情绪就转化为兴趣情绪,如下:

新异性、变化性的刺激 —超出预期→ 惊奇情绪 —符合认知需要→ 兴趣情绪

教学中,教师应做到以下几方面:

1. 教师应尽可能将看上去似乎是比较平淡的教学内容,出乎意料地与奇异现象联系起来,使学生惊奇地发现其中所存在的不可思议的事实,产生进一步探究的兴趣情绪。

2. 教师应尽可能将看上去枯燥乏味的教学内容,出乎意料地与生动事例、有趣的知识联系起来,使学生惊奇地发现其中所蕴含的趣味性,产生学习的兴趣情绪。

3. 教师应尽可能将看上去简单易懂的教学内容,出乎意料地与学生未曾思考过的问题、未曾接触过的领域联系起来,使学生惊奇地发现其中所具有的深层内涵,产生进一步琢磨、推敲的兴趣情绪。

4. 教师应尽可能将看上去是教条性的教学内容,出乎意料地与现实社会(生活实际、生产实践)和未来的事业联系起来,使学生惊奇地发现其中所显示的实用价值,产生要深入领会、掌握的学习兴趣。

5. 教师应尽可能将看上去是经典性的教学内容,出乎意料地与现代社会、高新科技联系起来,使学生惊奇地发现其中所折射出的时代气息,从而增添学习的兴趣情绪。

三、培养学生调控不良情绪的能力

儿童控制和调节情感的能力,不仅有助于建立良好的人际关系,培养健康的人格,也是儿童心理发展成熟特别是社会性成熟的一个重要标志。由于小学儿童控制自己情感的能力比较差,因此,培养小学生控制和调节情感的能力是十分重要的。首先,向学生介绍适当的情绪自我调整的方法,如愤怒的情绪可以通过转移注意对象来释放,焦虑情绪可以通过放松疗法来消除,郁闷情绪可以通过向可依赖的人倾诉来缓解,烦躁情绪可以通过读书、与人交谈等转移注意力的方式缓和。教育者还要帮助学生掌握这些方法。其次,创设一些情境,让学生身处其中,引发其消极情绪,然后再让他们用自己所掌握的方法来消除其消极情绪。最后,日常学习生活中,要经常提醒学生注意调控自己的情绪,如当学生在非常兴奋的状态下时,要提醒他保持冷静,与同伴分享快乐;如当学生处于十分焦虑状态时,要提醒他保持平静的心态才能解决问题,过度焦虑于事无补。

四、正确对待学生的情绪障碍

情绪障碍常常是小学生行为异常的一个主要原因,学生的学习、交往、个性发展等都会因其情绪障碍而受到消极影响。因此,我们不能忽视学生的情绪障碍。

(一)过度焦虑

过度焦虑是由于担心不能实现目的或遭遇困难而形成的焦急、忧虑并带有恐惧的情绪状态。

过度焦虑分为两种类型:一是素质性焦虑,即儿童从很早就出现焦虑、焦躁等过度反应特征,通常他们的父母也是慢性焦虑症。二是境遇性焦虑,对于那些平时正常的儿童来说,由于生活中出现一些重大刺激,如父母离婚、教师严重歧视,也有的是由于知识经验的缺乏,不知道该怎么办、不明白某些事情时,或害怕在众人面前出错等,而表现出来的情绪状态。

过度焦虑的学生,平时温顺老实、自尊心强,对待事物认真负责,但常过分紧张,不能放松自己,敏感多虑,总担心会发生什么事情,对自己做过的事总不放心,对自己的学习、交往等能力缺乏自信,经常感到身体不适,又无身体疾病。具体表现:(1)在认知上,忘记已学过的东西,不能够进行思维,头脑中思维一片混乱;(2)在生理上,声音开始颤抖,身体开始出汗并感到恶心;(3)在情绪上,感到自己无用,不知所措,几乎要掉眼泪。

过度焦虑的防治,重要的是区分两种焦虑。针对素质性焦虑要从克服学生性格上的弱点入手,根据实际情况,提出学习和行为方面的具体要求,重点培养学生的自信心和客观评价自己的能力以及战胜困难的勇气。针对境遇性焦虑,要查找原因,加以调整。如果是遭受了巨大的打击,要让学生坚信它将随时间的流逝而消失,要努力抑制与之相关的思维;或努力做其他事情,转移注意力以抵抗紧张。如果是知识经验不足,就要反复复习,尽可能熟悉它;并经常为自己确定现实的学习目标,为之奋斗。

(二)恐惧症

恐惧症是儿童对某些事物情境或某种观念表现出不适当的异常强烈恐怖的情绪。它与一般儿童的恐惧是有区别的,正常儿童怕生病死亡、怕野兽、怕强盗,其反应强度与其危险性相适应;而恐惧症则是过分的恐惧,恐惧程度大大超过了客观存在的危险程度,有时虽然知道这种害怕是多余的,但却无法抑制。

恐惧症有动物恐惧症、特殊境遇恐惧症(登高、过桥、黑暗)、社交恐惧症(怕见人,尤其是陌生人)、疾病恐惧症和学校恐惧症。多数恐惧症都是单一的恐惧。

恐惧症的形成原因:一是不恰当的恐吓;二是亲子关系处理不当造成儿童依赖性强、胆小、害羞等性格缺点。

系统脱敏是一种典型的治疗恐惧症的方法。人在惧怕时,会表现出肌肉紧张、心跳加剧、呼吸急促,因此,系统脱敏的第一步是肌肉放松训练,使儿童学会放松方法。第二步是建立恐怖等级,以害怕狗为例:不敢抱、不敢摸、不敢看、不敢谈、不敢想……恐怖等级越来越低。第三步是从最低等级开始训练,在放松条件下,接触最低等级恐怖情境,逐步升级最终达到接触最高等级恐惧情境也不感到恐惧时,治疗便算结束了。系统脱敏对技术要求较高,一般由专业人员施行。"值得注意的是,对9岁以下的儿童不能成功地使用系统脱敏。"平时以表扬、鼓励为主,多用正向行为强化法,注意培养儿童自信、乐观、开朗的性格,对于恐惧症的治疗也会有一定的效果。

(三)强迫症

强迫症是重复地按照一定的规则或刻板的形式,坚持某种缺乏现实意义的不合理的观念、意向和行为。强迫症常导致焦虑、自责和忧郁等。

强迫症儿童常有特别拘谨、胆小、不活泼的表现,经常重复某种强迫观念、强迫意向或动作,明知不合理、不必要,但自己无法控制,如反复洗手,反复检查作业是否正确,反复检查门窗是否关好等。

一般认为,强迫症发生的原因与儿童的先天素质、父母不良行为的影响和成人的教育方法不当等有关。强迫症儿童的父母及亲属中,有强迫症状或其他心理问题的达到5%~7%,远远高于普通人群。有的父母有胆小怕事、谨小慎微、严肃古板、办事力求一丝不苟、酷爱清洁等强迫性人格特征,他们对儿童要求过于严格,有可能诱发儿童强迫症的发生。另外,儿童患了严重的疾病、遭到突然的精神刺激或长期处于过度的精神紧张状态之中,也容易导致强迫症。

儿童强迫症一般不需要药物治疗,主要采用教育和心理治疗。具体来说,可以采取以下方法:(1)培养儿童良好的性格品质,鼓励儿童参加各种集体活动,丰富儿童的业余生活,使大脑建立新的兴奋灶,去抑制强迫症的兴奋灶,从而转移注意力,减少不必要的疑虑。(2)树立信心,家长和教师要帮助他们自觉认识和克服自己的性格弱点,指导他们处理问题要当机立断,帮助他们出主意、想办法,克服遇事犹豫不决的弱点。要鼓励他们正确评价自己,看到自己的力量,并从多方面创造条件,帮助他们获得成功,不断提高自信心。(3)可采用防止反应法和行为对抗法治疗儿童的强迫行为,即设法阻止其强迫行为的发生,把对抗刺激与强迫行为反复多次结合,形成一种新的条件反射,使之与原来的强迫行为相对抗,消除原有的错误行为。其具体做法是:在儿童手腕套上橡皮圈(拉弹时皮肤稍感疼痛为宜),当出现强迫现象,立即弹橡皮圈,以对抗强迫现象。经过一段时间反复训练后,脱掉橡皮圈,用自己的意念控制,一般控制几周后就会改变。

(四)抑郁症

抑郁是指一种较持久的、忧伤的情绪体验。专家预测,到2020年,抑郁症将成为仅次于癌症的人类第二大杀手,而由于女性患者特别多,世界卫生组织已将它列为女性健康的头号威胁。小学儿童的抑郁表现有一定的年龄特点,如情绪恶劣、易激怒、敏感,好发脾气、好哭闹,焦躁不安,感到孤独;常伴有自责感和自罪感,自我评价过低,认为自己笨拙、愚蠢、丑陋;对周围的人和事丧失兴趣,对一切活动不感兴趣,伴有退缩行为;没有愉快感等。除此之外,抑郁儿童还可能有行为障碍,有时甚至以行为障碍为突出的表现,如多动、攻击行为、学校恐惧症、逃学等,同时还可伴有多种身体症状,如睡眠障碍、食欲低下、浑身疲惫无力、胸闷心悸、周身疼痛等。

引起儿童抑郁情绪的原因很多,有生理上的、心理上的以及环境上的。具体如下所列:(1)有些儿童因本身健康状况不好,身体较弱,如突然遭到不幸的事件,心理承受的压力超重,容易导致抑郁情绪的产生。(2)儿童本身的性格因素,如性格内向、不合群,不爱交际、不喜欢热闹场合,孤独、敏感,自卑感强、自信心低、悲观等,常把自己封闭在心理世界中,只注意事物的消极面而不以乐观的态度面对客观世界。(3)环境是儿童产生抑郁情绪的重要刺激源。如很多抑郁儿童都是由于从小在家庭中受到歧视或虐待,长期心情压抑,幼小的心灵长期受创所致;有的儿童是由于家长期望过高,对其管教过严,超过了儿童力所能及的范围,从而使儿童无法承受,导致抑郁情绪;有的儿童由于生活十分单调,缺乏与其他儿童交流的机会,思想闭塞,情绪压抑,不论喜怒哀乐都无法发泄,久而久之,积郁在心,导致严重的抑郁情绪;有的儿童因为父母死亡或离婚,父母对其关心不够或漠不关心,致使心情郁闷,诱发抑郁情绪。

抑郁情绪对儿童身心各方面的发展起一定的阻碍作用,如果长期处于抑郁状态,会致使儿童身心各方面产生严重的障碍,从而影响一生的发展。因此,教育者必须及时地采取防治措施,最大限度地帮助儿童不受抑郁情绪的侵扰。具体可参考下列方法:(1)家长在儿童早期就应注意儿童健康人格的塑造。幼儿期是形成健康人格的关系时期,而健康人格的形成是预防儿童抑郁情绪出现的一条重要途径。(2)家长要努力为儿童创造一个愉快的环境,通过各种娱乐活动或游戏活动,如听音乐、唱歌、跳舞、看电影、下棋、去游乐园等,来陶冶性情,调节情绪,转变抑郁情绪。(3)家长不应对儿童管得太多、太严。因为小学儿童已有了自己的思想和喜好,他们喜欢自己做一些力所能及的事,来满足其成就感和自尊,改善抑郁情绪。他们往往对父母过多的干涉表示反感,误认为自己无能,不值得别人的信任,从而对自己丧失自信心,陷入抑郁状态。(4)家长要改变他们对儿童的不正确态度。虽然家长要多关心他们,但更重要的是理解、尊重他们,让他们在思想上、行为上有自由空间。家长在进行一些必要的指导时,要注意避免专制的作风,让儿童把他们的积郁、不满、疑虑等都倾诉出来,并帮助儿童解决或给予合理的解释,使儿童从内心真切地感到父母是他最亲近的、可以依赖的人。这样,儿童就有了一定的安全感,郁闷的情绪就可以得到释放。

 **思考题**

1. 情绪和情感的定义是什么?
2. 情绪和情感的区别与联系是什么?
3. 情绪有哪些方面的功能?
4. 情绪和情感的分类有哪些?
5. 情绪发展理论有哪些?
6. 教师应该怎样培养学生的积极情绪情感?
7. 如何正确对待学生的情绪障碍?

第九章

意　志

> 蒸汽或瓦斯只有在压缩的状态下，才能产生动力；尼亚加拉瀑布也要在聚流之后，才能转化成电力；生命唯有在专心致志、坚持不懈的意志下，才可能成长。
>
> ——（美）福斯迪克（Charles Fosdick）

▶ **本章要点提示**

- 意志的定义
- 意志行动的特征
- 意志与认知、情绪情感及个性的关系
- 意志品质
- 意志行动过程
- 学生坚强意志的培养

在日常生活中，是什么力量调节、支配着人的心理活动与行为方式去实现预定的目标？在面临困难和挫折时，又是什么力量推动着人们继续工作和学习？这种力量就是意志。

第一节　意志概述

一、意志的定义

意志是有意识地确立目的，调节和支配行动，并通过克服困难和挫折，实现预定目的的心理过程。受意志支配的行动叫意志行动，所以，意志行动是有意识、有目的的行动，行动的目的要通过克服困难和挫折才能达到。有些行动是习惯性的、无意识的,这样的行动不是意志行动。有些行为虽然有意识、有目的,但可以自然而然地完成,没有困难需要克服,像吃一顿饭、玩一会游戏。这些行动体现不出人的意志,所以也不算意志行动。只有有目的,通过克服困难和挫折实现的,即受意志支配的行动才是意志行动。

意志行动是人类所特有的,只有人类才能预先自觉地确定行动目的,有意识地调节自己的行为。动物虽然也能够作用于环境(如挖洞、啃食树木等),甚至有些高等动物表现出某种带有目的性的行为(如黑猩猩觅食),但从根本上讲,它们都未能上升到自觉意识水平。这是因为,动物的行动可能十分精巧,但它们不能明确意识到行动的目的,也无法预测和控制行为的后果。正如恩格斯所言:"一切动物的一切有计划的行动,都不能在地球上打下自己的意志的印记。这一点只有人才能做到。因为动物仅仅利用外部自然界,简单地通过自身的存在在自然界中引起变化;而人则通过他所做出的改变来使自然界为自己的目的服务,来支配自然界。"人在从事活动之前,就有了明确的行动目标以调节和引导自己的行动,并能预测和控制活动的结果,这一点动物是无法做到的。因此,从意志的自觉目的性上来讲,只有人的心理才有意志过程,只有人类才能在自然界打上自己意志的印记。

二、意志行动的特征

在前面我们阐明了动物界不存在意志过程,意志行动是人类所特有的,但并非人类的所有行动都属于意志行动。意志行动有以下三方面的特征。

(一)意志行动有明确的预定目的

意志过程之所以是人和动物有所区别的一个方面,是因为意志是有自觉目的性的,但并非所有的人类行为都有预定目的。譬如人的一些无条件反射控制的本能活动(如吞咽、咳嗽、手遇针刺缩回、目遇强光闭眼等),以及一些下意识的动作(如吹口哨、自言自语、摇头晃脑等),都是不受意识控制,没有明确的目的性,就不属于意志行动。除此之外,那些有明确的行动目的,并在该目的支配和调节下的行动才是意志行动。运动员为获得奥运金牌而刻苦训练,文学爱好者为成为作家而笔耕不辍,科学家为攻克难关而废寝忘食,都应属于意志行动的范畴。

(二)意志行动以随意运动为基础

所谓随意运动,是指一种受意识支配的,具有一定目的性和方向性的活动,通常是一些已经熟练掌握的动作。譬如在生活中,运动员自如地运球上篮,学生熟练地曲膝做操,画家持笔作画,音乐家操琴谱曲,都是意志行动的展现。意志行动离不开个体的行为,但个体行为表现并不见得都是意志行动。如一个不会作画的人信手涂鸦,一个不会打拳的人胡踢乱打,没有明确的目的性和方向性,更谈不上熟练掌握,都不能算作意志行动。一般来讲,随意运动越熟练,掌握程度越高,意志行动也就越容易实现。所以,坐在钢琴边练习两个小时,一个钢琴家要比一个初学弹琴的小孩子更容易做到;一个经验丰富的司机可以担负起长途驾驶的任务,一个刚学开车的生手就感到困难。

(三)意志行动与克服困难相联系

虽然在人们生活中一些意志行动是轻而易举的,无须克服困难,如手指当空画圈,随意扭腰摆臂,扳动开关,拿起书本等,但人们评价意志行动的时候,往往是和它是否克服了困难相联系的。运动员伤痛在身,仍坚持在训练中扭腰摆臂,克服了一定的困难,更容易被人们视作意志行动的表现。此外,建筑工人冒着酷暑施工,清洁工人顶着严寒工作,都是为达到一定的目的而去克服困难的意志行动。

意志行动的水平往往是随着困难的性质和克服困难的难易程度不同而变化。就意志过程中的困难来说,一般可分为内部困难和外部困难。

内部困难主要是指主体内部的障碍,包括知识经验欠缺,能力有限,以及身体疾病等。一些运动员可能因为能力所限,成绩停滞不前而中途放弃,一个舞蹈演员可能因为意外受伤而告别舞台生涯。此外,不良的生活习惯、不好的性格特征等都有可能成为实现活动目的的内部障碍。可以设想,一个性格懦弱、自私、懒惰的人很难承担长期而艰巨的任务。

外部困难是指意志行动中遇到外部环境的阻碍,既可能是生活环境的局限和人际关系的复杂,又可能是恶劣的气候条件或工作条件等。直至20世纪90年代以前,人们乘热气球的环球航行总是失败,既和变幻无常的气候条件有关,又和经验准备不足以及设备不够精良有关。但总的来说,外部困难必须通过内部困难起作用。克服了内部困难,就更容易战胜外部困难。这和中国古代的《为学》一文中讲到"学之,则难者亦易矣;不学,则易者亦难矣",是同一个道理。

人们往往由于在心理上无法克服内部障碍而总是过分夸大和惧怕外部困难,以致半途而废,一蹶不振。因此培养坚强的品格,加强意志锻炼,勇于挑战自我,才能克服各种困难,达到预定的目标。

三、意志与认知、情绪情感及个性的关系

(一)意志过程与认知过程的相互关系

首先,意志的产生是以认知过程为前提的,离开了认知过程,意志便不可能产生。自觉的目的性是意志的特征之一,人的任何目的都不是凭空产生的,都是在认知活动的基础上产生的。目的虽然是主观的,但它却是来源于人对客观现实的认知结果。人在选择确定目的及采取方法和步骤过程中,审时度势,分析主客观条件,回忆过去的经验,设想未来的结果,拟订方案和制订计划,对这一切所进行的反复权衡和斟酌等,都必须通过感知、记忆、思维、想象等认知过程才能实现。可见,人们只有在认知了客观规律和人类需要之间的关系,才可能提出切合实际的目的,才能以一定的方式和方法去实现目的。

其次,意志对认知过程也有很大的影响。没有意志努力,就不可能有认知过程,更不可能使认知过程深入和持久。因为在认知活动中,人总会遇到这样或那样的困难,要克服一些困难,就需要做出意志努力。例如,观察的组织、有意注意的维持、追忆的进行、解决问题时思维活动的展开以及想象的形象化进程等,都离不开人的意志的参与。可见,没有意志行动,就不会有认知活动,更不可能进行有效的社会实践活动。

(二)意志过程与情绪情感过程的相互关系

首先,情绪、情感既可以成为意志行动的动力,又可以成为意志行动的阻力。当某种情绪、情感对人的活动起推动或支持作用时,这种情绪、情感就会成为意志行动的动力。例如,在工作、学习中,积极的心境、对祖国的热爱和社会责任感会推动人们努力学习、辛勤劳动。当某种情绪、情感对人的活动起阻碍或消极作用时,该情绪、情感就会成为意志行动的阻力。例如,消极的心境、高度的应激状态和害怕困难的情绪、情感,都会妨碍意志行动的执行,削弱人的意志。消极的情绪对意志行动的干扰作用,取决于一个人的意志力水平,意志坚强者可以克服消极情绪,使意志行动自始至终贯彻到底;意志薄弱者则可能被消极情绪压垮,使意志行动半途而废或一无所获。

其次,意志能够控制情绪,使情绪服从理智。人们在工作或学习中面对困难而产生的消极情绪,可以通过意志加以调节和控制,从而使自己的意志行动服从于理智的要求。例如,人既能够调节和控制由于失败或挫折带来的痛苦和愤怒的情绪,又能够控制和调节由于胜利带来的狂喜和激动,当然这取决于一个人的意志力水平的高低。

认知过程、情绪情感过程和意志过程是密切联系的。认知过程、情绪情感过程中包含着意志的成分;同样,意志过程中也包含着认知过程和情绪情感成分,只是为了研究的需要,才对统一的心理过程从不同侧面进行分析。当在对人的统一的心理活动进行分析时,必须注意它们之间存在的密切联系。

(三)意志过程与个性的相互关系

首先,个性倾向性制约着人的意志表现。一个人的理想、信念、价值观、兴趣爱好和世界观等个性倾向性与意志有着密切联系。一个真正树立无产阶级世界观的人,必然有坚强的意志,有为人民的利益而奋斗的价值观,他能抵御物质利益的诱惑,克服艰难险阻而无所畏惧。一个具有资产阶级世界观的人,在个人主义价值观的影响下,必定患得患失而无所建树。一个人对某种活动或事业充满着浓厚兴趣和爱好,就会集中精力,全力以赴克服前进道路上的困难和障碍,最终达到预定的目的。相反,一个人对某种活动或事业不感兴趣,缺乏行动的愿望,即使由于外部原因而勉强去做,也会视其为负担。当遇到困难或挫折时,就会退缩和动摇。

其次,意志在个性的形成和发展中起着重要作用。但是,如果一个人意志坚强,即使对某项活动没有兴趣,也会以坚强的毅力去克服各种困难和障碍,并达到预定的目的。同时在完成目的任务的过程中,也可能会逐渐培养起对该活动的兴趣和爱好。

孟子曾经说过:"故天将降大任于斯人也,必先苦其心志,劳其筋骨,饿其体肤,空乏其身,行拂乱其所为,所以动心忍性,曾益其所不能。"意志在目标的选择和确定以及对自己行为的自觉调节方式和水平方面均有重要影响。

四、意志品质

(一)意志的自觉性

意志的自觉性是指对行动的目的有深刻的认识,能自觉地支配自己的行动,使之服从于行动目的的品质。具有自觉性品质的人,是在对行为的目的深刻认识的基础上采取决定的,他不随波逐流,不屈服于外界的压力,能独立地判断,独立地采取决定和执行决定。

与自觉性相反的是易受暗示性影响和武断从事。易受暗示的人,遇事不独立思考,容易受别人的影响,随大流,跟别人跑。有些人虽然自己拿主意,但对问题不做深入细致的分析,武断从事。这种人不能算是有自觉性的人,他们遇到问题时也容易动摇。

(二)意志的果断性

意志的果断性是指迅速地、不失时机地采取决定的品质。遇到机会能当机立断,不失时机,不是碰运气的巧合,而是有强烈的愿望,有深入的思考,因此对机会特别敏锐,善于观察,能够抓得住机会。

机会总是垂青于有准备的人。机会是不会和无心人有缘分的,即使有了机会他们也认识不到,或者在机会面前优柔寡断,让其轻易错过。有的人看来也容易做决断,但他们抓的并不是机会。前者是优柔寡断,后者是鲁莽草率,他们都是和果断性品质背道而驰的。

(三)意志的坚忍性

意志的坚忍性是指坚持不懈地克服困难、永不退缩的品质,又叫毅力或顽强性。目标越远大,需要付出的努力越多,需要花费的时间也越长。如果没有坚持不懈的意志品质很难达到远大的目标。有时解决问题的条件还不太成熟,需要等待,需要坚持,如果放弃了努力就等于前功尽弃。

有些人遇到困难就退缩,只有三分钟的劲头,虎头蛇尾,这些都是缺乏坚忍性的表现。有些人表面看起来有坚持性,但情况发生了变化还要墨守成规,不去适应改变了的环境,一味钻牛角尖,这是执拗,是和坚忍性相违背的。

（四）意志的自制性

意志的自制性是指善于管理和控制自己情绪和行动的能力,又叫自制力或意志力。一个人的精力有限,要想达到一定的目的,就必须放弃一些妨碍这一目标的其他目标,或影响这一目标的其他活动。有所得必有所失,有所为就必有所不为,否则所有的目标都会受到影响,该达到的目标也会力不从心,难以达到。

有些人不是认识不到这一点,而是管不住自己。读书要紧,过几天就要考试,但碍于面子,宁肯耽误读书也不愿拒绝朋友看电影、打牌的邀请,这是管不住自己。不管目的,只是凭兴趣,想干什么就干什么,这是任性;看到困难没有勇气去克服,这是怯懦。所有这些都是缺乏自制性的表现。

人的成长,就像爬山,爬上一层,就会看到不同的风景;就像竹子,长出一节,就会面对新的境况。而这一切,都需要人们以一种坚强的意志作为基石,不断地前进和发展。生命不息,奋斗不止,以顽强的意志迎接生命中的挑战,扼住命运的咽喉,具有不达目的誓不罢休的勇气和决心,成功之路定会在我们脚下延伸。

第二节　意志行动过程

意志行动既然有意识、有目的,那么意志行动就包括对行动目的的确立和对行动计划的制订。在目的、计划确立之后,就要采取行动保证达到目的。分析人的意志行动就必然要分析行动目的和行动计划的确立,以及采取行动实现目的这两个部分,即意志行动过程可分为采取决定阶段和执行决定阶段。

一、采取决定阶段

采取决定是意志行动的开始阶段,它决定意志行动的方向以及意志行动的动因。一般来说,具体要经过动机斗争和目的确定等环节。

（一）动机斗争

人的意志行动是由一定的动机引起的。动机是激起人去行动或抑制这个行动的愿望和意图,是引起人的行动的内部原因和推动力量。人的任何意志行动都存在着动机激活水平和行为效率之间的关系。美国心理学家耶克斯(Robert Yerkes)、多德森(John Dodsen)研究发现,动机的激活水平和行为效率之间的关系是一种呈倒"U"字形的函数关系:激活水平太低,影响行为效率;激活水平过高,行为发生紊乱,同样缺乏行为效率;而当激活水平适当时,其行为效率高,由此提出了著名的耶克斯—多德逊定律。研究还发现动机激活水平与任务难度之间的关系,认为最佳的动机激活水平与任务难度有关:任务越容易,动机激发的水平高;任务越困难,动机激发的水平越低;而任务难度中等时,动机激发水平适当。

人的意志行动是由一定的动机引起的,但由动机过渡到行动的过程是不同的。在简单的意志行动中,动机是单一的、明确的,通过习惯的行为方式就能直接过渡到行动,因此,一般不存在明显的动机的斗争。在较复杂的意志行动中,行动虽然是由多种运动所引起,但如果它们之间不矛盾,就不会发生动机斗争。例如,一位学生努力学习,既可能是对学习本身有兴趣,又可能是为了个人的荣誉打好基础。虽然这些动机对学习活动及相应的行动有不同的推动力量,但没有根本对立的冲突,是结合在一起发生作用的,不过这种相互统一是相对的、有条件的。

意志行动中的动机斗争是指动机之间相互矛盾时,对各种动机权衡轻重,评定其社会价值的过程以及解除意志的内部障碍的过程。就动机斗争的内容来说,它分为原则性动机斗争和非原则性动机斗争。凡是涉及个人愿望与社会道德准则相矛盾的动机斗争属于原则性动机斗争。例如,当涉及国家、集体、个人三者利益的矛盾时,如何摆正自己的位置,解决这类原则性动机斗争,就要经过激烈的思想斗争,因此也最能体现出一个人的意志品质。一个意志坚强的人善于有原则地权衡和分析不同的动机,及时地选择正确的动机,并确定与之相适应的目的。意志薄弱者则会长久地处于犹豫不决的矛盾状态,甚至确定目的以后,也不能坚持,并且还会受到其他动机的影响而改变。凡是不与社会准则相矛盾仅属个人爱好、兴趣、习惯等方面的动机斗争属于非原则性的动机斗争。例如,休闲时看电影或看小说还是复习功课时,先做数学题还是先念外语单词等并不涉及原则,也不会有激烈的思想斗争,当然,在对两种活动孰先孰后的选择在某种程度上也表现一个人的意志力水平,即是否能根据当时的需要毅然决定取舍。

就动机斗争的形式来说,可以分为以下四种:

1. 双趋式冲突

两个具有同样吸引力的目标,两个动机同样强烈,但不能同时获得时所遇到的冲突叫双趋式冲突。例如钱不够,但既想买衣服又想买皮包,"鱼和熊掌不可兼得",只能选择其一的矛盾冲突就是双趋式冲突。

2. 双避式冲突

两个目标都想避开,但只能避开一个目标的时候,人们只好选择对自己损失小的,避开损失大的目标。例如一个学生既不愿意做令人头疼的作业,又怕被父母责骂和教师批评。难以做出选择的矛盾心情就是双避式冲突。

3. 趋避式冲突

想获得一个目标,它对自己既有利又有弊时所遇到的矛盾心情就是趋避式冲突。例如想吃糖又怕胖;想病快点好又怕打针;想去玩又怕坐车的矛盾心理就是趋避式冲突。

4. 双重趋避式冲突

如果有多个目标,每个目标对自己都有利也都有弊,反复权衡拿不定主意时的矛盾心情就是双重趋避式冲突。两种工作，一种社会地位高但待遇低，另一种待遇高但社会地位低；春节将到，火车票紧张，想除夕到家，火车票贵；避开高峰期，火车票不涨价，但回家的日期就不如意了。反复权衡拿不定主意时体验到的冲突就是双重趋避式冲突。

解决了动机冲突，确立了目标，接着就要制订行动的计划，看怎样一步一步达到目标。行动的计划可以是切实可行的，也可能是不周全、不具体的。但计划是决心要到达目的地，还是想走捷径碰运气，这是最重要的。

（二）确定行动的目的

确定目的在意志行动中非常重要。是否能通过动机斗争而正确地树立行动的目的，表现了一个人的意志力量。动机间的矛盾较大，斗争越激烈，确定目的时所需要的意志上的努力也越大。意志的力量表现在正确地处理动机斗争，选择正确的动机，确定正确的目的。

目的在意志行动中起着极其重要的作用。目的越深刻（即社会意义越大）、越具体，则由这个目的所引起的毅力也越大，就越能表现出一个人的意志力量。相反，一个没有明确目的而盲目行动的人，往往会患得患失，斤斤计较，因此便无成就可言。但是，目的的确立并不是一件容易的事情。通常，一个人在行动之前会有几个彼此不同，甚至是相互抵触的目的，因此需要进行权衡比较，根据目的的意义、价值、客观条件和自身特点最终确定一个目的。一般来说，有一定的难度、需要花费一定的意志努力后可达到的目的，往往是比较适宜的。一旦这一目的得以实现，可以带来心理上的满足感和成就感，并能弥补在目的确定时的内心冲突所带来的损害，更好地为实现下一个目的做准备。如果有几种目的都很适宜和诱人，就可能会发生内心冲突或动机斗争，难以下决心做出选择。这就需要合理安排，即先实现主要的、近期的目的，后实现次要的、远期的目的；或者相反，先实现次要目的，创造条件，再集中力量实现主要目的。

在几个目的中，选择确定一个目的的过程是一个决策过程。决策是意志行动中的重要环节，在整个决策过程中，人的心理过程和个性特征都起着一定的作用。在决策实行之初，必须探讨目的实现的意义、价值及其各种方案，同时搜集各种情报，从中选出一处最可行和最有前途的方案。在决策的执行阶段，必须建立一套信息反馈系统，以便有效地修正行动，使目的顺利地达到。

（三）选择行动的方法

确立行动目的之后，就需要选择适宜的行动方式和方法。有时行动方法同行动目的有直接联系，无须选择。例如要想升入大学就只有努力学习，要想自如地同外国朋友交流就只能努力学好外语。但在许多情况下，达到同一个行动目的的方式和方法可能不止一种，就需要进行选择。首先要比较不同方式和方法间的优缺点，能否顺利有效地达到行动目的。其次还要考虑行动方式和方法是否符合公众利益和社会道德,是为达到个人目的不择手段、损人利己,还是选择既有利于社会,又有利于个人的方式。

(四)制订行动的计划

在选定了行动目的和行动方法之后,还要制订行动计划。特别是在复杂的意志行动中,如打一场战争或做一次大手术,都需要精心准备,做好计划。计划的制订要在调查研究的基础上,综合考虑主客观因素,力争周密而严谨,因为一个切实合理的计划将为执行决定打下一个良好的基础。

二、执行决定阶段

在一系列内部决策完成之后,意志行动的下一步就在于执行所做出的决定。因为即使动机再高尚,行动目的再明确,方法和手段再完善,如果不去采取实际行动,这一切也只是空中楼阁,毫无意义。因此,执行决定阶段是意志行动的关键阶段。

(一)执行决定阶段是一个不断克服困难的过程

如果说,采取决定阶段主要是克服主观上的内部困难,在执行决定阶段,就既要克服内部困难,又要克服外部困难。引起执行决定过程中的内部困难的因素很多,有的可能是前一阶段的动机冲突未解决好,原先被压抑的动机又开始抬头,同当前的动机相冲突;有的可能是由于境况的变化,产生了新的动机,同原有的行动目的相矛盾;另外,淡漠的态度,消极的心境,自私、懒惰、保守等不良性格都可能成为意志行动中的障碍,使人的行为处于犹豫、动摇状态,阻碍活动目的的实现。引起执行决定过程中外部困难的原因也很复杂,既可能是资金设备的短缺,又可能是时间、空间上的不利因素,还可能是人为的干扰和破坏。对此,首先应该解决内部困难,只要认定行动目的是有意义的,计划是合理的,就应该发挥主观能动性去排除干扰,克服自身的弱点,坚持意志行动。当内部困难得到解决,外部困难一般总能够加以克服。长征路上的红军战士面对敌人的围追堵截和地理形势的凶险恶劣,抑制住内心的恐惧、动摇和畏缩,以革命的英雄主义和乐观主义精神,爬雪山、过草地,胜利到达陕北,完成了一项在当时条件下几乎是不可能完成的壮举。当然,如果有人力不可抗拒的客观原因使得决定无法执行,就应该果断终止原定计划,再做新的打算,这仍然是意志行动的良好表现。

(二)执行决定阶段还要接受成败的考验

在很多时候,执行决定是一个漫长的过程。科学家为发现一种新物质,长年累月地待在实验室里搞研究;运动员要夺得奥运冠军,需要多年的训练和无数比赛的磨砺。在这个过程中,有短暂的成功,也有暂时的挫折和失败。要使意志行动的目的最终实现,就要有对待成败的正确态度。既不要迷失在成功的喜悦里,造成后面意志行动的轻率和盲目,又不要因一时的失败就丧失信心,半途而废。特别是对待失败,应该冷静地分析原因,总结经验,避免犯同样的错误。只有经历过成败的考验,做到"胜不骄,败不馁",才能取得最后的成功。

意志行为的采取决定阶段和执行决定阶段是密切联系、相互制约的。如果在准备阶段动机冲突解决得好,目的明确,对行为的意义认识深刻,行动计划考虑得周全,切合实际,执行阶段就会比较顺利,遇到困难和挫折也会更有决心和勇气去克服;否则就容易缺乏勇气和信心,甚至出现半途而废的结果。在执行决定的过程中,有时会发现原来计划的不周,或者情况发生了变化,需要修改计划,不然也不会顺利达到目的。

第三节　学生坚强意志的培养

优良的意志品质不是天生的,而是在实践活动中,在克服困难的过程中逐渐形成和发展起来的。小学生正处在意志品质发展的重要时期,因此,重视和加强对他们意志品质的培养十分必要。

一、开展理想教育,提高学生意志的自觉性

意志行动是由动机驱使的行动。小学生的动机有出于个人眼前狭隘需要的动机,也有比较长远的社会性动机。要使学生的行动服从社会长远的需要,就必须从小对其进行理想教育,有了远大理想,具有高度责任感,才能正确地确定自己的行动目的,自觉独立地调节自己的行动,摆脱对外力监督和管理的依赖性。因此,在小学重视理想教育,提高学生对行动意义的认识,是培养学生坚强意志的根本途径。

由于小学生按照一定的原则、观点来调节自己行为的能力还比较差,因此进行理想教育时,不能只用讲道理的方法,还要注意把抽象的道理同学生具体实际结合起来,把崇高的理想融合在学生的行动中,渗透在学生的日常生活中,成为学生日常的行动目标。例如,在教学过程中,向学生讲清平时按时上下学,上课专心听讲、努力学习,都与实现自己的理想有密切关系,并帮助学生制订切实可行的行动计划,指导学生按照预定的目的、计划采取适当的措施,逐步为实现自己的理想而奋斗。

二、注意养成教育,培养学生意志的自制性

《中国教育改革和发展纲要》指出,重视对学生进行中国优秀文化传统教育,对中小学生还要注意进行文明行为的养成教育。养成教育,是通过对学生自觉遵守纪律和生活制度的常规训练,使学生形成自动控制的良好行为习惯。例如,上课前要准备好学习用具,书本、文具放在指定的位置上;上课时专心听讲,不做小动作,发言要先举手;课堂上坐、立姿势要端正;课间进行有益身心健康的游戏,不许追、跑、打等;在

集体生活中,同学间要团结友爱,讲礼貌,讲卫生,爱护公物,遵守学校的纪律制度等。这样学生在自觉遵守学习和生活纪律过程中,自制能力也就得到了锻炼。但是,养成教育是比较复杂的工作,需要教师注意以下几方面。

(一)从小事入手,循序渐进

从小事入手,就是从学生生活中的点滴入手,从做人的一言一行开始,逐渐养成文明礼貌的习惯;从自尊、自爱开始,逐渐养成爱父母、爱教师、爱劳动人民的思想;从爱护自己的文具开始,逐渐养成爱护班级物品、爱护一切公物的良好品质;从爱家庭、爱班级开始,逐步养成爱学校、爱家乡、爱祖国的情感;从自重、自律开始,逐步养成遵守课堂纪律、遵守学校规章制度、遵守社会公德和国家法律的习惯。

(二)耐心指导,反复训练

常规要求要长抓不懈,逐步提高。但是,由于小学生的意志力薄弱,因此,在意志培养中经常出现反复。这就要求教师要有耐心,正确对待学生在生活和学习中违反要求的行为,不能急躁,更不能丧失信心,要采取多种方式进行教育和训练。

(三)要给学生树立坚强意志的榜样

学生是善于模仿的,必须使他们学有榜样,学生学习的主要榜样是教科书中的典型人物。另外,教师和家长的意志行动也时刻影响着学生,他们的工作态度、言行举止,都会成为今后学生对待困难的态度和行为方式。因此,教师要处处严格要求自己,以身作则,做学生意志行动的榜样。另外,帮助学生将自己的行为和英雄人物进行对比,可以养成学生自我检查、自我批评的习惯,发现自己意志品质上的优缺点,也可以更有效地培养学生的坚强的意志品质。

三、教育学生正确对待挫折

挫折是指个体的意志行为遇到了无法克服的障碍和干扰,预定目标不能实现时所产生的一种紧张状态和情绪反应。小学生遭受挫折是难免的,但是由于小学生知识经验的贫乏,自我意识水平还不高,常常不能正确对待挫折,有时会寻找理由为自己辩解,有时会推诿责任,甚至产生攻击性行为。这很容易加重学生的思想负担,而不利于自尊心、自信心的形成,甚至产生莫大的失落感。因此,教师要以信任、期待的目光,热情、激励的话语,鼓励学生相信自己,帮助他们正确对待每一次挫折。教师可以从下面几点加以注意:

1.通过课堂教学或课外活动等多种方式让学生进行意志锻炼,使学生充分认识意志锻炼的意义,提高克服困难的自觉性。

2.在学生克服困难的过程中,教师要不断地给予鼓舞,使其具有坚强的信心和决心,同时在克服困难的方法和技术上给予适当的指导,帮助他们而不是代替他们克服困难。如教师要帮助小学生不断用言语指导自己的行动,由内部控制代替外部控制。

3. 为学生创设的困难情境要适度。创设的困难情境难度要符合学生的实际水平,即创设那些学生必须付出一定努力且是他们力所能及的情境。同时还要遵守循序渐进的原则,逐步提高要求和意志锻炼水平。创设的困难情境要有针对性,即根据小学生意志品质上的差异,注意采取不同的锻炼措施,做到因人而异,因发展时期不同而给予不同的锻炼重点。

总之,培养学生的意志品质是素质教育的重要任务和内容。在教育实践中,教师应充分运用心理学的知识,有意识、有计划地进行身心培养,提高学生的意志品质,使他们成为栋梁之材。

思考题

1. 什么是意志和意志行动的特征?
2. 意志与认知、情绪情感及个性的相互关系是什么?
3. 意志品质包括哪些方面?
4. 意志行动过程包括哪些阶段?
5. 动机冲突具有哪些类型?
6. 如何培养学生的坚强意志?

第四篇

个性篇

第十章

个性及其倾向性

> 一棵树上很难找到两片叶子形状完全一样,一千个人之中也很难找到两个人在思想情感上完全协调。
>
> ——(德)歌德(Johann Goethe)

▶ 本章要点提示

- 个性
- 需要
- 动机
- 兴趣
- 信念和价值观

我国是世界上最早研究人的个性的国家之一。孔子就很重视研究他学生的个性,他常说子路有治兵之方,公西华有外交之才,也曾分析过颜回的聪明好学、曾参的迟钝用功等。他研究了解学生个性基本上是采取观察法,即"听其言而观其行",目的是为了更好地根据学生的个性因材施教。

第一节 个性概述

一、个性的定义

个性,西方又称人格,是指一个人比较稳定的、具有一定倾向性的各种心理特点或品质的独特组合。个性体现着一个人的特性,表现出人与人之间的差异。个性发展贯穿于一个人生命的全程。

二、个性的特征

个性的特征既是个性定义中包括的个性的基本属性,也是至今心理学家对个性本质的基本一致的认识。

(一)独特性

每个人都有不同的遗传素质,又在不同的环境条件下发育成长起来,因而各人都有自己独特的心理特点,没有哪两个人的个性是完全相同的,这就构成了个性的独特性。

(二)整体性

个性的整体性是说,包含在个性中的各种心理特征彼此交织,相互影响,构成了一个有机的整体。它虽然不能直接观察得到,但却表现在行为中,让人的各种行为所表现出来的特征是一个整体,体现了个人独特的精神面貌。

(三)稳定性

由各种心理特征构成的个性结构是比较稳定的,它对人的行为的影响是一贯的,是不受时间和地点限制的。这就是个性的稳定性,所谓"江山易改,本性难移"。

(四)功能性

个性对人的行为具有调节功能。一个人的行为总会打上他人格的烙印。同样面对挫折,性格坚强的人不会灰心,怯懦的人则会一蹶不振。一事当前,有人先从大局出发,首先顾及社会和集体的利益;有人则先考虑自己的得失,甚至为了自己的利益不惜损害社会和集体的利益。所以,个性决定了一个人的生活方式,甚至决定了一个人的成败。

三、个性的结构

个性是一个复杂的结构系统,它包含着各种成分,主要是个性的倾向性和个性的心理特征两个方面。前者是指个性的动力,后者是指个体之间的差异。

(一)个性倾向性

个性倾向性是指决定一个人的态度和对现实的积极性、选择性的动力系统。个性倾向性包括需要、动机、兴趣、理想、信念和世界观等。

(二)个性心理特征

个性心理特征是指个体在发展过程中形成的比较稳定的心理特点,包括能力、气质和性格等。

第二节 需要

一、需要的定义

人为了求得个体和社会的生存和发展,必须要求一定的事物,例如食物、衣服、睡眠、劳动、交往等。这些需求反映在个体头脑中,就形成了他的需要。需要是个体在生活中感到某种欠缺而力求获得满足的一种内心状态。它是人脑对生理和社会需求的反映。

杨国枢教授认为,西方心理学中的各种需要概念,大体上有两种用法。第一种用法重视它的动力性意义,把需要看作一种动力或紧张;第二种用法重视它的非动力性意义,把需要看作个体在某一方面的不足或缺失。

二、需要的作用

需要是个体行为和心理活动的内部动力,它在人的活动、心理过程和个性中起着重要作用。

需要是个体行为积极性的源泉。人的各种需要推动人们在各个方面的积极活动。需要和人的活动紧密相连,需要越强烈,由此引起的活动也就越有力,它是个体活动的动力。没有需要,也就没有人的一切活动;而且需要永远具有动力性,它不会因暂时的满足而终止。研究表明,有一些需要明显地带有周期性的特征,如对饮食和睡眠等的需要;而有一些需要满足后,又会产生新的需要,新的需要又推动人们去从事新的活动。在活动中需要不断地得到满足,又不断地产生新的需要,使活动不断地向前发展。例如,学习科学文化的需要、哲学艺术的需要,通常是每一次需要的满足都会产生新的、更高的需要。

需要又是个体认识过程的内部动力。人们为了满足需要必须对有关事物进行观察和思考。需要调节和控制着个体认识过程的倾向,对情感和情绪影响很大。人对客观事物产生情感和情绪,是以客观事物能否满足人的需要为中介的,凡是能够满足人需要的事物,则产生肯定的情感和情绪,否则就是否定的。情感和情绪就是人对客观事物与人的需要之间关系的反映。需要推动意志的发展,个体为了满足需要,从事一定的活动,要用一定的意志努力去克服困难。人在克服困难的过程中,锻炼了意志。

需要在个性中起重要作用,是个性倾向性的基础。个性倾向性的其他方面如动机、理想、信念等都是需要的表现形式,而个性心理特征是受个性倾向性调节。

三、需要的分类

人类的各种需要并不是孤立的,而是相互联系并且重叠交叉。人类的需要是一个整体结构,各种分类仅仅具有相对的意义。

（一）根据需要的起源,把人的需要分为生理性需要和社会性需要

1. 生理性需要

生理性需要是个体为维持生命和延续后代而产生的需要,如进食、饮水、睡眠、运动、排泄和性等需要。生理性需要具有重要的生物学意义,它是保护和维持有机体生存和延续种族所必需的。如果个体在相当长的时间里,正常的生理性需要得不到满足,个体就无法生存,或不能延续后代。生理性需要往往带有明显的周期性。

生理性需要是人类最原始、最基本的需要,是人和动物所共有的。但是,人的生理性需要和动物的生理性需要有本质的区别。人的生理性需要受社会生活条件制约,具有社会性,带有社会历史的烙印。人和动物的生理需要的对象和满足方式都有根本的区别。动物只能等待大自然的恩赐,将周围环境中的自然物体作为满足需要的对象。人类不仅以周围环境的自然物体作为满足需要的对象,而且主要通过社会生产劳动生产出自己所需要的对象,并且随着生产的发展,不断提高自己的生理性需要。马克思指出:"饥饿总是饥饿,但是用刀具吃熟食来解除的饥饿不同于用手、指甲和牙齿啃生肉来解除的饥饿。"朱熹说:"饮食者天理也,要求味美人欲也。"人的进食不仅受机体的饥饿状态所支配,而且还要考虑各种社会行为规范,讲究色、香、味。至于宴会,那就成为人类社会的交际手段。

2. 社会性需要

社会性需要是人类在社会生活中形成,为维护社会的存在和发展而产生的需要,如对劳动、交往、友谊、求知、美和道德等的需要。社会性需要是在生理性需要的基础上,在社会实践和教育影响下发展起来的。它是社会存在和发展的必要条件,如劳动是人类赖以生存的第一个基本条件。人类如果不劳动,就无法生存,人类社会就无法存在和发展。

社会性需要是人类特有的。它受社会生活条件制约,具有社会历史性。不同的历史时期、不同的民族和不同的风俗习惯,人们的社会性需要也有所不同。在中国古代,男子的衣着讲究长袍马褂,今天人们就不会再有这种需要了。当人的社会性需要得不到满足时,虽然不会威胁到机体的生存,但会因此感到难受,产生不舒服的感觉和不愉快的情绪。

（二）根据需要的对象,把人的需要分为物质需要和精神需要

1. 物质需要

物质需要是指与衣、食、住、行有关的物品的需要,如对劳动工具、文化用品、科研

仪器等的需要。在物质需要中既包括生理性需要,又包括社会性需要。

2. 精神需要

精神需要是指认知需要、审美需要、交往需要、道德需要和创造需要等,它是人类所特有的需要。在劳动过程中所形成的交往需要是人类最早形成的精神需要。所谓交往需要是指一个人愿意与他人接近、合作、互惠,并发展友谊的需要。研究表明,交往需要在人类历史发展过程中起着十分重要的作用,也是个体心理正常发展的条件。长期缺乏交往需要会导致个性变态。

随着社会进步和生产力的发展,人们的物质需要和精神需要都将不断地得到满足。充分满足人的各种合理的需要是个体全面发展的一个重要条件,但不是唯一的条件。如果没有其他条件(其中占首要地位的是劳动)的调节而过分容易地满足人的各种需要,不但不会使个性得到丰富充实和全面发展,相反,会使个体变得懒惰贪婪。在社会主义社会中,教育的一个最重要的任务就是培养人们的劳动习惯,使劳动成为人的真正的、内在的需要。马卡连柯(Anton Makarenko)指出:"教育工作最深刻的意义在于造就和培养的需要,引导他们走向道德的高峰。"

四、马斯洛的需要层次理论

美国心理学家马斯洛认为,人类有五种基本需要:生理需要、安全需要、爱和归属的需要、尊重的需要和自我实现的需要。

(一)生理需要

这是人类维持自身生存的最基本要求,包括饥、渴、衣、住、性等方面的要求。如果这些需要得不到满足,人类的生存就成了问题。在这个意义上说,生理需要是推动人们行动的最强大动力。马斯洛认为,只有这些最基本的需要满足到维持生存所必需的程度后,其他的需要才能成为新的激励因素,而到了此时,这些已相对满足的需要也就不再成为激励因素了。

(二)安全需要

这是人类要求保障自身安全、摆脱事业和丧失财产威胁、避免职业病的侵袭、接触严酷的监督等方面的需要。马斯洛认为,整个有机体是一个追求安全的机制,人的感受器官、效应器官、智能和其他能量主要是寻求安全的工具,甚至可以把科学和人生观都看成是满足安全需要的一部分。当然,当这种需要一旦相对满足后,也就不再成为激励因素了。

(三)爱和归属的需要

这一层次的需要包括两个方面的内容。一是友爱的需要,即人人都需要伙伴之间、同事之间的关系融洽或保持友谊和忠诚;人人都希望得到爱情,希望爱别人,也渴望接受别人的爱。二是归属的需要,即人都有一种归属于一个群体的感情,希望成为群体中的一员,并相互关心和照顾。感情上的需要比生理上的需要来得细致,它和一个人的生理特性、经历、教育、宗教信仰都有关系。

(四)尊重的需要

人人都希望自己有稳定的社会地位,要求个人的能力和成就得到社会的承认。尊重的需要又可分为内部尊重和外部尊重。内部尊重是指一个人希望在各种不同情境中有实力、能胜任,充满信心,能独立自主。总之,内部尊重就是人的自尊。外部尊重是指一个人希望有地位、有威信,受到别人的尊重、信赖和高度评价。马斯洛认为,尊重需要得到满足,能使人对自己充满信心,对社会满腔热情,体验到自己活着的用处和价值。

(五)自我实现的需要

这是最高层次的需要,它是指实现个人理想、抱负,发挥个人的能力到最大程度,完成与自己的能力相称的一切事情的需要。也就是说,人必须干称职的工作,这样才会使他们感到最大的快乐。马斯洛提出,为满足自我实现需要所采取的途径是因人而异的。自我实现的需要是在努力实现自己的潜力,使自己越来越成为自己所期望的人物。

马斯洛后来把需要分为七个层次,即尊重的需要与自我实现的需要之间增加了认知的需要和审美的需要。认知的需要是指对于知识、理解的需要,包括了解自己和认识周围世界的需要。审美的需要是指对于审美和欣赏的需要。

马斯洛认为五种需要像阶梯一样从低到高,按层次逐级递升,但次序不是完全固定的,可以变化,也有种种例外情况。一般来说,某一层次的需要相对满足了,就会向高一层次发展,追求更高一层次的需要就成为驱使行为的动力。相应地,获得基本满足的需要就不再是一股激励力量。五种需要可以分为高低两级,其中生理上的需要、安全上的需要和感情上的需要都属于低一级的需要,这些需要通过外部条件就可以获得满足;而尊重的需要和自我实现的需要是高级需要,它们是通过内部因素才能获得满足的,而且一个人对尊重和自我实现的需要是无止境的。同一时期,一个人可能有几种需要,但每一时期总有一种需要占支配地位,对行为起决定作用。任何一种需要都不会因为更高层次需要的发展而消失。各层次的需要相互依赖和重叠,高层次的需要发展后,低层次的需要仍然存在,只是对行为影响的程度大大减小。

马斯洛的需求层次理论,在一定程度上反映了人类行为和心理活动的共同规律。马斯洛从人的需要出发探索人的激励和研究人的行为,抓住了问题的关键;指出了人的需要是由低级向高级不断发展的,这一趋势基本上符合需要发展规律。因此,需要层次理论对企业管理者如何有效地调动人的积极性有启发作用。但是,马斯洛是离开社会条件、离开人的历史发展以及人的社会实践来考察人的需要及其结构的。其理论基础是存在主义的人本主义学说,即人的本质是超越社会历史的、抽象的"自然人",由此得出的一些观点就难以适合其他国家的情况。

五、学生需要的引导和培养

(一)满足其合理需要,抑制不合理需要

从总体上讲,在儿童的发展过程中要使他们的生理需要得到满足,但不要以过分的、非常讲究的满足使这些需要得以滋长。对于学生的活动需要、认知需要、交往需要和成就需要应高度重视,创造条件给予适当的满足。对于学生不合理的需要,包括不符合年龄特征的、不利于身心健康、不符合具体客观条件的需要必须通过说服教育的方式加以遏制,采取的措施要果断,态度要坚决,分析要中肯。

(二)引导和培养新的更高层次的需要

教师要根据学生需要的发展特点和个别差异,创造良好的环境,给予正确的教育,不断向他们提出更高的要求,引导他们的需要向更高层次发展。

第三节 动机

动机用来说明一个人为什么会有这样或那样的行为。动机不能直接观察,只能通过分析个体的任务选择、对活动的努力程度以及语言表述等行为特征来推断。动机与外部行为有时并非一致与对应,同样的动机可能会出现不同的行为,而不同的动机可能行为相似。

一、动机的定义

动机是指激发和维持个体的行动,并使行动朝向一定目标的心理倾向或内部动力。动机作为一个解释性的概念,用来说明个体为什么有这样或那样的行为。动机可以是有意识的,也可以是潜意识的。恩格斯指出:"就个别人说,他的行动的一切动力,都一定要通过他的头脑,一定要转变为他的愿望的动机。"在心理学中大部分是探讨"怎么样"的问题,而动机则涉及更为基本的"为什么"的问题。

动机的产生必须具有内在条件和外在条件的共同作用。引起动机的内在条件是人的需要,动机是在需要的基础上产生的。如果说,人的各种需要是个体行为积极性的源泉和实质,那么人的各种动机就是这种源泉和实质的具体表现。如学生的学习动机就是他们学习需要的具体表现。动机和需要密切地联系在一起,离开需要的动机是不存在的。当需要在强度上达到一定水平,并且有满足需要的对象存在时,就引起动机。

驱使有机体产生一定行为的外部条件称为诱因,它是引起动机的另一个重要因

素。诱因可以分为正诱因和负诱因。凡是个体因趋向或接受它而得到满足时,这种诱因称为正诱因;凡是个体因逃离或躲避它而得到满足时,这种诱因称为负诱因。例如,对于酷热的人来说,凉风是正诱因,日晒是负诱因。诱因可以是物质的,也可以是精神的。例如,教师对学生的表扬,就是一种激发学生学习热情的精神诱因。

个体在某一时刻有最强烈的需要,并在有诱因的条件下,能产生最强烈的动机。例如,有考大学需要的人,只有在高校招生的条件下,才能引起升学的动机。可见,需要和诱因是形成动机的必要条件。但是,在动机的内在条件和外在条件各自所起的作用上,心理学家所强调的侧面是有所不同的,即所谓"拉"和"推"的理论。"拉"的理论强调动机中环境的作用,"推"的理论强调动机中个体的内部力量。一般而言,有些动机形成时需要的作用强些,有些动机形成时诱因的作用强些。例如,人在某些时候并不很饿,但看到美味的食物时,也会有进食的动机和行为。

二、动机与需要

动机是在需要的基础上产生的。需要是个体行为和心理活动的内部动力,是个性心理倾向性的基础,个性心理倾向性中,如动机、理想、信念、价值观等都是需要的表现形式。通常人们感到缺少的,正是自己想得到的。所以,需要状态具有产生动机的推动作用,不过需要并不是总促成行动。例如,某个人想拥有一套房子,但由于自己没钱,故这种需要仅是想想而已,还不能付诸实际。因此,需要和动机具有一定区别。当一种需要促使个体投入行动并去获取满足时,这种需要就转化为动机。可以说,需要是动机形成的基础,动机是需要的表现形式。

三、动机的作用

动机在人类行为中起着十分重要的作用,动机在刺激和反应之间提供了清楚而重要的内部环节。人类动机是个体活动的动力和方向,它既给人的活动以动力,又对人的活动方向进行控制。动机被认为具有活动性和选择性。人类的动机好像汽车的发动机和方向盘。动力和方向被认为是动机概念的核心。具体地说,人类动机对活动具有激发、指向和激励的功能。

（一）激发功能

动机对活动具有激发功能。人类各种各样的活动总是由一定的动机所引起的,没有动机也就没有活动。动机是活动的原动力,它对活动起着始动作用。

（二）指向功能

动机像指南针一样指引着活动的方向,它使活动具有一定的方向,朝着预定的目标前进。

(三)激励功能

动机对活动具有维持和加强作用,强化活动以达到目的。不同性质和强度的动机,对活动的激励作用是不同的。高尚的动机比低级的动机更有激励作用,动机强比动机弱具有更大的激励作用。

四、动机的种类

人类的动机十分复杂,可以从各个不同角度,根据不同标准相对进行分类。

(一)生理性动机和社会性动机

根据与动机相关联的需要的性质,可以把动机分为生理性动机和社会性动机。

生理性动机起源于生理性需要,它是以有机体的生理需要为基础的,例如饥饿、干渴、性、睡眠、解除痛苦等动机。人类的生理性动机也受社会生活条件制约,并且打上社会的烙印。例如,一个人在感到困乏需要睡眠时,就会停止一切活动而上床睡觉,但此时的睡眠动机已不再是一种纯粹的生理性动机,它可能包含了想要休息好,使自己精力充沛,醒来后可以更好地工作或学习的社会性因素。

社会性动机又称心理性动机。它起源于社会性需要,与人的社会性需要相联系,例如成就、交往、威信、归属和赞誉等动机。社会性动机具有持久性的特征,是后天习得的。人与人之间的社会性动机有很大的个别差异。正是在社会性动机的推动下,每个人完成各种各样的社会性活动,从而逐渐成为社会性个体。

(二)长远的、概括的动机和暂时的、具体的动机

根据影响范围和持续时间,动机可分为长远的、概括的动机和暂时的、具体的动机。前者来自对活动意义的深刻认识,持续作用的时间长,比较稳定,影响的范围也广;后者常由活动本身的兴趣引起,持续的时间短,常常受个人的情绪影响,不够稳定。例如,一位大学生立志要成为一位经济学家,这种动机是长远的、概括的;而仅仅为了一次考试得高分,这种动机就是暂时的、具体的。人既要有远大目标,又要有近期目标,并将这两种动机结合起来,使长远的、概括的动机成为主导动机。

(三)高尚动机和低级动机

根据动机的性质和社会价值,动机可分为高尚动机和低级动机。高尚动机能持久地调动人的积极性,促使他为社会发展做出重大贡献。低级动机违背社会发展规律与人民利益,不利于社会发展。

(四)主导动机和辅助动机

根据动机对活动作用的大小,动机可分为主导动机和辅助动机。主导动机通常

对活动具有决定作用,辅助动机则起加强主导动机,坚持主导动机所指引的方向的作用。个体的活动为这两种动机所激励,由动机的总和支配。

五、生理性动机和社会性动机

(一)生理性动机

生理性动机与个体的心理、需要、行为之间存在着重要的关系,饥饿、干渴、睡眠和性等人的基本生理动机是生物种系存在的基础,也是个体存在和发展的前提。在生理性动机中研究得最多的是饥饿动机和干渴动机。

1. 饥饿动机

饥饿驱使个体从事求食的活动。有机体缺乏食物引起饥饿,但缺乏食物如何引起饥饿感觉呢?这是一个复杂的问题。长期以来,人们一般认为胃部收缩是引起饥饿的主要原因。坎农(Walter Cannon)曾做过一个著名的实验。他把一个气球放进参与者的空胃中,然后充气使之与胃壁紧贴。当气球充气引起胃壁收缩时,参与者产生饥饿感觉。但也有一些实验并不支持胃收缩就是饥饿的唯一原因的论点。旺杰斯坦(Wangensteen)等人发现,全部切除胃的人仍有饥饿感觉。坦普尔顿(R. Templeton)等人将饿狗身上的血输入饱狗身上,发现饱狗的胃部收缩,将饱狗身上的血输入饿狗身上,发现饿狗的胃部停止收缩。这说明血液中某些化学成分的变化是引起饥饿的原因。血液中的化学变化,主要是血糖和激素含量的变化。饥饿可能是血糖量的降低、内分泌的变化和胃部收缩三者的综合作用。

现代生理学研究表明,饥饿与下丘脑的机能有关。下丘脑有两个中枢对摄食行为进行调节,即摄食中枢和饱食中枢。摄食中枢位于下丘脑的外侧区,它发动摄食活动;饱食中枢位于下丘脑的腹内侧核,它停止摄食活动。电生理学实验表明,刺激一个中枢会抑制另一个中枢的活动。静脉注射葡萄糖,腹内侧核放电频率较高,外侧区放电频率较低。有机体在饥饿情况下,可以看到下丘脑外侧区放电频率较高,腹内侧核放电频率较低。但是,中枢神经系统的许多部位都参与控制饥饿动机的行为,不能把下丘脑看作控制饥饿动机的唯一部位。"大脑的基底神经节也参与饮食行为……大脑皮层本身,特别是额叶也参与控制吃食行为。"社会文化条件,个人生活习惯,食物的色、香、味等也都影响着人的求食活动。生活在某地区的人,食物的品种受当地物产的限制,食物的制作方法又在很大程度上受传统文化的影响。

2. 干渴动机

干渴驱使个体从事饮水活动。渴比饥饿对个体行为具有更大的驱动力,人可以几天不吃食物,但不能几天不饮水,体内如果严重缺水会导致有机体的死亡。坎农曾提出口干而喝水的假设,但这个假设没有得到证实。生来没有唾液腺的人,经常口干,但并不比正常人喝更多的水;注射引起唾液腺分泌的药物,也没有减少有机体对水的需要。阿道夫(E. F. Adolph)的实验表明,一只狗在某一个特定时间内的缺水量与它得到水后所喝的量是相等的。这说明,狗似乎有一种正确估计自己缺水多少的能力,即个体喝水受体内需要程度的支配,而不受口干程度的支配。下丘脑中某些化学成分的变化是产生渴的重要原因。将盐水注射到山羊下丘脑的某些部位内,会引起山羊大量饮水,但注射纯水时,则不会引起大量的饮水,现代生理学研究表明,下丘脑对机体的水平衡起调节作用。对下丘脑调节摄水的中枢的研究,早在20世纪50年代,就有对安德逊(B. Anderson)等人研究的报道。下丘脑的中部与前部毁伤能使动物停止饮水,直至严重脱水而死亡。这些研究表明,下丘脑中可能有调节饮水的中枢。但不同的动物可能部位不完全相同,而且部位也比较分散。渴也不仅仅由下丘脑调节控制,中枢神经系统的许多部位也参加调节。例如,20世纪70年代阿纳德(B. Anand)等人的研究发现,边缘系统的隔区与饮水有关。节除隔区的主要部分或后区,动物变得极渴,并且大量饮水。满足渴的需要的方式和饮料的品种等都与人类社会文化生活条件有关。例如,有人要清茶,有人要可乐或汽水。

(二)社会性动机

张春兴教授认为,社会性动机包括两个层次:一个层次包括较为原始的三种驱力,即好奇、探索与操弄;另一个层次包括人类所特有的成就动机、交往动机和学习动机。

1. 好奇动机

个体对新奇事物注意、探索和操弄等行为的内在动力称为好奇动机,简称好奇。引起好奇动机的刺激要具备新奇性或复杂性。刺激越新奇或越复杂时,个体对它也就越好奇。个体在幼小时对事物的好奇也比长大后更为强烈。

动物的行为也受好奇动机的驱使。有人曾将一只饥饿的白鼠放在放置着白鼠喜吃食物的新环境中,白鼠总是先探索一番,然后吃食物。罗马尼斯(George Romanes)将猴子放在有野果和一只用绳子捆绑的箱子(内中也装有野果)的环境中,他发现猴子宁肯花两个小时把箱子打开,取食野果,也不去拿身旁的野果。

儿童具有各种好奇动机,在婴幼儿的行为上以3种方式表现出来:(1)感官探索。凡有新奇事物出现时,儿童以视觉、听觉、嗅觉、味觉等感官对事物进行探索。(2)动作操弄。在感官探索基础上,进而以动作操弄,推、拖、拍、抓、摸等动作,都属于操弄行为。操弄东西是在对某一事物视觉和听觉之外的触觉经验,奇特的东西会引起儿童强烈的操弄欲望。儿童喜欢把玩具等物拆开玩弄,主要是一种探索行为,这不能认为是破坏性的行为。(3)好问。幼儿逐渐长大,感官探索和动作操弄已经不能满足他们的好奇动机,他们已经学会向他人询问。4、5岁儿童的好问表现尤为明显。成人越是愿意回答幼儿的提问,幼儿提出的问题也越多。幼儿非常好问,他们经常问许多个"是什么"和"为什么",如"这是什么花?""太阳有家吗?""天上的星星为什么不睡觉?""月亮为什么总是跟我走?"王瑜元同志记录了她的孩子4岁半至5岁半一年中所提出的问题共4043个,涉及面非常广泛,其中涉及动物的问题最多。

埃德斯兰(R. C. Endsley)等人的研究表明,儿童的好奇心与母亲的教养态度、母亲的榜样和强化密切相关。如果母亲本身好奇心强、求知欲高,并且经常鼓励孩子提出问题,则子女的好奇心较强。相反,如果母亲很少与孩子交往,不去引导儿童发现,不积极回答孩子的问题,摆出一副权威的样子,则孩子的好奇心就弱。伯莱因(Daniel E. Berlyne)认为,提问和发现包含有共同因素,两者都是为了获得新的信息。有研究表明,提问和发现之间有中等程度的正相关。心理学家对儿童的好奇动机十分重视,因为无论是从行为发展的观点还是教学观点来看,儿童的好奇动机都十分重要。成年人对大自然的奥秘不断探索,虽然有其他动机参与,但好奇动机是一个主要原因。

2. 成就动机

成就动机是指个体在完成某种任务时力图取得成功的动机。成就动机对个人的发展和社会的进步都具有重要作用,它好像一台强大的"发动机"那样,激励人们努力向上,在前进道路上取得一个又一个的成就。

20世纪30年代默里(H. A. Murray)把成就动机列入人类20种心理需要之一,并称之为"克服障碍,施展才能,力求尽好尽快地解决难题"。麦克利兰(D. C. McClelland)和阿特金森(J. W. Atkinson)等人对成就动机的研究进入了一个新的阶段,主要从认知理论出发,开始探讨个人成就的归因过程,以及对成就动机的测量。

研究表明,成就动机和一个人的抱负水平密切联系着。抱负水平指一个人从事活动前,估计自己所能达到目标的高低。个人成功和失败的经验通常影响抱负水平的高低,成功的经验会提高个人的抱负水平,失败的经验会降低个人的抱负水平。如果一位学生估计自己能考90分,但考试成绩低于90分,那么他下次再定的抱负水平可能会低于90分;反之,则会高于90分。美国心理学家罗特(Julian Rotter)认为,制约个人抱负水平的两个因素是:个人的成就动机和个人根据已往的成败经验对自我能力的实际估计。

麦克利兰的成就动机理论被称为情绪激发理论,它带有享乐主义的色彩。麦克利兰认为,成就动机是一个人人格中非常稳定的特质。个体记忆中存在着与成就相联系的愉快经验,当情境能引起这些愉快的体验时,就能激发起个体的成就动机。他指出,成就动机强的人对学习和工作都非常积极,能够控制自己不受环境影响,并且善于利用时间。成就动机得分高的人比得分低的人,会取得优良的成绩。麦克利兰把成就动机看作决定个体行为的根本原因,并且将一个民族的成就动机看作社会经济的决定力量。洛威尔(E. L. Lowell)等人的实验都表明了高成就动机组比低成就动机组成绩要好。洛威尔等人选择大学生做参与者,高成就动机组19人,低成就动机组21人,要求他们用一些打乱了的字母去组成普通的词(如把W、T、S、E组成west),测试时间为20分钟,平均4分钟,分为5个时间段。开始时,两组差别并不大,但随着时间的推移,高成就动机组的成绩明显比低成就动机组的成绩好。7天后洛威尔等人要求同一些参与者做加法问题,平均2分钟,也分为5个时间段。结果高成就动机组的成绩也明显地比低成就动机组好。在该实验中,高成就动机组成绩没有出现上升现象,就是因为加法问题比较简单,他们一开始就已经取得了很高的成绩。

麦克利兰对人类的成就动机做了长期的实验研究,他和阿特金森等人在1953年发表了《成就动机》一书,受到心理学家的关注,确立了成就动机在人类动机体系中的地位。他们采用投射法等来研究人类成就动机,激起了后人研究成就动机的热潮。但是,他们把成就动机作为决定个体行为的根本原因,忽视了个体行为的复杂性和其他因素对个体行为的影响;在社会发展方面,忽视了政治、经济、自然条件的影响,把一个民族的成就动机看作经济发展的唯一决定因素。这种单一决定论,显然是片面的,并且过于简单化了。

阿特金森的成就动机理论被认为是一种期望价值理论,因为这一理论认为动机水平依赖于一个人对目的的评价以及达到目的可能性的估计。他重视冲突的作用,尤其是期望成功与害怕失败之间的冲突。期望成功,推动我们去寻找成就;害怕失败,推动我们去避开成就情境。前者使人产生想要成功的倾向,后者使人们产生回避失败的倾向。

在阿特金森理论体系中,个人追求成就的倾向(T_s)是一个多重变量的函数,可以用下列公式表示:$T_s = M_s \times P_s \times I_s$。公式中的 M_s 代表追求成功的动机,P_s 代表对成功可能性的估计($P_s=1$,表示确信会取得成功;$P_s=0.5$,表示估计成功的可能性是50%;$P_s=0$,表示确信必然失败),I_s 代表成功的激励值。

阿特金森认为,人在竞争时会产生两种心理倾向的相对强度是不同的。一种人力求成功,另一种人力求避免失败。研究表明,成就动机强的人倾向于选择做中等难度的工作,这是因为中等难度的工作,既存在着成功的可能性,又存在着足够的挑战性,能够满足个人的成就动机。回避失败动机强的人则倾向于挑选成功可能性极小的困难任务,因为与其他人一样不能完成任务,并非真正失败;但也可能挑选容易的任务,因为在这些任务中成功的可能性很高,可以减少个体失败的恐惧心理。

后来,许多学者扩展了阿特金森的成就动机理论。雷纳(Joel Raynor)认为,过去的成就动机理论强调当前的目标,其实长远的目标对现在的行为有很大影响。应该把即时的目标与长远的目标结合起来,真正的成就动机是由两者结合而产生的。

美国心理学家韦纳(B. Weiner)等人对成就动机进行了归因分析,从认知心理学角度研究了成就动机,提出了成就动机的归因模式。他认为,分析一个人成功和失败的原因是理解成就行为的关键,个体对行为成败原因的知觉影响个体成就行为的坚持性、强度和选择。动机的归因理论是奥地利学家海德(F. Heider)首创的,他在20世纪50年代就指出,一个人的成功,可以归因于自己的努力或能力;一个人的失败,可以归因于环境或他人的过错。归因可以是内源的或外源的。内外源的归因中,还可以分为稳定的和不稳定的。如果把成功归因于能力,这是稳定的;如把成功归因于努力,这是不稳定的。韦纳把成败的原因分为3个维度:(1)内归因和外归因。努力、能力、个性等原因都是内源的;任务的难度、运气、家庭条件等原因都是外源的。(2)稳定的归因和非稳定的归因。任务的难度、能力、家庭条件等原因都是稳定的;努力、运气、心境等原因都是不稳定的。(3)可控制归因和不可控制归因。努力等原因都是受个人意志控制的;运气等原因都是不受个人意志控制的。

韦纳又把活动成功和失败的原因(行为责任)归结为4个因素:努力、能力、运气和任务难度。如将3个维度和4个因素结合起来,组成"三维度模式"。

韦纳从认知心理学的角度把成功和失败的原因分为3个维度,比海德的思想有所发展,并且有助于人们对成就行为的原因进行分析。他认为,我们对成功和失败的归因,会对以后的行为产生重大影响。如果一个人把考试失败归因于缺乏能力,那么以后考试还会预期失败,这是因为能力是一个稳定性的因素;如果把考试失败归因于运气不佳,那么以后考试不大可能预期失败,这是因为运气是一个不稳定性的因素。但是,在实际生活中,个人对成功和失败的归因并不一定是成功和失败的真正原因。此外,韦纳认为,一个人的成就行为由对成败原因的知觉决定,个性特点仅起中介作用,事实上个性特点并非间接通过对成败原因的知觉影响个人的行为的。许多研究表明,个性心理特征是影响成就动机的因素。

影响成就动机的因素主要有:(1)成就动机的高低与童年所接受的家庭教育关系密切。父母的价值观、父母的成就动机、父母对子女的要求和教育方式都影响儿童的成就动机。一般来说,父母要求子女独立自主而又能以身作则,容易培养儿童的成就动机。相反,父母对子女过分保护,就会限制儿童的独立性,较难培养学生的成就动机。严格而温和式的教育方式对孩子的成长更为有利。(2)教师的言行影响学生成就动机的强弱。教师是学生学习的榜样,成就动机较强的教师的言行有助于激发学生的成就动机。教师对学生的评语是激发学生成就动机的有效方法。一般来说,教师除了给学生评定等级外,还要根据学生的特点,给予适当的矫正或相称的好评。(3)经常参加竞争和竞赛活动的人比一般人的成就动机强。(4)学生的学习成绩与其成就动机呈正相关。学习成绩优秀的学生通常成就动机强,学习成绩差的学生通常成就动机弱。(5)个人对工作难度的看法影响成就动机。个人如果认为工作过难或过易,都不易激发成就动机;认为工作难度适中,成功和失败的可能性各占一半时,成就动机最强烈。(6)个性因素影响成就动机。个人的理想、信念和世界观对成就动机有深刻的影响。(7)群体的成就动机的强烈与自然环境和社会文化条件有关。当国家经济繁荣兴旺时,人民的成就动机就会提高;相反,就会降低。竞争激烈的地方,人们的成就动机相对强些。

3. 交往动机

交往动机又称亲和动机。交往动机指个体愿意与他人接近、合作、互惠,并发展友谊的动机。人类的交往动机反映了社会生活和劳动的要求。人要参加社会生活,要劳动,就必须与他人接近、合作,保持友谊关系。人际交往也是个体心理正常发展的必要条件,只有在社会生活过程中通过人际交往,个体心理才能得到正常的发展。

人类的交往活动与恐惧有关。沙赫特(S. Schachter)选择64名女大学生做参与者,分成实验组和控制组。让实验组的女大学生看一个穿着实验服装的实验者,并且在房间里布满了各种电器设备。告诉参与者,实验是有关电击的问题,电击会伤害人,使人痛苦。控制组则尽量使参与者感到轻松,并且告诉参与者,电击不会感到不舒服,只会感到一些发痒或震颤的感觉。在恐惧激发和测量后,要求参与者在实验室里等候,让她们自己决定,她是否要同学做伴,还要她们说明选择的强度。结果表明,高恐惧的人比低恐惧的人更愿意合群,越是恐惧,合群倾向越强烈。

人类的交往活动也与忧虑有关。萨尔诺夫(I. Sarnoff)等人在1961年进行了一项研究,他们把参与者分成4个组:高度恐惧组、低度恐惧组、高度忧虑组和低度忧虑组,进行合群倾向测验。在实验时,实验者使两个忧虑组都没有任何恐惧的感觉。结果表明,恐惧与忧虑对合群显示出相反的效应,高度忧虑组的人较低度忧虑组的人倾向不合群,他们和别人在一起时会使忧虑增加,因此回避他人。由此可见,恐惧使合群倾向增加,忧虑使合群倾向减少。

许多研究表明,影响交往动机的因素是复杂的,是综合在一起的,但其中每种因素所起作用是不同的。

4. 学习动机

学习动机是直接推动学生进行学习的内部动力。学习动机并不是某种单一的结构,而是由多种动力因素组成的整体系统,其中包括学习需要、学习自觉性、学习态度、学习兴趣等。

一般认为,学习动机在学习活动中具有:(1)引起学习的作用;(2)维持学习的作用;(3)强化学习的作用;(4)调整学习的作用。另一些心理学家认为,学习动机的作用是:(1)强化学习;(2)集中注意;(3)快速反应,即学习动机强的学生,用于学习准备的时间较少。

学习动机与学习效果的关系并不是直接的,它们之间往往以学习行为为中介,而学习行为又不单纯只受学习动机的影响,它还受一系列主客观的因素,如学习基础、教师指导、学习方法、学习习惯、智力水平、个性特点、健康状况等制约。

第四节　兴趣

兴趣以需要为基础,需要有精神需要和物质需要。人们若对某件事物或某项活动感到需要,就会热心于接触、观察这件事物,积极从事这项活动,并注意探索其奥妙。兴趣又与认识和情感相联系。若对某件事物或某项活动没有认识,也就不会对它有情感,因而不会对它有兴趣;反之,认识越深刻,情感越炽烈,兴趣也就会越浓厚。

一、兴趣的定义

兴趣是人们认识事物或从事某种活动的心理倾向,是个性倾向性的一个方面。例如,一些体育迷,一谈起体育便会津津乐道,一遇到体育比赛便想一睹为快,对电视中的体育节目特别迷恋,这就是对体育有兴趣。一些老京剧票友们,总喜欢谈京剧、看京剧,一遇京剧就来劲,这就是对京剧有兴趣。所谓"打锣卖糖,各爱各行",就是说人们的兴趣是多种多样、各有特色的。在实践活动中,兴趣能使人们工作目标明确,积极主动,从而自觉克服各种艰难困苦,获取工作的最大成就,并能在活动过程中不断体验成功的愉悦。兴趣会对人的认识和活动产生积极的影响,但却不一定有利于提高工作的质量和效果。兴趣具有社会制约性,人所处的历史条件不同,社会环境不同,其兴趣就会有不同的特点。

二、兴趣的分类

人的兴趣是多种多样的,但概括起来又可以分为三大类:

第一,物质兴趣和精神兴趣。物质兴趣主要指人们对舒适的物质生活(如衣、食、住、行方面)的兴趣和追求;精神兴趣主要指人们对精神生活(如学习、研究、文学艺术、知识)的兴趣和追求。就学生来说,由于人生观和世界观尚未完全形成,无论物质兴趣还是精神兴趣都需要师长进行积极的引导,以防止在物质兴趣方面的畸形发展,在精神兴趣方面的消极发展和追求。

第二,直接兴趣和间接兴趣。直接兴趣是指对活动过程的兴趣。例如,有的学生想象力丰富,富于创造性,喜欢制作各种模型,在制作过程中,全神贯注,表现出浓厚的兴趣。间接兴趣主要指对活动过程所产生的结果的兴趣。有的学生业余喜欢绘画,每当完成一幅画,他都会对自己取得的成果表现出极大兴趣。直接兴趣和间接兴趣是相互联系、相互促进的,如果没有直接兴趣,制作各种模型的过程就很乏味枯燥;而没有间接兴趣的支持,也就没有目标,过程就很难持久下去,因此,只有把直接兴趣和间接兴趣有机地结合起来,才能充分发挥一个人的积极性和创造性,才能持之以恒,目标明确,取得成功。

第三,个人兴趣和社会兴趣。个人兴趣是个体以特定的事物、活动及人为对象,所产生的积极的和带有倾向性、选择性的态度和情绪。社会兴趣指社会成员对某一领域的普遍兴趣,或社会某一领域对社会成员的普遍需求。

三、兴趣的品质

兴趣有4种品质,包括:

第一,兴趣的倾向性,指兴趣所指向的内容是物质的,还是精神的;是高尚的,还是卑劣的。

第二,兴趣的广度,指兴趣的范围大小。有人兴趣广泛,有人兴趣狭窄。一般说来，兴趣广泛的人能获得广博的知识。

第三，兴趣的稳定性，指兴趣长时间保持在某一或某些对象上。只有具备了稳定性，一个人才可能在兴趣广泛的背景上形成中心兴趣，使兴趣获得深度。

第四，兴趣的效能，是指兴趣对活动发生作用的大小。凡是对实际活动发生的作用大的兴趣，其效能作用也大；反之，对实际活动发生作用小的兴趣，其效能作用也小。

四、兴趣的作用

兴趣对一个人的个性形成和发展，对一个人的生活和活动有巨大的作用。这种作用主要表现在以下几个方面：

第一，对未来活动的准备作用。例如，对于一名学生来说，对语文感兴趣，就可能激励他积累各种语文知识，研究各种语言现象，为将来研究和从事语文方面的工作打基础，做准备。

第二，对正在进行的活动起推动作用。兴趣是一种具有浓厚情感的志趣活动，它可以使人集中精力去获得知识，并创造性地完成当前的活动。美国著名华人学者丁肇中教授就曾经深有感触地说："任何科学研究，最重要的是要看对自己所从事的工作有没有兴趣，换句话说，也就是有没有事业心，这不能有任何强迫，比如搞物理实验，因为我有兴趣，我可以两天两夜，甚至三天三夜在实验室里，守在仪器旁，我急切地希望发现我所要探索的东西。"正是兴趣和事业心支持着丁教授从事科研工作，并使他获得巨大的成功。

第三，对活动的创造性态度的促进作用。兴趣会促使人深入钻研，创造性地工作和学习。就学生来说，对一门课程感兴趣，会促使他刻苦钻研，并且进行创造性思考，不仅会使他的学习成绩大大提高，而且会大大地改善学习方法，提高学习效率。

由此可知，人的兴趣不仅是在学习、活动中发生和发展起来的，而且又是认识和从事活动的巨大动力。它可以使人的智力得到开放，知识得以丰富，眼界得到开阔，并会使人善于适应环境，对生活充满热情。兴趣确实对人的个性的形成和发展起巨大作用。

五、学生良好兴趣的培养

兴趣是一种无形的动力，当我们对某件事情或某项活动有兴趣时，就会很投入，而且印象深刻。每个人都会对他感兴趣的事物给予优先注意和积极的探索，并表现出心驰神往。例如，对美术感兴趣的人，对各种油画、美展、摄影都会认真观赏、评点，对好的作品进行收藏、模仿；对钱币感兴趣的人，会想尽办法对古今中外的各种钱币进行收集、珍藏、研究。那么，怎样培养学生良好的兴趣呢？可以从以下几个方面入手。

（一）在活动中发展学生的兴趣

兴趣只有在活动中才能得到发展。成功的经验是学生兴趣发展的重要途径，教师应在活动中让学生体验到成功的欢乐。学校和教师要为学生创造多种活动的机会，让他们在活动中形成和发展兴趣。首先，在教学中，应调动一切积极手段，让学生在课堂中充分活动；其次，学校应组织各种有趣的游戏、参观、比赛等课外活动，并且把校内活动与校外活动结合起来。

（二）激发和保护学生的有益兴趣

教师要善于激发和保护学生的有益兴趣，把他们的兴趣纳入培养目标、道德纪律和身心健康允许的范围中加以发挥和引导。对于学生从事的一些不利于健康的活动，教师要向他们晓以利害，并用正当的活动替代这些无益的兴趣。

（三）利用原有兴趣的迁移

兴趣的迁移指将已有的兴趣延伸到相关的事物上，对它也发生兴趣。兴趣迁移的条件有三：一是要善于发现学生感兴趣的事物或活动是什么；二是要善于寻找新的事物或活动与原有兴趣之间的相同点；三是要在实际活动中循循善诱，促使学生产生新的认识需要，并指导他们克服困难。

（四）适当的表扬和鼓励，使学生的兴趣得以强化

适当的表扬和鼓励，是强化学生兴趣的有效手段。适当有两个含义：一是以表扬和鼓励为主；二是表扬和鼓励要适度，不可过头和不足。

（五）通过提高教学水平，引发学习兴趣

教师教学的水平，是学生学习兴趣形成的最重要条件。由此，教师要努力提高自身的教学水平，苦练教学基本功；教师可以利用小学生对学习形式变化感兴趣的特点，巧妙地围绕教学内容来变化学习过程，以激发学生的学习兴趣；善于培养良好的师生感情，处理好教与学的各种关系；不断创设问题情景，搞好启发式教学，鼓励学生在学习活动中发挥独立性与创造性，以此引发学生的学习兴趣。

（六）引导学生将广泛兴趣与中心兴趣结合起来

学生随着年龄的增长，兴趣的范围也越来越大，如对不同学科的兴趣、对课外书的兴趣、对课外活动的兴趣、对时事政治的兴趣等。教师应鼓励学生培养多方面兴趣，因为通过广泛的兴趣，才能多方面地获取知识，给自己打下扎实的知识基础。但教师要善于在学生广泛的兴趣基础上，引导他们培养一个中心兴趣，即要求对某一方面进行更为深入的钻研，并使其他各种兴趣都能直接或间接地为它服务。只有把广

泛兴趣与深刻的中心兴趣相结合,兴趣才能更好地发挥其应有的作用。

六、学生学习兴趣的培养

(一)学习兴趣

学生在学习活动中所产生的一种力求认识世界、渴望获得科学文化知识,并带有强烈情绪色彩的心理倾向,就是学习兴趣。

(二)学习兴趣的影响因素

1.事物本身的特性。凡是相对强烈、对比明显、不断变化、带有强烈的新异性与刺激性的事物都会引起人们的兴趣。

2.人们已有的知识经验。对于不具有新意的事物,由于其与人的知识经验之间产生了紧密的联系,并能满足人们获得新知识经验的需求,也将会引起人们的兴趣。

3.人们对事物产生的愉快情感体验。一个人在学习过程中获得别人的承认或内在的满足等积极情感体验,对于其学习的稳定性而言,也会起到很好的强化作用。

(三)学习兴趣的激发和培养

1. 建立积极的心理准备状态

兴趣是可以由自己产生的,兴趣产生的关键是自己要有积极的态度。教师还可以创造性地使用一些教学方法,增加学习内容的趣味性,激发起学生对所学知识积极的心理准备状态。

2. 充分利用本学科的特点优势,激发学生学习兴趣

教师要充分利用本学科的特点优势,使学生在接受教育的同时觉得听课是一种乐趣,是一种艺术享受,因而自觉地学习。

3. 创设问题情境,激发学生学习兴趣

问题情境是指不能直接用已有的知识处理,但可以间接地用已有知识处理的情景。创设问题情境时应注意,问题要小而具体、新且有趣,要有适当的难度,要富有启发性。

教师通过问题情境的创设,实现学生学习兴趣的激发,应注意以下几点:

(1)运用学生已有的知识,通过提问启发性的问题,引发学生的好奇心与求知欲。

(2)教师要熟悉教材,对教材的结构有整体的把握,了解新旧知识之间的关系。

(3)教师应充分了解学生的已有知识经验及其智力发展水平,遵循由简到繁、由易到难、循序渐进的教学过程。

4. 改进教学方法,增强学生学习兴趣

(1)注重改进教学方法,使有趣的内容与枯燥的内容交叉出现,引起学生的学习兴趣。

(2) 使用适合的教学方法化难为易,逐步深化学生的学习兴趣。

5. 依据学习结果的反馈,激发学生进一步学习的愿望

学生及时了解自己的学习结果,如解题的正确率、学习成绩的好坏、应用知识的成效等,可以强化学习动机和兴趣,激发进一步学习的愿望。

除此之外,激发需要、明确目的、积极的鼓励、适当的竞赛、教师的期望、教师自身对学科的兴趣和热情等,都可以提高学生的学习兴趣。

第五节 信念和价值观

一、信念

信念是坚信某种观点的正确性,并支配自己行动的个性倾向。信念表现为个人确信某种理论、观点或某种事业的正确性和正义性,对它抱有确信无疑的态度,并且力求加以实现。信念不单纯是认识,而且富有深刻的情绪体验。信念是知、情、意的高度统一体,认知上坚信、情感上认同、意志行动上坚忍。

信念与想法、愿望最大的区别就在于它的坚定性、不可动摇,是认识、情感和意志的融合和统一。"我想创业"或者"我要创业"这仅仅是个念头或者愿望,是信念的最初形式。只要当它们有了强大的力量支撑,转化为"我一定会创业成功"时,信念才算真正产生。

信念具有稳定性。信念确立后就有很大的稳定性,比较难以改变。一个人确立了某种信念,只有通过反复实践证实并确认是错误时,才有可能改变。信念使个性稳定而明确,并且具有主动性和积极性。历史上无数革命先烈和英雄人物,出于对事业的坚定信念,抛头颅、洒热血,建立了可歌可泣的业绩。

二、价值观

(一) 价值观的定义

价值观是指个人对客观事物(包括人、物、事)及对自己的行为结果的意义、作用、效果和重要性的总体评价。价值观是人用于区别好坏,分辨是非及其重要性的心理倾向体系。

这个定义包含着判断的成分,这些成分反映了一个人关于正确与错误、好与坏、可取与不可取的观念。

价值观包括内容和强度两种属性。内容属性告诉人们某种方式的行为或存在状态是重要的,强度属性表明其重要程度。当我们根据强度来排列一个人的价值观时,就可以获得一个人的价值系统。每个人的价值观都是一个层次,这个层次形成了每个人的价值系统。这个系统通过我们赋予自由、快乐、自尊、诚实、服从、公平等观念的相对重要性而形成层次。

(二)价值观的特征

1. 稳定性和持久性

价值观具有相对的稳定性和持久性。在特定的时间、地点、条件下,人们的价值观总是相对稳定和持久的。比如,对某种人或事物的好坏总有一个看法和评价,在条件不变的情况下,这种看法不会改变。

2. 历史性与选择性

在不同时代、不同社会生活环境中形成的价值观是不同的。一个人的价值观是从出生开始,在家庭和社会的影响下逐步形成的。一个人所处的社会生产方式及其所处的经济地位,对其价值观的形成有决定性的影响。当然,报刊、电视和广播等宣传的观点以及父母、老师、朋友和公众名人的观点与行为,对一个人的价值观也有不可忽视的影响。

3. 主观性

主观性指用以区分好与坏的标准,是根据个人内心的尺度进行衡量和评价的。这些标准都可以称为价值观。

(三)价值观的作用

价值观对动机有导向的作用,人们行为的动机受价值观的支配和制约,价值观对动机模式有重要影响。在同样的客观条件下,具有不同价值观的人,其动机模式不同,产生的行为也不相同。动机的目的方向受价值观的支配,只有那些经过价值判断被认为是可取的,才能转换为行为的动机,并以此为目标引导人们的行为。

价值观反映人们的认知和需求状况,是人们对客观世界及行为结果的评价和看法,因而,它从某个方面反映了人们的人生观和世界观,反映了人的主观认知世界。

三、信念系统

信念、价值观和规条统称"信念系统",它是一个人的人生观、意念行为的思想基础。信念:认为事情应该是怎样的,是我们对世界的认知,也即主观的法则。价值:做或不做一件事的理由,它是推动一个人行动的重要因素。规条:实现信念、取得价值的已知的最有效率方法,会被重复地运用。

信念系统有个外壳就是态度。所以只有当一个人的信念、价值观和规条有所改变的时候,他的态度才会改变。一个人的信念系统加上态度,就是这个人的性格。一个人在出生的时候是没有信念系统的,所有的信念、价值观和规条,都是在他成长的过程中经由生活体验而产生的。因为永远都有新的生活体验,所以一个人的信念系统也不会停留在静止状态,而是不断地处在改变之中。因此,一个人的性格是可以改变的,也因为没有两个人的全部生活经验都会一样,所以,没有两个人的信念系统是一样的。信念系统是生活经验总结出来的处事模式。因为信念系统的存在,我们可以运用过去的经验有效率地处理当前情况。所有人的内心困惑,都是来源于一些信念、价值观和规条的冲突;而人与人之间的冲突,也是起源于两者内心的信念、价值观和规条的冲突。

思考题

1. 个性的特征包括哪些方面?
2. 需要的分类有哪些?
3. 马斯洛需要层次理论的基本观点是什么?
4. 如何引导和培养学生的需要?
5. 动机的作用和种类是什么?
6. 影响成就动机的因素有哪些?
7. 兴趣的品质和兴趣的作用是什么?
8. 如何引导和培养学生的良好兴趣?
9. 如何培养学生的学习兴趣?
10. 价值观的特点和作用是什么?

第十一章

个性心理特征

> 播下一种行动,你将收获一种习惯;播下一种习惯,你将收获一种性格;播下一种性格,你将收获一种命运。
>
> ——(瑞士)荣格(Carl Jung)

▶ **本章要点提示**

- 能力
- 气质
- 性格

第一节 能力

一、能力概述

(一)能力的定义

能力是直接影响活动效率的心理特征,是完成某种活动必备的、最基本的条件。能力的高低会影响一个人掌握某种活动的快慢和巩固程度。

能力和活动紧密联系着。一方面,人的能力是在活动中形成、发展和表现出来的;另一方面,从事某种活动又必须以一定的能力为前提。掌握活动的速度和成果的质量被认为是能力的重要标志。苏联心理学家克鲁捷茨基(Vadim Krutetsky)指出:"如果一个人能迅速地完成某种活动,并比其他人较易于得到相应的技能和达到熟练程度,取得比中等水平优越得多的成果,那么这个人就被认为是有能力的。"成功地完成某种活动所需要的因素是多方面的,能力是个人成功地完成某种活动的必要条件,而不是唯一的条件。个人的知识经验、活动动机和身体健康状况等都是完成活动所必需的,所以能力是成功地完成某种活动所必须具备的个性心理特征。

能力有两种含义:其一是指个人现在实际"所能为者";其二是指个人将来"可能为者"。个人"所能为者"是指一个人的实际能力。例如,一分钟内能打出60个英文单词,会开飞机,能讲几种外语等。个人"可能为者"是指一个人的潜在能力,它不是指已经发展出来的实际能力,而是指可能发展的潜在能力。实际能力和潜在能力密切地联系着。潜在能力是实际能力形成的基础和条件,实际能力是潜在能力的展现。

(二)才能与天才

人要顺利完成某种活动,必须综合多种能力才能实现。多种相关能力的有机结合或完备结合称为才能。教师要圆满完成教学活动,就必须具备八种基本能力:组织教材能力、记忆力、逻辑思维能力、口头表达能力、观察力、注意分配能力、板书能力以及课堂管理能力。

天才是才能的高度发展,它是多种能力最完备的结合,表现为某人能够独立、创造性地完成某些活动。天才是在良好素质基础上,通过后天环境和教育影响,加上个体在生活实践中艰苦努力发展起来的。如马克思、爱因斯坦等都是天才人物,他们的共同特征是能够高效率、创造性地解决前人未曾解决的问题,无论是一般能力,还是特殊能力,都达到了创造性水平。

需要指出的是,一个人的单一能力即使达到很高的发展水平,也不能称为天才,只能称为"偏才"。天才不是先天资质的结果,先天资质只是天才形成的基础,多种才能的培养离不开后天环境、教育和训练等因素,同时还需要自己的主观努力以及社会的进步和时代发展的要求。

(三)能力与知识和技能

能力的发展是在知识、技能掌握与运用的过程中逐渐完善的。知识的获得依赖学习,而技能的掌握依赖练习,离开学习与练习,能力不会得到发展。因此,能力在一定程度上决定着个体在知识和技能掌握上所取得的成就。

能力、知识和技能三者之间虽紧密联系,但也有重要的区别,从范畴、概括水平和发展水平角度可以对它们进行分析。

1. 能力、知识和技能的相互区别

(1)能力和知识技能属于不同的范畴

能力是指一个人能够顺利完成某种活动并直接影响活动效率所必备的个性心理特征。知识是人类社会历史经验的总结和概括。例如,关于音程、和弦、音阶等的概念和理论属于知识范畴,而听音、辨音、节奏感和曲调感等属于能力范畴。又如,证明几何题时,所用的公理、定理和公式等属于知识范畴。而证题过程中思维的严密性和灵活性等属于能力范畴。技能是个体在获得知识的基础上运用某种活动方式,例如动作方式或智力活动方式。感知、记忆、思维活动和肌肉活动等构成技能形成与发展的必要环节,所以技能是心理活动方式的范畴。举例来说,要理解一个数学公式,那些与数学任务有关的感知、记忆、想象和思维方式可归为技能的范围;而推导这一公式的步骤、推导过程中需要运用其他公式或原理,都属于知识范围;在推导过程中的思维分析以及概括等,则属于能力范围。

(2)能力和知识、技能具有不同的概括水平

能力是对人的认知活动与行为方式较高水平的概括,知识是对客观事物或现象的本质属性、内在联系与相互关系的抽象概括和体系化,技能是对动作方式或操作程序的具体概括。能力、知识和技能三者虽然都可以单独作为一种概括体系,但水平存在着明显差异。知识和技能虽具有概括性,但对某些知识或某种技能来说,仍比较具体;而能力是对个体心理活动过程、活动方式和知识获得的概括,相对来说比较抽象。

(3)能力、知识和技能的发展水平不同步

相对来说,知识的获得要快些,技能需要有个练习过程,能力的形成与发展比知识和技能的掌握要晚,而且不是永远随知识的增加而呈正比发展的。人的知识在一生中可以随年龄增长而不断地积累,但能力随年龄的增长,是一个发展、停滞和衰退的过程。另外,在不同人身上可能具备相同水平的知识、技能,但能力却不一定相同。一般来说,学习成绩好的学生,智力水平可能比较高;但两个学习成绩同样优异的学生,一个可能是因才能出众,另一个则可能是勤奋所致。

2. 能力与知识、技能的联系

尽管能力与知识、技能之间存在着区别,但它们是相辅相成的。能力既是获得和掌握知识技能的前提,又是获得和掌握知识技能的结果。技能是知识转化为能力的中间环节;知识的掌握要以能力为前提,能力是掌握知识的内在条件和可能性;知识和能力是掌握技能的前提,它们制约着技能形成和掌握的快慢、深浅和巩固程度。

正确理解能力和知识、技能的区别和联系,有利于鉴别与培养人才。能力有别于知识、技能,而且能力的提高,既可以通过个体现有的知识、技能反映出来,又可以作为潜在的可能性蕴含而不表现出来。因此,不能仅依据知识和技能的现状来评价某人的能力或选拔人才,否则就容易做出错误判断;同样,也不能仅以知识、技能的传授来代替能力的形成与发展的培养,否则将出现"高知低能"或"高分低能"的倾向。能力与知识、技能又具有紧密联系,因此,要发展能力,就应从掌握知识、技能入手。当然,在掌握知识、技能的同时,也应关注能力的培养。只有这样,能力才会随着知识与技能的增长而发展。

二、能力的种类和智力理论

(一)能力的种类

人的能力种类很多,可以从不同的标准对能力进行分类。

1. 一般能力和特殊能力

按照能力的活动领域不同,可以把能力分为一般能力和特殊能力。

(1) 一般能力

一般能力又称智力,指个体从事各种活动中共同需要的能力,是在各种活动中共同具有的最基本能力。适用于广泛的活动范围,符合多种活动的要求,并保证人们比较容易和有效地掌握知识。一般能力和认识活动紧密地联系着。观察力、记忆力、注意力、想象力和思维力都是一般能力。

(2) 特殊能力

特殊能力又称专门能力,指为某项专门活动所必需的能力。它只在特殊活动领域内发生作用,是完成有关活动必不可少的能力。一般认为数学能力、音乐能力、绘画能力、体育能力、写作能力等都是特殊能力,一个人可以具有多种特殊能力,但其中有一两种特殊能力占优势。研究表明,一种特殊能力包含有多种成分,其中各种成分对活动的作用是不同的。例如,音乐能力包括音乐感知能力、音乐记忆及想象能力、音乐情感能力和音乐动作能力。这些能力使人们成功地完成音乐活动,但一些人可能音乐情感能力占优势,另一些人可能音乐记忆能力占优势,这些要素的不同组合,就构成各种独特的音乐才能。

一般能力和特殊能力密切地联系着。一般能力是各种特殊能力形成和发展的基础,一般能力的发展为特殊能力的发展创造了有利的条件;特殊能力的发展同时也会促进一般能力的发展。要成功地完成一项活动,既需要具有一般能力,又需要具有与某种活动有关的特殊能力。在活动中,一般能力和特殊能力共同起作用。

2. 认知能力、操作能力和社交能力

按照能力表现形态的不同,可以把能力分为认知能力、操作能力和社交能力。

(1) 认知能力

认知能力指接收、加工、储存和应用信息的能力。它是人们成功完成活动最重要的心理条件。知觉、记忆、注意、思维和想象的能力都被认为是认知能力。美国心理学家加涅(R. M. Gagne)提出3种认知能力:言语信息(回答世界是什么的问题的能力);智慧技能(回答为什么和怎么办的问题的能力);认知策略(有意识地调节与监控自己的认知加工过程的能力)。

(2) 操作能力

操作能力指操纵、制作和运动的能力。劳动能力、艺术表现能力、体育运动能力、实验操作能力都被认为是操作能力。操作能力是在操作技能的基础上发展起来,又成为顺利地掌握操作技能的重要条件。

认知能力和操作能力紧密地联系着。认知能力中必然有操作能力,操作能力中也一定有认知能力。

(3) 社交能力

社交能力指人们在社会交往活动中所表现出来的能力。组织管理能力、言语感染能力等都被认为是社交能力。在社交能力中包含有认知能力和操作能力。

3. 模仿能力和创造能力

按照能力参与活动性质的不同,可以把能力划分为模仿能力和创造能力。

(1)模仿能力

模仿能力又称再造能力,是指通过观察别人的行为和活动来仿效他人言行举止,然后以相同方式做出反应的能力。例如,成年人学画、习字时的临摹,儿童模仿父母的说话、表情等。美国心理学家班图拉(A. Bandura)认为,模仿是人们彼此之间相互影响的重要方式,是实现个体行为社会化的基本历程之一。他指出,通过模仿能使原有的行为巩固或改变,使原来潜伏的行为表现出现,习得新的行为动作。

(2)创造能力

创造能力是指个体不受成规的束缚而能够灵活运用知识经验,产生、出现或创造出具有社会价值的、独特的新思想和新事物的能力。创造能力是成功完成某种创造性活动所必需的条件,在创造能力中创造思维和创造想象起着十分重要的作用。美国心理学家吉尔福特(J. P. Guilford)等人认为,分散思维表现于外部行为就代表个人的创造能力。重视分散思维在创造能力结构中的作用,并不阻碍集中思维的作用。人们在进行创造思维时,整个过程反复交织着分散思维和集中思维。

一般认为,创造能力包含独特性和有价值性两个基本特征,但人们对这两个基本特征的看法有不同的意见。例如,黑菲伦(J. W. Haefele)等人认为,创造是提供对整个社会来说独特而有社会意义的活动,人具备了这种能力才能说有创造能力。罗杰斯等人则认为创造的独特性和有价值性的标准应该是创造者自己,不必上升到社会的高度。

模仿能力和创造能力相互联系、相互渗透。创造能力是在模仿能力的基础上发展起来的。人们一般总是先模仿,然后创造,从模仿到创造。模仿可以说是创造的前提和基础,创造是模仿的发展。把能力划分为模仿能力和创造能力是相对的,模仿能力中包含有创造能力的成分,创造能力中包含有模仿能力的成分。

(二)智力理论

1. 智力的定义

人类智力问题是一个十分复杂的问题,理论界至今尚未取得共识。有人认为智力是适应环境的能力,是学习的能力;或是抽象思维的能力;或是一种学习的潜在能力;或是有效处理周围事物的一种潜能;或是解决问题所需的各种能力;或是从事艰难、复杂、抽象、敏捷和创造性活动以及集中精力保持情绪稳定的能力;或是有目的的行动、合理思维和有效处理环境的总能力;或是个人的抽象思维能力、学习能力和解决问题能力的总称。

尽管有关智力的定义众说纷纭,但分析一下仍可找到它们之间的共性,即各种观点都认为智力是一种潜在的、偏重于认识方面的能力,抽象思维在其中占重要地位。

因此，我们把智力确定为以抽象思维能力为核心的多种认识能力（观察、记忆、注意、想象等）的综合。

2. 智力的理论

(1) 因素说

因素说是研究智力构成要素的学说。

① 特殊因素说

美国心理学家桑代克（Edward Thorndike）于19世纪末20世纪初提出智力是由许多特殊能力组成的，这些特殊能力包括填句（C）、算术推理（A）和领会指标（D）。

② 二因素说

英国心理学家斯皮尔曼（Charles Spearman）于1904年提出智力的二因素理论，认为智力是由贯穿于所有智力活动中的普遍因素（G）和体现在某一特殊能力之中的特殊因素（S）组成。人们在完成任何一种作业时，都有G和S两种因素参加。G因素参加所有的智力活动，S因素只参与一种智力活动。智力是单一的一般因素和一系列特殊因素的统一。两种因素的关系可以用图11-1来表示：

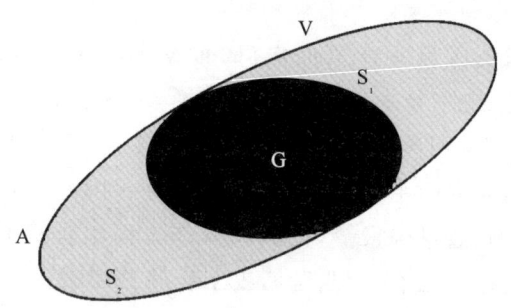

图 11-1　斯皮尔曼的二因素说

③ 多因素说

美国心理学家凯利（George Kelly）和瑟斯顿（Louis Thurstone）于20世纪三四十年代提出智力结构的群因素理论。瑟斯顿运用多因素分析方法，提出了智力的多因素观点。他提出智力是由语词流畅（W）、语词理解（V）、空间能力（S）、知觉速度（P）、计算能力（N）、推理能力（R）和记忆能力（M）7种基本心理能力构成，各基本能力之间彼此独立，它们之间的不同搭配构成了每个人独特的智力结构。

(2) 结构说

结构说强调智力是一种结构，那么智力究竟是什么样的结构呢？

① 三维结构说

美国心理学家吉尔福特认为，智力活动区分出三个维度：第一维是操作，即智力实现的过程或方式；第二维是内容，即智力操作的对象；第三维是产物，指智力实现的结果。这三个维度的各个成分可以组成一个三维智力结构模型：

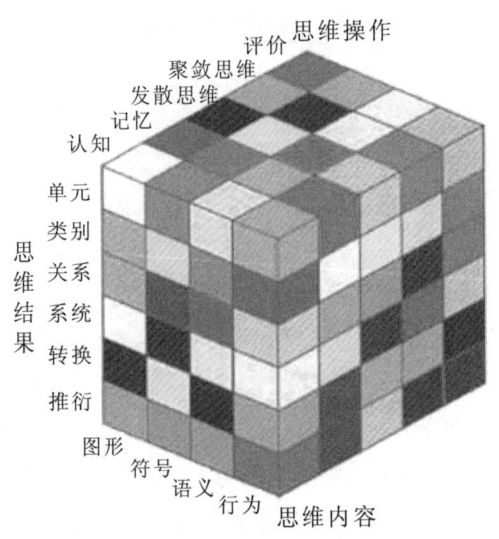

图 11-2 三维智力结构模型

② 层次结构模式

20 世纪 60 年代,英国心理学家弗农(P. E. Vernon)提出了智力层次的因素理论。他继承和发展了斯皮尔曼的智力二因素理论,认为智力是按等级层次组织起来的,最高层次是一般因素,相当于斯皮尔曼的 G 因素;第二层是言语和教育方面的因素、机械和操作方面的因素两个大因素群;第三层是小因素群,如言语和教育方面的因素又可分为言语理解、数量因素等,机械和操作方面则有机械信息、空间能力和手工操作等;第四层次是特殊因素,相当于斯皮尔曼的 S 因素。

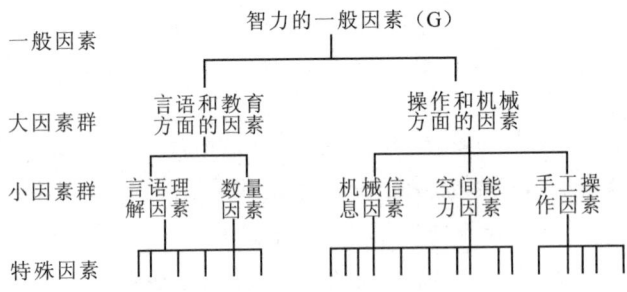

图 11-3 弗农的智力层次结构模式

③ 二维结构模式

美国心理学家施莱辛格(I. M. Schlesinger)和格特曼(L. Guttman)于 1969 年提出了二维结构模式,认为智力的第一维是言语、数和形的能力,用直线表示其范围;第二维是规则应用能力、规则推理能力和学校各学业测验成绩,用曲线表示其范围。

(3)皮亚杰的智力理论

皮亚杰始终坚持心理的机能是适应,智力是对环境的适应的观点,认为智力的本质是适应,使个体与环境取得平衡。这种适应不是被动的、消极的,而是主动的、积极的。

皮亚杰明确提出,智力是一种主动的、积极的结构。这种智力结构的发展经历四个阶段:感知运动阶段(0~2岁)、前运算阶段(2~7岁)、具体运算阶段(7~11岁)、形式运算阶段(11~15岁)。

(4)信息加工理论的智力观

20世纪80年代初,詹森(A. R. Jensen)进一步阐述了反应时与信息加工过程之间的关系,提出树形结构模型。他认为大脑皮质中等距排列着众多物理刺激反应中枢,外界刺激通过特定神经通道的传递,激活大脑皮质中的特定反应中枢,然后由中枢做出特定反应。在此树形结构中,影响个体反应的因素有二:外界刺激强度和神经通路上各个关节点的激活阈限。在外界刺激程度相当的条件下,个体神经能关节点的阈限越低,所需反应时就越短,个体智商也就越高。

(5)PASS理论

加拿大心理学家戴斯(J. P. Das)及他人于1990年提出PASS智力模型。他们把信息加工理论、认知研究的新方法与智力研究的因素分析方法相结合,通过大量的实验研究,探讨了智力活动中的信息加工过程,并以苏联心理学家鲁利亚(Alexander Luria)的大脑三级功能区学说为理论基础,提出了人类智能活动的三级认知功能系统的智力模型,即计划—注意—同时性加工—继时性加工模型,即PASS模型。

戴斯认为,智力有三个认知功能系统:(1)注意—唤醒系统,在智力活动中起激活和唤醒的作用。(2)同时—继时编码加工系统,负责对外界刺激信息的接收、解释、转换、再编码和存储,是智力活动中主要的信息操作系统。(3)计划系统,负责认知过程的计划性工作,确定目标、制定和选择策略,对操作过程进行控制和调节,对注意—唤醒系统和编码加工系统起监控和调节作用。计划系统是整个认知功能系统的核心。

(6)智力理论研究的新进展

20世纪80年代以后,智力理论研究新进展的主要特点是心理学家将传统的智力理论与认知心理学观点结合起来探索智力的实质,比较有代表性的心理学家有卡罗尔(J. B. Carroll)、斯滕伯格(Robert Sternberg)和加德纳(Howard Gardner)等人。

卡罗尔1981年提出智力由10种认知成分组成。这些成分有监控、注意、知觉、综合、编码、比较、共同表征形式、共同表征检索、转化、反应执行。

斯腾伯格提出智力三元理论,他认为人的智力包括三个部分:成分智力、情境智力和经验智力。成分智力揭示智力活动的内在心理结构,指思维和问题解决所依赖的心理过程,主要有三种重要的成分对信息进行加工:①知识获得成分,主要用于学习新的事实;②操作成分,作为问题解决的策略和技巧;③元认知成分,主要用于策略选择。情境智力阐明智力与环境的关系,指在日常情境中具有适应当前环境、选择新环境和改变旧环境的能力。经验智力诠释智力与个人经验的关系,是个体在极端情况下处理问题的能力,特别是处理新情境的能力,以及处理常规性问题的能力。

美国心理学家加德纳于1983年提出多元智力理论。该理论认为,智力"是在某种社会和文化环境的价值标准下,个体用以解决自己遇到的真正难题或生产及创造出某种产品所需要的能力"。智力的内涵是多元的,由8种相对独立的智力成分所构成。每种智力都是一个单独的功能系统,这些系统可以相互作用,产生外显的智力行为。这8种智力是:(1)言语智力,渗透在所有语言能力之中,包括阅读、写文章以及日常会话能力。(2)逻辑—数学智力,包括数学运算与逻辑思维能力,如做数学证明题及逻辑推理。(3)空间智力,包括导航、认识环境、辨别方向的能力,比如查阅地图和绘画等。(4)音乐智力,包括对声音的辨别与韵律表达的能力,比如拉小提琴或作曲等。(5)身体运动智力,包括支配肢体完成精密作业的能力,比如打篮球、跳舞等。(6)人际智力,包括与人交往且能和睦相处的能力,比如理解别人的行为、动机或情绪。(7)内省智力,对自身内部世界的状态和能力具有较高的敏感水平,包括认识自己并选择自己生活方向的能力。(8)自然智力,这主要指认识动物、植物和自然环境其他部分(比如云或岩石)的能力。

3. 多元智力理论的发展对教学观的影响

(1)积极乐观的学生观

多元智力理论认为,每个人都同时拥有相对独立的上述7种智力。这7种智力在个体身上的不同组合使得每个人的智力都有独特的表现方式和特点,所以我们很难找到适用于任何人的统一评价标准来评价一个人的聪明与否、成功与否。正如我们无法指出如丘吉尔(Winston Churchill)、莫扎特(Wolfgang Mozart)、爱因斯坦、毕加索(Pablo Picasso)、迈克尔·乔丹(Michael Jordan)、柏拉图和马丁·路德·金(Martin Luther King)谁更聪明、谁最成功,我们只能说他们各自在哪个方面聪明、在哪个方面成功,以及他们各自怎样聪明、怎样成功。因为我们不能说上述7种智力哪一种重要、哪一种不重要,它们在个体的智力结构中都占有重要的位置,处于同等重要的地位,只不过表现的程度和方面不一样而已。

(2)不拘一格的人才观

加德纳认为学生与生俱来各不相同,他们都没有相同的心理倾向,也没有完全相同的智力。但学生都具有自己的智力强项和学习风格,如果考虑这些差异,考虑学生个人的强项而不是否定或忽视这些强项的话,如果教育以最大程度的个别化方式来进行,那么,教育就会产生最大的功效。

(3)灵活多样的评价观

加德纳提出建立以个人为本的评价。按照他的观点,每个人在现代社会里都能摸索到各自成功的道路,没有任何人可以指手画脚,用他们自己的标准裁定谁有前途谁没有前途。他认为人各有其聪明之处,因而简单地说某人聪明与否没有意义,应该问其聪明在何处。

(4)对症下药的施教观

有智力特长的学生不适于在教室中跟班学习,可以像大学教师带研究生一样进行"学徒制"式学习。

三、智力测验

智力测验是确定个体间智力方面差异的心理测验,又称普通能力测验。测验有不同的分类,有个别智力测验和团体智力测验、言语智力测验和非言语智力测验。

智力测验最早孕育于英国,盛行于法国。19世纪60年代,英国科学家高尔顿就开始研究智力的个别差异及其测量。1905年,第一个智力测验量表即比纳—西蒙量表问世。后来,智力测验盛行于美国,传播于全世界。

下面简要介绍几个比较著名的、适用于小学生的智力测验。

(一)比奈—西蒙量表

1905年,法国心理学家比奈(A. Binet)和其助手西蒙(T. Simon)编制了世界上第一个智力测验,即著名的比奈—西蒙量表。该量表含30个项目,由易到难排列,用通过项目数的多少作为鉴别智力高低的标准。

(二)斯坦福—比奈智力量表

1916年,美国心理学家斯坦福大学教授推孟(Lewis Terman),对比奈—西蒙量表进行了修订。修订后的量表称为斯坦福—比奈智力量表,共由90个项目组成,对项目的施测程序和记分标准做了详细的规定。此外还提出比率智商的概念,即智商等于受试者的心理年龄除以其生理年龄并乘以100。

比奈—西蒙量表于1922年传入我国。经过我国心理学家的多次修订,现行中国比奈—西蒙量表由吴天敏教授于1981年第三次修订,适用年龄为2~18岁,共51个测题。

(三)瑞文测验

智力测验从方式上分类,有文字测验、非文字测验及混合测验三类。韦氏智力测验和比奈测验都属于混合测验,瑞文测验则是纯粹的非文字智力测验,是英国人瑞文(J. C. Raven)在1938年设计的一个智力量表。这是一套使用方便、用途广泛的智力测量工具,至今仍为国际心理学界和医学界所使用。由于该测验是非文字的,因而测验的结果较少受特殊文化背景因素的影响,心理学家们尤其喜欢采用这个测验作为跨文化研究的工具。

瑞文测验按其原名可以译为"渐近性矩阵图"。整个测验一共由60张图案组成,按逐步增加难度的顺序分成A、B、C、D、E 5组。每组都有一定的主题,题目的类型略有不同。从直观上看,A组主要测知觉辨别力、图形比较、图形想象力等;B组主要测类同、比较、图形组合等;C组主要测比较、推理和图形组合;D组主要测系列关系、图形套合、比拟等;E组主要测互换、交错等抽象推理能力。可见,各组要求的思维操作水平也是不同的。测验通过评价受测者的这些思维活动来研究他的智力活动能力。每一组中包含有12个题目,也按逐渐增加难度的方式排列,分别编号为 A1、A2……A12,B1、B2……B12等。每个题目由一幅缺少一小部分的大图案和作为选项的6～8张小图片组成(A组和B组有6张,C组以后有8张),小图片用数字分别标号。测验中要求受测者根据大图案内图形间的某种关系——这正是需要受测者去思考、去发现的,看小图片中的哪一张填入(在头脑中想象)大图案中缺失的部分最合适。

瑞文测验既可以用于个别测验,又可以用作团体施测。施测很简单,每个受测者发一张量表和一张答卷纸即可。指导语也十分简单。在对聋哑儿童施测时,只需用 A1 做一下示范就行。开头说明后,受测者即可自己进行下去。测验一般没有时间限制,但在必要时也可限制时间。比如,用幻灯机投影或计算机来呈现图片,即限制了时间。在个别测验时,如果记下受测者所需要的时间并分析其错误的特性,还可以有助于了解受测者的气质、性格和情绪等方面的特点。

(四)韦氏儿童智力量表

韦氏儿童智力量表(Wechsler Intelligence Scale for Children,简称 WISC)由美国心理学家韦克斯勒(David Wechsler)编制,1949年出版。1974年他对 WISC 进行了修订,发表了儿童智力测验量表修订本(WISC-R)。这是继比奈—西蒙量表以后在世界上影响最大、应用最广泛的儿童智力量表。

韦氏儿童智力测验中国修订本(简称 WISC-CR)是1979年由林传鼎教授和张厚粲教授主持修订的。在修订项目时遵循的基本原则是:测题要适合中国儿童特点;改动的测题尽可能与原题性质类似,难度接近。WISC-CR 与 WISC-R 在项目数量上相同,但由于我国幅员广大,城乡差别很大,故取样只在大、中城市进行,因此,测验只适用于中等以上城市的6～16岁的儿童。

WISC-CR 包括12个分测验,这12个分测验又分为言语测验和操作测验两大类。言语测验由常识、类同、算术、词汇、理解、数字广度等6个分测验组成,操作测验由图画补缺、图片排列、积木图案、物体拼凑、译码、迷津等6个分测验组成。前10个测验是必做的,数字广度测验和迷津测验作为备用测验。备用测验可在某一同类测验(言语测验和操作测验)因故失效后使用,但迷津测验可替换译码测验,备用测验的分数不用于计算智商。

具体计算方法是先把所有分测验的原始分数化成平均数为10、标准差为3的标准分数。然后,分别把5个言语测验和5个操作测验标准分数相加,可得到言语量表分数和操作量表分数;再把二者相加,得到全量表总分。最后,参照受测者所属年龄组的常模,将上述三种分数转换成平均数为100、标准差为15的离差智商分数,便得其言语智商、操作智商和总智商。受测者的离差智商分数表明他在同年龄组中的相对位置。还可以根据各测验项目的得分画出智力剖面图,对智力的各个侧面进行比较,以诊断其智力。

韦氏儿童智力量表举例：

(1)言语量表

A. 常识:为一系列儿童在日常生活中常碰到的问题,如"太阳从哪里升起"。

B. 类同:要求儿童概括出一系列对词在什么地方相似,如"船和汽车什么地方相似"。

C. 算术:要求儿童心算小学程度的某些算术题,从简单的计数到较难的心算和推理题,共18题。

D. 词汇:要求儿童回答词的一般含义。如"什么是自行车"等,共32个词,按由易到难的顺序排列。

E. 理解:要求儿童对题目中的问题进行解释和回答。如"为什么不应该浪费燃料""寄信为什么要贴邮票"等17个问题。

F. 数字广度:向儿童念出一系列不断增加长度的数字,要求儿童正背或倒背。

(2)操作量表

G. 图画补缺:给儿童呈现26张未完成的图画,要求儿童指出图中缺少的部分。

H. 图片排列:有12套图片,每套3～5幅不等,以打乱的次序呈现给儿童,要求儿童按讲得通的逻辑排好。

I. 积木图案:给儿童1套9块立方体积木,各面涂有红、白、半红半白的颜色,然后要求儿童能按实验者给他的样子摆出来。

J. 物体拼凑:由4套图形拼版组成,或是物体,或是人物,把拼版交给儿童,让他拼成物体或人。

K. 译码:分两种,A型是"图形对符号",用于8岁以下的儿童;B型是"数字对符号",用于8岁及8岁以上的儿童。这个测验要求儿童按照所给的样子,把符号填入相应的数字(或图形)之下,既正确又迅速。

L. 迷津:一共有9个简单至复杂的迷津,要求儿童用铅笔正确地画出通向出口的路线。

(五)智力测验的功能与限制

1. 功能

第一,智力测验作为一种方法,在诊断大脑机能障碍和精神疾病方面具有重要作用。

第二,能力测验在选拔人才、帮助学生正确择业方面具有重要作用。例如可以通过各种能力测量预测个体从事某种职业的适应性。

第三,能力测量有助于教师辨别学生的能力特点,正确组织教育、教学过程,有利于发现学生特殊才能,因材施教,促进早出人才、出好人才。但能力测验也有其局限性。

2. 限制

(1)不能以一次智力测验确定智力水平,因为,首先,测验有误差,智力测验受物理环境、人文环境、身体状况、心情动机等因素影响;其次,人的一生中智商会发生许多变化,智力测验结果在短期内有预见性,时间越长预见性越差。

(2)智力测验要为智力开发服务,测验目的不是给每个人贴上智力高低的标签,而是更好地为开发人类智力服务,应使智力测验有助于因材施教,使教育措施更符合儿童个体的需要。

四、智力发展

人的智力随着年龄的增长而发展变化着,但是智力是如何变化的?智力是等速发展还是变速发展的?智力发展有高峰期吗?智商的稳定性与可变性如何?研究者对这些问题提出了自己的看法。

(一)智力发展的一般趋势

有关智力发展的一般趋势,不同的研究者有着不同的看法。

推孟认为儿童的智力发展在10岁前呈一条直线,超过这个年龄开始减缓,18岁停止生长。

贝利(N. Bayley)用贝利婴儿智力量表、斯坦福—比奈量表、韦氏成人智力量表对同一组参与者进行了长达36年的追踪研究,发现智力测验分数在13岁以前呈直线上升趋势,以后逐渐减缓,到25岁时达到高峰,25～36岁保持发展水平,36岁以后智力有所下降,到60岁以后智力迅速衰退。

美国心理学家布鲁姆(Benjamin Bloom)研究认为,如果把17岁时达到的智力水平看作为100,那么儿童智力的发展在4岁以前完成了50%,4～8岁完成30%,9～17岁完成20%。

(二)智力发展的个别差异

1. 智力类型差异

从前文对智力观和智力理论的描述中,我们知道构成智力的因素有很多;不同的个体在不同智力因素的表现上是有差异的,如言语能力、思维能力、想象能力、记忆能力、观察能力、操作能力等方面,这就表现为智力发展的类型差异,这是个体智力发展在质上的差异。在小学儿童中,有的儿童擅长言语表达,是言语表达型的;有的儿童记忆能力超群,是记忆型的;还有的儿童操作能力很强,是操作型的;有的儿童擅长抽象思维,是抽象思维型的;等等。了解小学生在智力类型上的差异,有助于教师更好地开展针对个别差异的教学,使小学生获得更好的智力发展环境,促进其智力的发展。不过并不是每个儿童都有典型的某一类型的特点,多数小学生的智力类型是属于混合型的。

2. 智力发展水平的差异

由于智力水平在某种角度上可以通过智力测验的分数来体现，因此，个体智力水平上的差异可以表现为人与人之间智商水平的差异。如，同龄儿童在智力测验中，一个测得的智商是95，而另一个则是120，由此看出两者的智力差异。智力的发展在全人口中呈常态分布（两头大，中间小），莫扎特智商165，达·芬奇（Leonardo da Vinci）180，牛顿190，歌德210。

推孟曾按智商的高低将智力分为九类，见表11-1：

表11-1 推孟对智力的分类

智商	类别
140以上	天才
120～140	极优
110～120	优秀
90～110	中智
80～90	迟钝
70～80	近愚
50～70	愚鲁
25～50	痴愚
25以下	白痴

资料来源：刘金花.儿童发展心理学[M].修订版.上海：华东师范大学出版社，2006.

韦克斯勒参照推孟的分类，提出了自己的分类。从类别上看，两者十分一致，只是在某些智商区间划分上有一些不同，主要表现在智商分类的两端（见表11-2）。

表11-2 韦克斯勒对智力的分类

IQ	类别	理论正态曲线（百分比）	实际样组（百分比）
130以上	极优秀	2.2	2.3
120～129	优秀	6.7	7.4
110～119	中上（聪颖）	16.1	16.5
90～109	中等（一般）	50	49.4
80～89	中下（迟钝）	16.1	16.2
70～79	低能边缘	6.7	6.0
70以下	智力缺陷	2.2	2.2

资料来源：刘金花.儿童发展心理学[M].修订版.上海：华东师范大学出版社，2006.

韦克斯勒的智力分类较明显地按同龄群体智力发展的水平，将儿童划分为智力超常、智力中等和智力缺陷三类。多数儿童属于智力中等水平，超常儿童和低常儿童占少数。不过这种智力分布是针对自然人群而言的，对正常学校的小学生智力水平而言，并不非常适用，因为一般智力缺陷的儿童可能并未进入正常学校学习，而是去了特殊学校，因此，小学儿童智力水平的分布以中等和中等以上者居多。相对于智力中等或偏上的儿童,分布于两端的儿童更需要特殊的教育和指导。

3. 表现早晚的差异

在上文中我们知道,个体智力发展在整个童年中期,即小学时期呈上升发展的趋势。但每个人在发展的时间上是有差异的,有的人发展得较早,有的人发展得较晚,也就是俗称的"早慧"和"晚熟"。才华早露者,如唐初的王勃,10岁能作诗;奥地利音乐家莫扎特,5岁开始作曲,6岁举办小提琴独奏音乐会,8岁试作交响乐,11岁创作歌剧。有的则大器晚成,如我国近代大画家齐白石,40岁才表现出绘画才能;英国的达尔文年轻时被人认为智力低下,50岁后才渐有研究成果,最终成为进化论的创始人。

以上这些都是特殊个体,对大多数正常发展着的小学生来说,同样存在着智力发展的个体差异,表现为有的小学生学得又快又好,有的儿童则表现不佳。导致这种现象的原因是多种多样的,但可能的原因之一就是正处于智力发展中的小学生之间存在智力发展时间上的差异。

五、学生能力的培养

(一)组织学生参加多种多样的教育和实践活动

在教育和实践中锻炼和发展学生的能力是一个规律,所以要组织儿童参加多种多样的课外活动。

(二)培养优良的个性品质

优良的个性对能力的形成和有效表达至关重要,重视能力与个性的其他良好品质的配合是培养能力的又一个规律,所以要注重儿童勤奋、自信、坚持性等良好个性品质的培养。

(三)知识与技能的训练

知识与技能是能力发展的必要条件;能力影响着知识与技能的运用;能力是知识、技能的高度概括。所以教师要改革教学内容,使之高度概括化、系统化。

(四)激发兴趣

儿童对事物的兴趣直接影响能力锻炼的机会。教师要注意利用各种具体的社会实践活动激发儿童积极有益的兴趣爱好,借此增强和锻炼儿童的能力。

(五)针对学生的能力差异因材施教

在教学中可根据学生不同的特点,分别提出不同的要求。对能力发展水平较高、学习成绩优良的学生,应提供较难的学习任务,鼓励他们进行独立思考,创造各种条件发挥他们的才智;对智力发展较差的学生,要给他们更多的帮助,对作业进行具体的指导,使他们树立起信心;对那些智力水平不差,但学习成绩差的学生,要针对他们各自的特点,主要从端正学习态度和培养良好学习习惯入手,不断完善其良好的个性品质。

教师不应歧视在某些能力方面有缺陷的学生,要树立一种观念,即任何儿童都有可能发展某种活动所需要的能力,要鼓励他们树立信心,扬长避短;同时采取适当的方法使学生长善救失,人尽其才。

教师要善于发现和培养有特殊兴趣和才能的学生,对于有某方面特长的学生,应给予机会,通过组织各种课外活动来促进他们的特长进一步发展。

第二节 气质

在日常生活中,人们经常讲的气质是指个体言谈举止的风格或方式,带有社会评价色彩。心理学上的气质则与个体行为模式相联系,是人格形成与发展的基础,是具有人的生理素质或身体特点的人格特征。

一、定义及特征

(一)气质的定义

气质是表现在心理活动的强度、速度、灵活性与指向性等方面的一种稳定的心理特征,即我们平时所说的脾气、秉性。人的气质差异是先天形成的,受神经系统活动过程的特性所制约。孩子刚一落生时,最先表现出来的差异就是气质差异,有的儿童爱哭、好动,有的儿童情绪平稳、安静。美国心理学家卡特尔(Raymond Cattell)指出,气质是描绘一个人在获取他的目标时如何行动的特质,它决定了一个人的一般"风格与节奏",决定了一个人的行动是温和的还是暴躁的。

(二)气质的特征

气质具有天赋性、稳定性和可塑性等特点。

首先,气质具有天赋性。气质的某些特点是与生俱来的,较多地受先天因素的影响,具有天赋性的特点。

其次,气质具有稳定性。俗话说"江山易改,禀性难移",就是强调气质稳定性的特点。托马斯(A. Thomas)等人发现,"在许多儿童中,这些气质的原始特征往往在随后的20多年发展阶段中保持着。"

最后,气质具有可塑性。气质的可塑性是指气质在一定程度上可以被掩盖和改造的特性。气质具有稳定性的特点,不易被改变,但并不是说气质不可改变。个体在一定条件下可以掩盖其先天的神经活动类型,使其不表现出应有的特点;而且,随着年龄的变化,气质也会发生一定的改变。

二、气质类型

气质类型是指表现在人身上的一类共同的或相似的心理活动特性的典型组合。古希腊医生希波克拉底(Hippocrates)最早把人的气质分为四种类型:多血质、胆汁质、黏液质、抑郁质。

多血质的人表现为情感丰富,外露但不稳定;思维敏捷但不求甚解,活泼好动;热情大方,善于交往但不善深交;行动敏捷,适应力强。他们的弱点是缺乏耐心和毅力,稳定性差,易见异思迁。《红楼梦》中王熙凤是较为典型的多血质类型。

胆汁质的人情绪来得猛,去得快,情绪体验强烈;精力旺盛,生气勃勃;行动敏捷,思维灵活,勇敢果断。但又常常犯粗枝大叶、鲁莽冒失、感情用事、刚愎自用的毛病。《水浒传》中的李逵就是较为典型的胆汁质类型。

黏液质的人情绪平稳,考虑问题细致周到,安静稳重、踏踏实实,沉默寡言、喜欢沉思,自制力强、耐受力高,交往适度、交情深厚。这种人思维灵活性略差,行为的主动性较差,行动迟缓。《西游记》中的唐僧、沙僧具有典型的黏液质特点。

抑郁质的人情绪体验深刻、细腻持久,多愁善感,思维敏捷、想象丰富,踏实稳重、自制力强。他们的弱点是行为举止缓慢,软弱胆小,优柔寡断,不善交际,性情孤僻。《红楼梦》中的林黛玉就是较为典型的抑郁质类型。

苏联心理学家达威多娃(Davydova)曾形象地描述了四种基本气质类型的人在同一情景中的不同行为表现。四个不同气质类型的人上剧院看戏,但都迟到了。胆汁质的人和检票员争吵,企图闯入剧院。他分辩说,剧院里的钟快了,他进去看戏是不会影响别人的,并打算推开检票员进入剧院。多血质的人立刻明白,检票员是不会放他进入剧场的,但是通过楼厅进场容易,就跑到楼上去了。黏液质的人看到检票员不让他进入正厅,就想:"第一场总是不太精彩,我在小卖部等一会,幕间休息时再进去。"抑郁质的人会说:"我老是不走运。偶尔来一次戏院,就这样倒霉。"接着就返回家去了。

具有某一种气质类型典型特征者称"典型型",近似其中某一类型者称"一般型",具有两种或两种以上类型者称"中间型"或"混合型"。在全人口分布中,气质的一般型和两种类型的混合型的人占多数,典型型和两种以上类型混合型的人占少数。因此,在测定一个人的气质时不应该硬性地将他划入某种典型。

三、气质理论

人的气质受到普遍的关注,许多学者探讨了气质问题。著名的人格心理学家奥尔波特(Gordon Allport)等人指出,学者在定义气质时各有侧重。有的着重个体的情绪方面,有的强调气质的生活因素,还有的重视个体在动作反应上的特征。中外气质理论主要有气质的阴阳五行说、气质的体液说、气质的体型说、气质的激素说、气质的血型说和高级神经活动类型理论。

(一) 气质的阴阳五行说

《黄帝内经》根据人体阴阳之气的比例将人分为太阴之人、少阴之人、太阳之人、少阳之人、阴阳和平之人五种类型,并分别描述了每种类型的人的性情、体质与行为特点。

太阴之人,多阴无阳之人,其行为特点是内省、孤独、保守、谨慎、悲观;少阴之人,多阴少阳之人,其行为特点是自制、冷淡、戒备、细心、嫉妒;太阳之人,多阳无阴之人,其行为特点是勇敢、自信、进取、傲慢、暴躁;少阳之人,多阳少阴之人,其行为特点是乐观、机智、随和、热情、易变;阴阳和平之人,阴阳均等,其行为特点是从容、平静、适应、谦谨、爱面子。

用阴阳五行学说来划分人的气质类型,表明人的气质是由其内部阴阳矛盾的倾向性所决定,这与近代生理学研究的高级神经活动的兴奋过程和抑制过程的关系有类似之处。阴阳五行学说虽然缺乏科学根据,但在当时的历史条件下具有积极意义。

(二) 气质的体液说

古希腊学者恩培多克勒(Empedocles)提出人体"四根说"。他认为人体由四根构成,血液主要是火根,呼吸是空气根,液体部分是水根,固体部分是土根。"四根"配合得好,身体就会健康,并且决定有机体结构的特征。例如,美术家手的"四根"配合得最好;演说家舌的"四根"配合得最好。恩培多克勒的"四根说"虽没有得到科学的证明,但根据我国心理学家唐钺教授的研究,在恩培多克勒的"四根"说中已经具有了气质和神经类型学说的萌芽。

古希腊著名医生希波克拉底将恩培多克勒的"四根说"发展成为"四液说"。他提出,人体内有四种性质不同的体液:血液、黄胆汁、黑胆汁和黏液。血液出自心脏(相当于火根);黄胆汁生于肝脏(相当于空气根);黑胆汁生于胃部(相当于土根);黏液生于脑部(相当于水根)。他认为,正是这四种体液"形成了人的性质",机体的状态就决定于四种体液的混合比例。人体内某种液体过多或过少,或者比例不适当,人就会感到痛苦。四种体液调和,人就健康幸福。他还指出,胆汁太多使头脑过热,导致恐怖与恐惧;黏液太多使头脑过冷,导致忧虑与悲伤。

罗马医生盖伦(Galen),从希波克拉底的体液说出发,将人体内体液的混合"比例"用拉丁语命名为"temper amentum",这便是近代"气质(temperament)"概念的来源。他除了用生理和心理特性之外,还加进了人的道德品行,这些因素组成13种气质类型。后来,简化为4种气质类型,即流行于今的多血质、胆汁质、黏液质和抑郁质。每一种气质类型的特点都是某种体液占优势的结果,并有特定的心理表现。盖伦还认为,人的行为方式不仅决定于气质,也决定于周围环境。

(三)气质的体型说

德国精神病学家克瑞奇米尔(E. Kretschmer)把人的体格类型分为三种:肌肉发达的强壮型,高而瘦的瘦长型和矮而胖的矮胖型。他认为,不同体形的人具有不同的气质。瘦长型的人,内向而孤僻;矮胖型的人,外向而容易动感情;强壮型的人则介于两者之间。

克瑞奇米尔认为,正常人与精神病患者只有量的差别,没有质的不同。不同体形的正常人在气质上也带有精神病患者的某些特征。例如,矮胖型的人具有躁狂抑郁症的特征,瘦长型的人具有精神分裂症的特征,强壮型的人具有癫痫的特征。因此,他将人的气质也分为躁郁气质、分裂气质和粘着气质。

美国心理学家谢尔顿(William Sheldon)受克瑞奇米尔的影响,对气质与体型的关系进行了更为深入的研究,把人的体型分为三种主要类型:内胚叶型(柔软、丰满、肥胖)、中胚叶型(肌肉骨骼发达、坚实,体态呈长方形)和外胚叶型(高大、细瘦、体质虚弱)。谢尔顿发现三种气质类型:头脑紧张型、身体紧张型和内脏紧张型,还发现体型与气质之间有高达0.8左右的正相关。

克瑞奇米尔和谢尔顿指出了身体特征与气质相关,这对后人有一定的启发作用。气质与体形之间也许存在某种相关,但一些研究表明,这种相关并不像他们所讲的那样简单和直接。而且气质与体型相关并不能认为两者之间存在着因果关系,主要问题在于,当代科学还不能清楚地揭示身体特征对气质究竟起什么作用。一种可能是身体特征影响社会环境,而社会环境则塑造个性。例如,一个胖娃娃,周围的人都喜欢和他开玩笑,容易形成开朗活泼等特征;一个瘦弱的孩子,不太讨人喜欢,容易养成孤僻等特征。他们过分夸大了生物因素的作用,忽视了社会生活对气质的作用。克瑞奇米尔又把一切人都归入精神病患者,这显然是不正确的。

(四)气质的激素说

激素是由内分泌细胞分泌的高效能化学物质,在血液中的浓度极低,但对生理和心理活动有重大影响。在解释气质的生理机制上影响最大的有两个学派:一是以巴甫洛夫为代表的气质的高级神经活动类型理论;另一个是以伯尔曼(L. Berman)等人为代表的气质的激素理论。

伯尔曼认为,人的气质特点是由内分泌活动所决定的。他根据人的某种内分泌腺特别发达而把人划分为:甲状腺型、脑垂体型、肾上腺型、副甲状腺型、胸腺型和性腺型。他认为,不同类型的人有不同的气质特点。

1. 甲状腺型:甲状腺分泌增多者精神饱满、不易疲劳,知觉敏锐、意志坚强,处事和观察迅速,容易动感情甚至感情迸发。甲状腺分泌减少者可能发生痴呆症。

2. 脑垂体型:脑垂体分泌增多者性情强硬、脑力发达,有自制力、喜欢思考,骨骼粗大、皮肤甚厚、早熟、生殖器发达。脑垂体分泌减少者身材短小,脂肪多、肌肉萎弱、皮肤干燥,思想迟钝、行动懦弱,缺乏自制力。

3.肾上腺型:肾上腺分泌增多者雄伟有力、精神健旺,皮肤深黑而干燥,毛发浓密,专横、好斗。肾上腺分泌减少者体力衰弱,反应迟缓。

4.副甲状腺型:副甲状腺分泌增多者安定,缺乏生活兴趣,肌肉无力。副甲状腺分泌减少者注意力不易集中、妄动,容易激动。

5.胸腺型:胸腺位于胸腔内,幼年发育,青春期后停止生长,逐渐萎缩。如果成年胸腺不退化者,则单纯、幼稚、柔弱,不善于处理工作。

6.性腺型:性腺分泌增多者常感不安、好色,具有攻击性。性腺分泌减少者则性的特征不显现,易同性恋,进攻行为少。

现代科学研究表明,激素对人的气质确有影响。激素激活或抑制着人体的不同机能,激素过多或过少对个体的行为确有影响。例如,肾上腺特别发达的人,会表现出情绪容易激动的气质特征。生物化学测定也表明,人在恐惧时,肾上腺素分泌增加;人在发怒时,去甲肾上腺素分泌增加。但是,各个内分泌腺之间相互联系、相互制约,共同组成内分泌系统,不能简单地强调一两个内分泌腺体的作用;也不能孤立地、片面地强调激素对气质的作用,因为神经系统直接或间接地控制着内分泌腺的活动,控制着激素的合成和分泌。激素也影响着神经系统的功能。人体内有两种调节机制,即神经调节和体液调节。在中枢神经系统的主导作用下,激素通过这两种机制影响气质的活动。

(五)气质的血型说

有些学者认为,人的气质是由不同的血型所决定的。日本古川竹二根据血型把人的气质划分为 A 型、B 型、O 型和 AB 型四种。A 型气质的人内向、保守,多疑、焦虑,富感情,缺乏果断性,容易灰心丧气。B 型气质的人外向、积极、善交际、感觉灵敏,轻诺言、寡信,好管闲事。O 型气质的人胆大、好胜,喜欢指挥别人,自信,意志坚强、积极进取。AB 型气质的人,兼有 A 型和 B 型的特征。日本血型人类学家能见正比古认为:"血型的真正含义指的是人体的体质和气质类型。"但是,许多学者认为这种理论没有多少科学根据。因此,气质与血型关系是一个有争议和需要进一步研究的问题。

(六)高级神经活动类型理论

高级神经活动类型理论是苏联心理学家巴甫洛夫提出来的。巴甫洛夫认为高级神经活动的基本过程有两个,即兴奋和抑制。兴奋是指神经活动由静息状态或较弱的状态转为活动或较强的状态;抑制是指神经活动由活动的状态或较强的状态转为静息的状态或较弱的状态。不能简单地把兴奋看作是活动,把抑制看作是静止的状态。兴奋和抑制都是一种神经活动的过程,它们指的是这种活动所指向的方向。

1. 高级神经活动过程的基本特性

巴甫洛夫认为,高级神经活动基本过程有三种特性:神经过程的强度、神经过程的平衡性和神经过程的灵活性。

(1)神经过程的强度

神经过程的强度是指个体的大脑皮层细胞受强烈刺激或持久工作的能力。它被认为是神经类型的最重要标志,具有重大的意义。研究表明,在一定限度内,强刺激引起强兴奋,弱刺激引起弱兴奋。但是,刺激很强时,并不是所有的有机体都能以相应的兴奋对它发生反应。兴奋过程强的人,对很强的刺激仍能形成和保持条件反射;兴奋过程弱的人,对很强的刺激不能形成条件反射,并抑制和破坏已有的条件反射,甚至会导致神经过程的"分裂"。抑制过程强的动物可以耐受不间断内抑制 5～10 分钟,抑制过程弱的动物则不能耐受持续 15～30 秒钟的内抑制,甚至会导致中枢神经系统的病变。

(2)神经过程的平衡性

神经过程的平衡性是指个体的兴奋过程和抑制过程之间的强度是否相当。有的人这两种神经过程之间的强度是平衡的,而有的是不平衡的,在不平衡中又有哪一种神经过程占优势的问题。实验表明,不平衡的动物一般具有较强的兴奋过程和较弱的抑制过程,也有少数动物具有较强的抑制过程和较弱的兴奋过程。

(3)神经过程的灵活性

神经过程的灵活性是指个体对刺激的反应速度以及兴奋过程和抑制过程相互转换的速度。人与人之间在兴奋和抑制的灵活性上也存在差异,有人灵活性强,有人灵活性弱。实验表明,神经过程灵活性强的动物能够较顺利地和迅速地将阳性条件反射改造为阴性条件反射,或者把阴性条件反射改造为阳性条件反射,或者把已有的动力定型改造为新的动力定型。在阳性刺激后紧接出现阴性刺激,或者在阴性刺激后紧接出现阳性刺激,动物也能以相应的反射来分别应答。但神经过程灵活性弱的动物就会发生困难,引起反射活动的混乱及大脑皮层机能的失调。

神经过程的三个基本特性是变化的。例如,兴奋过程强,而抑制过程弱的动物,经过训练有可能使抑制过程增强而与兴奋过程相平衡。神经过程的灵活性是个体发育中最容易变化的一种神经过程的基本特性。

2. 高级神经活动类型

神经过程的三个基本特性的独特组合就形成了高级神经活动类型。巴甫洛夫指出:"由于神经系统基本特性的一些可能的变动,以及这些变动的可能组合,就一定会发生神经系统的各种类型,计算起来,至少有 24 种类型。但证诸实际,其数目可以大大缩小,即缩减为特别显著的、醒目的四种类型,而且最主要的是,这四种类型对周围环境的适应性和对致病动因的稳固性是各不相同的。"高级神经活动的四种主要类型是:

(1)强而不平衡的类型(兴奋型):这种类型的个体兴奋过程强于抑制过程,阳性条件反射比阴性条件反射容易形成,是一种容易兴奋、不受约束的类型,所以也称为不可遏制型。

(2)强而平衡、灵活的类型(活泼型):这种类型的个体兴奋过程和抑制过程都较强,并且两者容易转化,以反应灵敏、活泼、能很快适应变化着的外界环境为特征。巴甫洛夫认为这是一种最完善的类型。

(3)强而平衡、不灵活的类型(安静型):这种类型的个体兴奋过程和抑制过程都较强,但两者不易转化。比较易形成条件反射,但不易改造,以坚韧而行动迟缓为特征。

(4)弱型(抑制型):这种类型的个体兴奋过程和抑制过程都很弱,阳性条件反射和阴性条件反射的形成都很慢。在困难工作面前,正常的高级神经活动容易受破坏而患神经症为特征。

巴甫洛夫认为,兴奋型相当于胆汁质,活泼型相当于多血质,安静型相当于黏液质,抑制型相当于抑郁质,如表 11-3 所示。巴甫洛夫曾把高级神经活动类型和气质类型看作同一个东西。他指出:"显然,这些类型在人身上就是我们称之为气质的东西。"在他的理论中有时把高级神经活动类型和气质两个名词交替使用。现在一般认为,气质和高级神经活动类型并不是同一个东西。气质是心理现象,高级神经活动类型是生理现象。高级神经活动是气质主要的生理基础。

表 11-3 高级神经活动类型与气质类型

高级神经过程的基本特征			高级神经活动类型	气质类型
强度	平衡性	灵活性		
强	不平衡		兴奋型	胆汁质
强	平衡	灵活	活泼型	多血质
强	平衡	不灵活	安静型	黏液型
弱	不平衡		抑制型	抑郁质

四、气质教育

虽然个人的气质具有极大的稳定性,但也有一定的可塑性。对学生进行气质教育可以促进学生的学习,有助于保持学生的心理健康。

(一)教师要尊重学生的气质差异

教师应当认识到每一个学生的气质都有优点和缺点,都有可能掌握知识技能,形成优良的个性品质,成为有价值的社会成员。但是,不同气质类型的学生达到同一成就水平所走的道路有可能不同,他们适应学校生活环境的方式也不同。例如,多血质的学生在入学时能够很轻松、顺利地适应学习生活,迅速地将所学知识应用到适当的地方,但他们往往不求甚解,遇到困难就容易退缩。黏液质的学生适应新环境、接受新知识可能比较缓慢，但一旦进入状态，他们就会平稳地进步，知识掌握得很牢固。因此，教师要尊重学生在气质方面的这些差异，善于利用每一种气质类型的积极方面，允许学生按照自己的方式发展进步。

（二）利用气质"量才为教"

教师在深入了解学生气质特点的基础上，教育学生正确对待气质的积极特点和消极特点，加强行为修养，帮助学生监控自己的发展，克服气质的消极面，发扬积极面。教育过程中，教师要因人而异，因材施教。对于多血质的学生，可以采取多种教育方式，但要定期提醒，对其进行严厉批评。教师鼓励他们勇于克服困难，培养扎实专一的精神，防止见异思迁，创造条件，多给他们活动的机会，培养他们朝气蓬勃、足智多谋的个性品质。对于胆汁质的学生，教师应采取直截了当的方式，但这些学生不宜轻易激怒，对其严厉批评要有说服力，培养其自制力，坚持到底的精神，以及豪放、勇于进取的个性品质。对于黏液质的学生，教师要采取耐心教育的方式，让他们有考虑和做出反应的足够时间，培养其生气勃勃的精神、热情开朗的个性。对于抑郁质的学生，则应采取委婉暗示的方式，对其多关心、爱护，不宜在公开场合下指责，不宜过于严厉地批评，培养他们亲切友好、善于交往的个性品质，富有自信的精神，使其高自尊地成长。

第三节　性格

一、性格的定义

性格是指一个人在个体生活过程中所形成的、对现实稳固的态度以及与之相适应的习惯化的行为方式。诚实或虚伪、勇敢或怯懦、谦虚或骄傲、勤劳或懒惰、果断或优柔寡断等都是人的性格特征。性格就是一个人的许多性格特征所组成的统一体。性格是人性中的核心成分，性格特征是稳定的、经常性的，而不是偶然性的、情景性的表现。

性格特征表现在人对现实的态度和行为方式中。人对现实的态度和与之相应的行为方式的独特结合，就构成了一个人区别于他人的独特性格。恩格斯简明而完整地阐明了性格概念的含义，他指出："人物的性格不仅表现在他做什么，而且表现在他怎样做。"人的性格主要表现在两个方面——"做什么"和"怎样做"。"做什么"反映了人对现实的态度，表明一个人追求什么、拒绝什么；"怎样做"反映了人的行为方式，表明一个人如何去追求他所要得到的东西，如何去拒绝他所要避免的东西。一般地说，人对现实稳定的态度决定着他的行为方式，而人的习惯化的行为方式又体现了他对现实的态度。这两个方面是统一的。

性格是稳定的，但又有一定的可塑性。研究表明，性格是人在实践活动中，在与客观世界相互作用的过程中形成和发展起来的。客观事物的各种影响通过主体的心理活动在个体的反映机构中保存、固定下来,构成一定的态度体系,并以一定的形式表现在个体的行动之中,构成个体所特有的行为方式。人的性格并不是一朝一夕形成的,但一经形成就比较稳定,并且贯穿于他的全部行动之中。人的性格不仅在类似情境中,甚至在不同的情境中都会表现出来。因此,个体一时性的偶然表现不是他的性格特征,只有经常的、习惯性的表现才是。例如,一个人经常表现得很勇敢,偶尔表现出怯懦,那么不能认为他具有怯懦的性格特征,而应该是勇敢。又如,一个人在某种特殊的情况下,一反机敏的常态,表现为呆板,那么不能认为呆板是他的性格特征,而应该是机敏。性格是在主体与客体的相互作用过程中形成的,同时又在主体与客体的相互作用过程中发生缓慢的变化。性格是具有核心意义的个性心理特征。个人对现实的态度和行为方式是与他的意识倾向和世界观紧密相连的,体现了人的本质属性。人的性格具有社会历史制约性,在阶级社会中则具有一定的阶级色彩,并且与人的道德品质有关。性格最能表征一个人的个性差异。我们通常讲的个性,主要是指一个人的性格。

二、性格和气质的关系

性格和气质都是人的个性心理特征,它们的关系十分密切。在西方,许多心理学家把性格和气质都包括在人格之中。在苏联,部分心理学家把气质包括在性格之中。例如科瓦列夫(A. Kobateb)等人指出:"气质不是人的性格中的某种外在的东西,而是有机地包含在它的结构之中。"但一般认为,性格和气质既有区别又紧密联系。

(一)性格与气质的区别

首先,气质具有先天性特点,它更多地受到人的高级神经活动类型的影响,主要是在人的情绪和行为活动中表现出来的动力特征(即强度和速度等)。性格主要是指个体行为的内容,它们是在后天形成的,更多的是受到了社会生活条件的影响与制约,是人的态度体系和行为方式相结合而表现出来的、具有核心意义的个性心理特征。

其次,气质无好坏之分,而性格则有优劣之别。气质表现的范围狭窄,局限于心理活动的强度、速度等方面,因此,可塑性极小,变化很慢;而性格表现的范围广泛,几乎囊括了人的社会生活各方面的心理特点,可塑性大。

(二)性格和气质的联系

首先,不同气质类型的人,都可以形成某些相同的性格特征,例如爱国、勤奋、乐于助人等,只是不同气质类型的人,在行为表现上带有不同的个人色彩。例如,同样具有乐于助人的性格特征,胆汁质气质的人在行为表现上会带有满腔热情的特点,抑郁质气质的人在行为表现上则会带有某种怜悯的特点。

其次,气质可以影响性格形成与发展的速度。例如,多血质的人较易形成自信、慷慨、待人亲切等性格,较难形成忍耐、坚持的性格;胆汁质的人较易形成勇敢、创新、正直等性格,较难形成自制、细心的性格;黏液质的人较易形成任劳任怨、顽强、坚毅等性格,较难形成主动交往、果断处事的性格;抑郁质的人较易形成虚心、和善的性格,较难形成勇敢、主动的性格。又如要形成有自制力的性格特点,胆汁质者需要经过极大的克制和努力,因而形成较慢;而抑郁质者本来就善于克制和忍耐,因而就较易形成。

再次,性格对气质具有明显的影响。性格可以在一定程度上掩盖或改造气质,使之符合社会实践的要求。例如,从事精细操作的外科医生应该具有冷静沉着的性格特征,在职业训练过程中有可能掩盖或改造容易冲动和不可遏制的胆汁质的气质特征。

三、性格特征和性格类型

(一)性格特征

性格是一个十分复杂的心理构成,它由各种不同的性格特征所组成。性格特征就是指性格各个不同方面的特征,主要有四个方面。

1. 性格的态度特征

性格的态度特征是个体在处理各种社会关系方面表现出来的特征。包括对社会、集体、他人的态度特征,如关心社会进步、富有同情心、有正义感、有责任心、善交际、为人正直、诚实、乐于助人等,或与之相反的损公肥私、虚伪等。

性格的态度特征主要包括以下三个方面:

(1)对社会、集体和他人的态度的特征

属于这方面的特征主要有:公而忘私或假公济私;忠心耿耿或三心二意;善于交际或行为孤僻;热爱集体或自私自利;礼貌待人或粗鲁无礼;正直或虚伪;富有同情心或冷酷无情;等等。

(2)对工作和学习的态度的特征

属于这方面的特征主要有:勤劳或懒惰;认真或马虎;细致或粗心;创新或墨守成规;节俭或浪费;等等。

(3)对自己的态度的特征

属于这方面的特征主要有:谦虚或骄傲;自尊或自卑;严于律己或放纵自己;等等。

2. 性格的意志特征

性格的意志特征指一个人在自觉调节自己的行为方式和水平上表现出来的心理特征。具体表现在自觉性、果断性、坚毅性和自制力等方面,主要有:

(1)对行为目的明确程度的特征。属于这方面的特征主要有:目的性或盲目性;

独立性或易受暗示性;纪律性或散漫性;等等。

(2) 对行为的自觉控制水平的特征。属于这方面的特征主要有:主动性或被动性;自制力或缺乏自制力、冲动性;等等。

(3) 在长期工作中表现出来的特征。属于这方面的特征主要有:恒心、坚忍性或见异思迁、虎头蛇尾,等等。

(4) 在紧急或困难情况下表现出来的特征。属于这方面的特征主要有:勇敢或怯懦;沉着镇定或惊慌失措;果断或优柔寡断;等等。

3. 性格的情绪特征

性格的情绪特征指人对情绪的控制所表现的某种稳定的、经常表现的特点,主要表现为情绪的强度、稳定性、持久性和主导心境等方面。主要有:

(1) 情绪强度特征:表现为个人受情绪影响程度和情绪受意志控制的程度。例如,有人情绪体验比较微弱,容易用意志控制;有人情绪体验比较强烈,难以用意志控制。

(2) 情绪稳定性特征:表现为情绪起伏波动的程度。例如,有人不论在成功还是失败时,情绪都比较平静,对情绪的控制也比较容易;有人成功时则沾沾自喜,失败时则垂头丧气,对情绪的控制也比较困难。

(3) 情绪持久性特征:表现为个人受情绪影响时间长短的程度。例如,有人遇到愉快的事,当时很高兴,事后很快恢复平静;有人愉快的情绪则持续很久。

(4) 主导心境特征:表现为不同的主导心境在一个人身上体现的程度。例如,有人经常愉快,有人经常忧伤;有人受主导心境支配的时间长(主导心境稳定性大),有人受主导心境支配的时间短(主导心境的稳定性小)。

4. 性格的理智特征

性格的理智特征指与人的认识活动相联系的性格特征,表现为感知、记忆、思维、想象等活动中的主动与被动,易受主观控制还是易受客观控制,是精细的还是粗心的,是深刻的还是肤浅的,是广博的还是狭隘的,是严谨的还是轻率的,是顺从的还是批判的等。主要有:

(1) 感知方面的性格特征。人在感觉和知觉方面的个别差异可以区分出:主动观察型和被动观察型;记录型和解释型;罗列型和概括型;快速型和精确型;等等。

(2) 记忆方面的性格特征。人在记忆方面的个别差异可以区分出:主动记忆型和被动记忆型;直观形象记忆型和逻辑思维记忆型;在识记上有快慢之分;在保持上有长短之分;等等。

(3) 想象方面的性格特征。人在想象方面的个别差异可以区分出:主动想象型和被动想象型;幻想型和现实型;敢于想象型和想象受阻型;狭窄想象型和广阔想象型;等等。

(4) 思维方面的特格特征。人在思维方面的个别差异可以区分出:独立型和依赖型;分析型和综合型;等等。

在以上四个方面的性格特征中,最主要的是性格的态度特征和性格的意志特征,其中又以性格的态度特征更为重要。因为它直接体现了一个人对事物所特有的、稳定的倾向,也是一个人的本质属性和世界观的反映。性格的上述各个方面的特征并不是孤立的,而是相互联系着的,在个体身上结合为独特的统一体,从而形成一个人不同于他人的性格。这正是性格一词本来的含义。

(二)性格类型

人的性格分为很多类型,心理学家按照一定的原则对性格做了分类。

1. 根据知、情、意三者在性格中哪种占优势划分的性格类型

英国心理学家培因(A. Bain)等人根据知、情、意何者占优势,把性格划分为理智型、情绪型和意志型。

理智型的人,一般是以理智来评价周围发生的一切,以理智来支配和控制自己的行动,行为表现稳定与谨慎。情绪型的人,一般不善于思考,言谈举止易受自己的情绪左右,但情绪体验深刻。意志型的人,行为目标一般比较明确,主动积极,果敢和坚忍,具有自制力。在日常生活中,绝大多数人是中间类型。

2. 根据人的心理活动倾向于外部还是内部划分的性格类型

瑞士心理学家荣格根据人的心理活动倾向于外部还是内部,把性格分为外向型和内向型两大类。外向型的人,特点是活泼开朗,喜欢交际;内向型的人,特点是谨慎小心,交际狭窄。在现实生活中,极端的内、外向类型的人很少见。一般人都属于中间型,即一个人的行为在某些情境中是外向,而在另外的情境中则为内向。

3. 根据个人独立性程度划分的性格类型

美国心理学家威特金(Herman A. Witkin)根据场独立和场依存性的特点,把性格划分为独立型和顺从型。独立型的人善于独立思考,不易受外来因素的干扰,能够独立地发现问题和解决问题;顺从型的人,易受外来因素的干扰,常不加分析地接受他人意见,应变能力较差。

4. 根据人的社会生活方式以及价值观划分的性格类型

德国教育家和哲学家斯普兰格(E. Spranger)根据人的社会生活方式以及由此而形成的价值观来划分人格类型。他认为,社会生活有6个基本领域:理论、经济、审美、社会、权力和宗教。人会对这6个基本领域中的某一个领域产生特殊的兴趣和价值观。据此,他将人的性格划分为6种类型:理论型、经济型、审美型、社会型、权力型和宗教型。这种类型是理论(理想)的模型,具体的个人通常是主要倾向于一种类型并兼有其他类型的特点。

(1)理论型的人:这种类型的人以追求知识为目的,认知成为精神生活的主要活动,情感退到次要地位。总是冷静而客观地观察事物,关心理论,力图把握事物的本质。对实用和功利缺乏兴趣,碰到实际问题时往往束手无策,缺乏生存竞争能力。理论家和哲学家属于这种类型。

(2)经济型的人:这种类型的人以经济观点看待一切事物,把经济价值提高到一切价值之上,以实际功利来评价事物的价值,重视人的能力和效力。从纯经济观点看待人类,把人类看作生产者、消费者或购买者,以获取财产和利益为其生活目的。实业家属于这种类型。

(3)审美型的人:这种类型的人以美为最高人生的意义,对实际生活不大关心,总是从美的角度来评价事物的价值。自我完善和自我欣赏是他们的目的。艺术家属于这种类型。

(4)社会型的人:这种类型的人重视爱,以爱他人为人生的最高价值。有献身精神,有志于增进他人或社会福利。社会型的最高和最普遍的形式是母爱。慈善、卫生和教育事业等的工作者都属于这种类型。

(5)权力型的人:这种类型的人重视权力,并努力去获得权力。凡是他所做的均由自己决定,有强烈的支配和命令他们的欲望。

(6)宗教型的人:这种类型的人坚信宗教,生活在信仰中,总感到上帝的拯救和恩惠。他们富有同情心,以慈悲为怀,以爱人爱物为目的。宗教家属于这种类型。

斯普兰格从社会生活对人的影响,从社会文化价值的观点来划分人类的性格。这比一味强调人的生物学因素对人的影响是一个进步。但这种理论是根据西方社会生活的现象进行分类,有一定的局限性。

5. 根据人际关系来划分的性格类型

日本学者矢田部达郎等人根据人际关系,把人的性格划分为 A、B、C、D、E 五种典型类型。A 型性格情绪稳定,社会适应性及向性均衡,但智力表现一般,主观能动性一般,交际能力较弱;B 型性格具有外向性的特点,情绪不稳定,社会适应性较差,遇事急躁,人际关系不融洽;C 型性格具有内向性特点,情绪稳定,社会适应性良好,但在一般情况下表现被动;D 型性格具有外向性特点,社会适应性良好或一般,人际关系较好,有组织能力;E 型性格具有内向性特点,情绪不稳定,社会适应性较差或一般,不善于交际,但往往善于独立思考,有钻研性。

6. 根据一个人的性格与兴趣和职业的关系划分的性格类型

美国职业指导专家霍兰德(John Holland)提出性格—职业匹配理论。他认为,学生的性格类型、学习兴趣和将来的职业准备密切相关。人们在不断寻求能够获得技能、发展兴趣的职业。经过几十年的研究和上百次的实验,他提出了系统的职业指导理论。他把人类的性格划分为 6 种类型:社会型、理智型、现实型、文艺型、企业型和传统型。

(1)社会型的人:这种类型的人具有爱好社交、活跃、友好、慷慨、乐于助人、易合作和合群等性格特征,适合从事社会工作,担任教师、护士等。

(2)理智型的人:这种性格的人具有好奇、善于分析、精确、思维内向、富有理解力和聪明等性格特征,适合从事自然科学工作、电子学工作和计算机程序编制等。

(3)现实型的人:这种性格类型的人具有直率、随和、重实践、节俭、稳定、坚定和不爱社交等性格特征,适合从事农业、制图、采矿、机械操作等工作。

(4)文艺型的人:这种性格类型的人具有感情丰富、想象力强、富有创造性等性格特征,适合从事文学创作、艺术、雕刻、音乐、文艺评论等工作。

(5)企业型的人:这种性格类型的人具有外向、乐观、爱社交、健谈、好冒风险、支配和喜欢领导他人等性格特征,适合从事董事长、经理、营业部主任、营业员和推销员等工作。

(6)传统型的人:这种性格类型的人具有务实、有条理、随和、友好、拘谨和保守等性格特征,适合从事办公室工作,如秘书、会计、打字员和接线员等。

霍兰德认为,大多数人可以主要划为某一性格类型,每一种性格类型又都有两种相近的性格类型、两种中性关系的性格类型和一种相斥的性格类型。如果职业类型与性格类型相重合,个人会感到有兴趣和内在的满足,并最能发挥自己的聪明才智;如果职业类型与性格类型相近,个人经过努力,也能适应并做好工作;如果职业类型与性格类型相斥,个人对职业毫无兴趣,不能胜任工作。霍兰德是一位职业指导专家,经过长期的研究将性格类型和职业类型进行匹配,对职业指导具有重大意义。他十分重视兴趣与职业的关系,认为兴趣是工作的巨大动力,凡是符合自己兴趣的工作,就能提高人的积极性,使人积极愉快地从事这种工作。但心理学研究表明,一个人对某一种职业有兴趣,并不一定能把该项工作做好,对工作的兴趣是做好工作的重要条件,但不是唯一条件,影响职业的心理因素是多种的和复杂的。

四、性格的形成和发展

在性格的形成和发展的问题上,历史上有两种极端的观点:一种是遗传决定论,另一种是环境决定论。现在持极端看法的人已经很少了。一般认为,性格是遗传因素和环境因素相互作用的结果。其中,遗传因素是性格的自然前提,在此基础上,环境因素对性格的形成和发展起决定作用。性格是人在实践活动中,在人和环境的相互作用过程中形成和发展起来的,是一个人生活经历的反映。德国诗人歌德说:"才能自然形成,性格则涉人世之风波而塑成。"人的性格并非与生俱来的,而是随人生的历程而形成和发展的。

(一)生物遗传因素在性格形成和发展中的作用

人的性格并非与生俱来,而是在人的高级神经活动类型的基础上,通过社会生活过程的影响逐渐形成和发展起来的。生物遗传因素是性格形成的自然基础,它为性格形成和发展提供了可能性。例如,某些神经系统的遗传特性会影响某些性格特征的形成,这种影响主要表现在某些性格特征的加速或延缓方面。另外,人的性别、相貌、身高、体重等生理特征,会由于社会文化的评价因素与自我意识的作用,对个体的独立性、自信心、支配性、自尊感等性格特征的形成和发展产生影响。但神经系统的遗传特性仅是个体形成某些性格特征的可能性,而最终起决定作用的是社会生活环境。因此,在性格形成和发展的问题上,这两种极端的观点都是错误的。

(二)家庭因素在性格形成和发展中的作用

家庭对一个人的性格形成和发展具有重要和深远的影响。家庭被认为是"制造人类性格的工厂",父母把遗传基因传递给后代。家庭又是儿童的最初环境,社会和时代的要求,都通过家庭在儿童心灵上打下深深的烙印。许多心理学家认为,从出生到5~6岁是性格形成的最主要阶段。这个阶段的绝大多数儿童在家庭中生活,在父母的爱抚下成长。从教育的顺序上看,也是首先是家庭,然后才是学校的教育。

1. 父母的教育观念与教育态度

父母的教育观念具体表现为:家长对家庭教育的作用与在家教问题上所承担的角色与职能之认识的教育观,家长对儿童的权利与义务及对子女发展规律之看法的儿童观,家长在子女成才问题上之价值取向的人才观,以及家长对自己同子女有什么样的关系之看法的亲子观。研究发现,家长教育观念的正确与否,决定家长对儿童采取何种教育态度与方式,而家长的教育态度与方式又直接影响着儿童的发展,特别是性格的形成与发展。有许多心理学家针对父母的教养态度与方式对子女性格的影响进行了研究,其结果表明,在父母不同的教育态度与方式下成长的儿童,其性格特点有明显的差异,现概括为表11-4。

表 11-4 父母的教养态度与方式对子女性格的影响

父母的教养态度与方式	子女的性格
支配性的	依赖性,服从,消极,缺乏独立性
溺爱的	任性,骄傲,利己主义,缺乏独立精神,情绪不稳定
过于保护的	缺乏社会性,任性,依赖,被动,胆怯,深思,沉默的,亲切的
过于严厉的(经常打骂)	顽固,冷酷,残忍,独立的;或怯懦的,缺乏自信心、自尊心,盲从,不诚实
民主的	独立的,协作的,社交的,亲切的,天真,有毅力和创造精神,直爽,大胆,机灵
忽视的	妒忌,情绪不安,创造力差,甚至有厌世轻生的情绪
父母意见分歧的	易生气,警惕性高的;或两面讨好,好说谎,投机取巧

2. 家庭情绪气氛和父母榜样

家庭情绪气氛可以划分为融洽与对抗两种类型。家庭中的情绪气氛是由家庭中全体人员营造的,但主要是由夫妻关系所决定的。家庭中的夫妻关系影响家庭其他成员之间的关系,影响孩子性格的形成和发展。

研究表明,愉快家庭中的孩子与气氛紧张及冲突家庭中的孩子在性格上有很大的差别。愉快家庭中的孩子,在家里感到有安全感,生活乐观、愉快,信心十足,待人和善,能很好地完成学习任务。气氛紧张及冲突家庭中的孩子缺乏安全感,情绪不稳定,容易紧张和焦虑,长期忧心忡忡,害怕父母迁怒于自己而受到严厉的惩罚,对人不信任,容易发生情绪与行为问题。

父母被认为是孩子的第一任教师,是孩子学习的榜样。社会信仰、规范和价值观等首先通过父母的"过滤"而传给子女。父母的一言一行都潜移默化地影响孩子性格的发展,孩子随时随地模仿父母的行为。因此,孩子与父母的性格往往相类似。

3. 儿童在家庭中的地位与角色的影响

儿童在家庭中所处的地位及扮演的角色,也会影响其性格的形成与发展。如父母对子女不公平时,受偏爱的一方可能有洋洋自得、高傲的表现,受冷落的一方则容易嫉妒、自卑。

艾森伯格(P. Eisenberg)研究认为,长子或独生子比中间的孩子或最小的孩子具有更多的优越感。孩子在家庭中越受重视,其性格发展越倾向于自信、独立,优越感强。如果其地位发生变化,原有的性格特征往往会随之产生不同程度的变化。苏联一位心理学家对同卵双生子的姐妹进行研究,发现姐姐处事果断、主动勇敢,妹妹较为顺从、被动。经了解,在这对双生子出生后,她们的祖母指定一个为姐姐,一个为妹妹。从童年时起,姐姐就担当起保护、照顾妹妹的责任,所以形成了前面所说的性格特征;而妹妹由于被照顾和保护,就形成了依赖、顺从的性格特征。

(三)学校教育在性格形成和发展中的作用

学校教育在儿童的性格形成中也起重要作用。学校是对学生进行有目的有计划教育的场所。学生在学校里不仅学习、掌握系统的文化科学知识,而发展智力,接受政治和品德教育,形成优良性格特征。英国思想家欧文(Robert Owen)说:"教育人就是要形成人的性格。"学生在学校里形成了良好性格,就能顺利地走向社会,适应社会生活;反之,则会发生各种问题。人格适应不良最初是由于不良的影响,然而学校在教育上的不得法也会造成学生适应不良。学生的适应不良具有一定的普遍性。在国外,有些研究表明,约有22%的学生具有中等或严重的情绪缺陷。我国陈家麟和骆伯巍在1985年对1000名中小学生的调查表明,有16.53%的学生具有各种心理健康问题。

1. 课堂教育

学生通过课堂教学接受系统的科学知识。学习是一种艰苦的劳动,通过学习可以发展学生的坚持性、自制力、主动性和独立性等良好的性格特征。学生在接受系统的科学知识过程中,形成科学的世界观,而科学的世界观对发展学生良好的性格特征具有重要的意义。

2. 班集体

学校的基本组织形式是班集体。学生在集体中生活,班集体、少先队、共青团组织对学生性格形成具有重要意义。学生参加集体活动,使学生习惯于系统地、明确地工作,体验集体生活的乐趣,并得到克服困难的锻炼。集体生活有利于培养学生组织性、纪律性、合群、自制、勇敢、利他和意志坚强等优良的性格特征;也有利于克服自私、孤独等不良的性格特征。苏联教育家马卡连柯指出,要在集体中,通过集体进行教育。

每一个学生在班级里都处于一定的地位,扮演着各种不同的角色,这种角色地位必然影响学生性格的发展。有学者做了一项关于学校指导对角色加工的作用的研究。教师在小学五年级学生中挑选出在班级中地位较低的8名学生,要他们担任班委,并且给予指导。6个月后,观察发现,这些学生中有些人在自尊心、责任感和安全感等性格特征方面有显著的提高,整个班级的风气也有所改变。

3. 教师

教师是学生学习的榜样,教师的言行对学生的性格起着潜移默化的作用。一般来说,学生年龄越小,受教师的影响越大。教师不仅对学生言教,还要对学生身教。

教师与学生的关系也影响学生性格发展。有人在研究学生诚实这个性格特征时发现,喜欢教师的学生说谎少,容易形成诚实的特征;不喜欢教师的学生则经常说谎,不容易形成诚实的特征。

勒温(Kurt Lewin)等人把教师管学生的方式划分为3种类型:放任的方式、专制的方式和民主的方式。放任型:不控制学生的行为,不指导学生学习。学生则表现为无集体意识,无团体目标,纪律性差,不合作。专制型:包办学生的一切学习活动,全凭个人的好恶对学生赞誉、贬损。学生则表现为情绪紧张、冷漠,具有攻击性,自制力差。民主型:尊重学生的自尊心和人格。学生则表现为情绪稳定,态度积极友好,开朗坦诚,有领导能力。

总之,学校教育对学生性格的影响是方方面面的,主要是通过学校的传统与校风,教师的性格、态度与行为,师生关系,学生所在班集体,同学之间的关系,学校组织的团队活动、体育活动、课外活动等渠道实现的。

(四)社会因素在性格形成和发展中的作用

社会因素对学生性格的影响主要通过社会的风尚、大众传媒等得以实现,如电脑、电视、电影、报刊等。电视对儿童性格的影响是巨大的。美国的心理学家在1971年进行的实验证明,电视节目里的许多攻击性行为对年幼无知的孩子的行为发展影响很大。其实验是这样的:让一组八九岁的儿童每天花一些时间看具有攻击性行为的卡通节目;而另一组小孩则在同样长的时间里观看没有攻击性行为的卡通节目。在实验中,同时对这两组儿童所表现出的攻击性行为加以细致的观察记录。结果发现,观看含攻击性行为的卡通节目的儿童,其攻击性行为增多;但是,那些看不含攻击性行为的卡通节目的儿童,在行为上却没有改变。经过十年后的追踪研究发现,以前参与观看含攻击性行为节目的儿童,即使到了19岁,仍然比较具有攻击性,只是女性没有这种相关现象存在。

随着信息时代的到来,通过因特网传播的各种信息会对小学儿童性格形成产生正面和负面影响,而且其影响是广泛而深刻的。这对教育工作者提出了新的研究课题,即如何引导、教育学生正确选择、利用网上信息,提高抵制不健康信息的能力。此外,报刊、文艺作品中的典型人物或英雄榜样也会激起学生丰富的情感和想象,引起效仿的意向,从而影响性格的形成与发展。

(五)主观因素在性格形成和发展中的作用

性格是在人和环境相互作用的实践活动中形成和发展的,但任何环境都不能直接决定人的性格,它们必须通过人已有的心理发展水平和心理活动才能发生作用。社会各种影响只有为个人理解和接受,才能转化为个体的需要和动机,推动个体去行动。个体已有的心理发展水平对性格形成的作用,随着年龄增大而日益增强。个体已有的理想、信念和世界观等对接受社会影响有决定性的作用。例如,守纪律、有责任心等性格特征都是接受与领会外部的社会要求,逐渐将这一要求转变为对自己的内部要求的产物。布特曼(Rudolf Bultmann)说,每一个人都是他自己性格的工程师。人是一个不断自我完善的调节系统,一切外来的影响都要通过自我调节而起作用。从这个意义上说,每个人都在塑造着自己的性格。

五、学生性格的培养

学生的性格具有很强的可塑性。家庭、学校、社会对学生性格发展起着关键作用,所以,除了家长要重视孩子的性格培养外,教师也应切实承担起塑造学生良好性格的任务。

学校教育中影响学生性格形成的因素,主要包括班级的管理模式、教师的榜样示范、班集体心理氛围以及学生个体之间的相互影响等方面。

1. 要建立良好的班级心理氛围。小学教师要从建立良好班集体开始着手,采取民主的班级管理模式,形成良好的班级心理氛围,尊重、热爱、关心每个学生,公平处理学生间的纠纷,通过运动会、球队比赛、参加大扫除等集体活动,增强学生的集体责任感和荣誉感。在良好班集体内生活的学生会喜欢这个班级,产生归属感,从而有利于良好性格的形成。

2. 教师要起榜样示范作用。小学低年级学生对教师尤其是班主任特别亲近,信任教师胜过自己的父母,认为老师所说绝对正确,常常模仿老师的言行。到了中、高年级,对老师的尊敬和热爱渐渐有所选择,而且随着年龄的增长,这种选择越来越明显。他们对于经常关心自己的老师,对于遇事公正、言行一致以及讲课好的老师,特别尊敬热爱。他们在心目中已逐渐开始区分谁是好老师,谁是不好的老师。因此,教师要在人格方面严格要求自己,不因为某些学生成绩不好或个性不良而歧视他们。一个真诚、热情、正直、公正、平等地对待学生的好老师有利于学生良好性格的形成。

3. 教师要多欣赏鼓励学生,少批评指责学生。小学低年级学生对自我的评价依赖于教师对他们的评价,受教师喜欢的学生往往自我评价较高,也受到其他学生欢迎；教师评价低的学生，自我评价也较低，同时也不受其他学生的欢迎。教师的评价对学生心理影响较大，所以，为了帮助学生建立自信，培养学生良好的性格，教师不要只从成绩好坏来评价学生，要善于从多方面发现学生的优点和优势，多欣赏鼓励学生，少批评指责学生。

4.引导学生互相尊重、互相帮助。一个好的教师除了个人要起表率作用，在班级中还要引导学生尊重其他同学，尤其要尊重那些或成绩不好的，或说话结巴的，或比较胖的，或长相容易被同学起外号的学生等。引导学生对同学团结友爱，在同学有困难时给予帮助。让学生在一个彼此尊重、互相帮助、和谐共处的班级中健康成长，有利于学生良好性格的形成。

 思考题

1. 能力的定义是什么？种类包括哪些？
2. 能力与知识技能有什么区别和内在联系？
3. 加德纳"多元智力理论"及其对教学观的影响是什么？
4. 智力发展及其影响因素是什么？
5. 如何培养学生的能力？
6. 什么是气质？它有哪些特性？
7. 气质的类型及其特点是什么？
8. 气质高级神经活动类型理论是什么？
9. 教师如何根据学生的气质类型因材施教？
10. 什么是性格？性格结构包括哪些方面？
11. 性格与气质的关系是什么？
12. 性格的特征和性格的类型包括哪些方面？
13. 影响性格形成和发展的因素有哪些？
14. 如何培养学生良好的性格？

第五篇

发展篇

第十二章

学生身心发展与教育

> 生命是美丽的,对人来说,美丽不可能与人体正常发育和人体的健康分开。
>
> ——(俄)车尔尼雪夫斯基(Nikolai Chernyshevshy)

▶ **本章要点提示**

- 学生身心发展的规律和特点
- 学生身心发展的影响因素及作用
- 认知发展阶段理论及其教育意义
- 人格发展阶段理论及其教育意义

6、7岁至11、12岁时,儿童进入小学学习时期,是儿童心理发展过程的一个重大转折期。小学教育能不能促进儿童的全面发展,直接影响基础教育改革与发展的质量,只有明确小学教育与儿童身心发展的关系,才能真正地实施儿童全面发展的教育。因此,认识和理解儿童身心发展的一般规律以及儿童发展的影响因素及作用,具有积极的教育意义。

第一节 学生身心发展规律和特点

一、身心发展的定义

人的身心发展是指个体从出生到死亡的连续不断的变化过程。这个变化既有连续的、渐进的量的变化,又有质的飞跃;这个过程不是简单的增长和单纯的量变,而是从低级到高级、从简单到复杂、从量变到质变、从旧的质到新的质的不断完善的过程。

人的身心发展包括生理的发展和心理的发展两个方面。生理的发展包括机体及其器官的增长、机能和体质的增强、神经组织的变化等。心理的发展包括认知和意向两方面的发展。认知的发展指感知、记忆、想象、思维等方面的发展;意向的发展指需要、兴趣、情感、意志等方面的发展。

儿童心理发展是指个体的心理从不成熟到成熟的整个成长过程。它是儿童心理学中的一个核心概念。儿童心理发展具体表现为以下四个方面:(1)心理活动从不分化到逐渐分化;(2)心理活动从无意性为主到有意性为主;(3)从反映事物的外部现象到反映事物的本质属性;(4)对事物的态度由不稳定到逐步稳定。通过以上的发展,儿童的心理变得日益完善,逐步复杂,逐渐达到成熟水平。

二、身心发展的一般规律

个体的身心发展遵循着某些共同的规律,这些规律在很大程度上制约着我们的教育教学工作。了解学生身心发展的规律,可以有针对性地帮助他们解决学习、生活中面临的各种矛盾,促进身心全面健康发展。

(一)身心发展的顺序性

个体身心的发展在整体上具有一定的顺序,身心发展的个别过程和特点的出现也具有一定的顺序,既不会逾越,也不会逆向发展。例如,身体的发展遵循着从上到下,从中间到四肢,从骨骼到肌肉的顺序,心理的发展总是由机械记忆到意义记忆,由具体思维到抽象思维,由喜怒哀乐等一般情感到理智感、道德感、美感等复杂情感。美国心理学家科尔伯格(Lawrence Kohlberg)研究表明,人的道德认知遵循着从前世俗水平到世俗水平,再到后世俗水平的发展过程。个体身心发展的顺序性特征要求教育要循序渐进地促进学生的发展,不能"拔苗助长""陵节而施"。

(二)身心发展的阶段性

个体在不同的年龄阶段表现出身心发展不同的总体特征及主要矛盾,面临着不同的发展任务,表现出身心发展的阶段性。前后相邻的阶段不是孤立的,而是有规律地衔接和更替的。身心发展的阶段性要求我们要根据学生身心发展的年龄特征进行针对性教育。

我国心理学家按照个体在一段时期内所具有的共同的、典型的心理特点和主导活动,将个体的心理发展划分为 8 个阶段:乳儿期(0~1岁);婴儿期(1~3岁);幼儿期(3~6,7岁);童年期(6,7~11、12岁);少年期(11、12~14、15岁);青年期(14、15~25岁);成年期(25~65岁);老年期(65岁以后)。

小学儿童处于童年期,在整个的发展过程中处于重要的阶段。在儿童心理发展的每一年龄阶段都具有一般的、典型的、本质的心理特征,称为儿童心理年龄特征。年龄特征和年龄是两个不同的概念。年龄本身并不能决定儿童心理发展特征。

一般来说,年龄特征是稳定的。这种稳定性首先表现为心理发展有固定的阶段顺序和变化的速度。每一阶段儿童表现出来的典型特点是共同的、普遍的。其次表现在不同文化背景中的儿童的心理发展同样具有诸多共同性。稳定性是年龄自身最本质的特征。但是,我们还要看到,年龄特征也有可变性,这种可变性不是指心理发展阶段的省略、逆转或任意捏造,而主要表现在发展的速度可因社会、教育、生活条件的改变而有所变化。良好的教育在一定范围内能促进心理的发展,而不良的教育会束缚心理的发展。

(三)身心发展的不平衡性

身心发展的不平衡性主要体现在两个方面。首先,同一方面的发展速度在不同的年龄阶段是不均衡的。比如,同样的都是生理的发展,但是0~1岁、青春期的时候生长速度比其他时候都快。美国心理学家布鲁姆研究认为,儿童智力的发展如果把17岁时达到的智力水平看作100,那么在4岁以前完成了50%,4~8岁完成30%,9~17岁完成20%。其次,不同方面达到成熟的时期是不同的。如在生理方面,神经系统、淋巴系统成熟在先,生殖系统成熟在后。在心理方面,感知成熟在先,思维成熟在后,情感成熟更后。因此教育中要遵循身心发展的不平衡性,适时而教,抓住关键期或最佳期进行教育。

(四)身心发展的互补性

互补性反映个体身心发展各组成部分的相互关系,它首先指机体某一方面的机能受损甚至缺失后,可通过其他方面的超常发展得到部分补偿。个体身心发展的互补性主要体现在两个方面:一方面,生理机能之间的互补,比如,先天失明者的听觉、触觉、动觉等方面的超常发展,弥补了视觉的不足,这是大脑代偿的作用。另一方面,心理机能和生理机能之间的互补,比如身残志坚。所以在教育中,我们应该结合学生实际,扬长避短,促进学生的个性化发展。

(五)身心发展的个别差异性

身心发展的个别差异性也表现在两个方面:一方面,从个体角度来看,比如有的人性格活泼,有的人性格内向。另一方面,从群体的角度看,比如男女智力差异,男性的离散程度要比女性的大。因此,教育要依据儿童发展的普遍规律进行,同时要针对个别差异因材施教,充分发挥每个学生的潜能,有的放矢地进行教育,使每个学生得到最大限度的发展。

三、小学生身心发展的特点

(一)小学生生理发展的特点

1.身体结构的变化

儿童在经过了婴儿期的第一个生长高峰以后,逐渐进入一个平稳发展的时期。

这个阶段在生理发展上的最大特点是变化不明显。身高每年增长4～5厘米,体重每年增长1.5～2.5千克,女孩的身高体重开始超过男孩,男孩直到进入青春期才会在身高体重方面超过女孩。骨骼比幼儿时变得更坚挺,但富有弹性,比较容易变形、脱臼,但不易骨折。骨骼逐渐骨化,骨化是指骨组织的生成。儿童7岁时颅骨几乎完全骨化,腕骨骨化也比较明显;9～11岁时掌骨和指骨完成骨化。刚入学的儿童,手指、手腕运动不够灵活协调。如一年级小学生刚学写字时,字迹歪歪扭扭,还经常把本子戳破。在小学阶段,脊椎骨的骨化才逐渐开始,所以小学生要保持正确的坐立姿势,以避免脊柱发育异常。随着骨骼的增长,小学儿童的肌肉大小和力量都逐渐增加,特别是手部的肌肉。儿童6岁时手脚还不够灵便,经过小学阶段各种书写、绘画、手工劳动等活动的训练,儿童手指小肌肉运动知觉已相当发展,灵活性和协调性都有较大的提高;到9～10岁时,大脑对肌肉运动缺少耐力,容易疲劳。

牙齿变化很大,由乳齿改变为永久齿。额部加宽,嘴唇增厚,鼻孔加大,稚气的娃娃脸逐渐消失,躯体逐渐增长,胸腔加宽、变平,颈部增长,双臂与双腿肌肉未显著发育。

视觉器官正在发育,屈光状况由透视逐渐趋向正视。小学儿童的视觉是随着年龄的日益增长和学习活动的不断深入而逐渐提高的。其发展主要表现在视敏度的发展和颜色视觉的发展。研究证明,10岁前儿童的视敏度不断提高,10岁儿童的水晶体的弹性较大,视觉调节能力的范围最大,远近物体看得都较清楚;10岁以后,随着年龄的增长,视觉调节能力逐渐降低。小学一年级儿童已能正确辨认各种颜色,能正确匹配各种不同颜色,对于经常见到的颜色也能叫出名称。

小学生在学习言语过程中,必须精确地分辨各种语音,如zh、ch、sh和z、c、s,以及汉语中的四个声调和语音相近的字等。在音乐学习过程中,更需要精确地分辨各种音调、音强、音色、节奏等。这些都会促进儿童听觉的发展。据国外对5～14岁儿童的研究,儿童在十二三岁以前,听觉感受性一直在增加。

这阶段小学生心、肺的重量和容量也继续增大。到9岁时,心脏的重量增至出生时的6倍,心率从出生时的100次/分下降到85次/分。呼吸系统已达到成人的成熟程度。6～7岁肺泡开始发育成熟,到12岁时肺泡显著增大增多,肺活量增大,呼吸频率随之下降。总之,心、肺功能的进一步完善保证了充满活力的儿童机体能够获得充足的能量和氧气。但小学生的身体还比较脆弱,过于激烈的运动会导致其心、肺负担过重,成人要注意保护。

2.神经系统的发展

(1)大脑结构的发展

①脑重继续增加。6～7岁儿童脑的大小已达成人的90%,脑的重量逐步接近成人水平(成人脑重为1280～1420克),其中7岁儿童脑重为1280克,9岁儿童脑重为1350克,已达成人脑重的95%,12岁儿童的脑重为1400克。根据大脑生理学的研究,儿童大脑重量的增加并不是神经细胞大量增殖的结果,而主要是神经细胞结构的

复杂化和神经纤维的伸长。

②额叶显著增大。额叶增大是现代人与类人猿的重大区别之一，是随意运动的生理基础。枕叶到9岁已经基本成熟，颞叶到11岁基本成熟。

③脑电波的频率呈上升趋势，神经纤维逐渐髓鞘化。脑电波是测量和分析脑发育过程的一个重要指标，若以波的频率作为成熟的标志，则13岁儿童的脑基本成熟。髓鞘化是脑内部成熟的重要标志，神经细胞轴突的髓鞘膜的发展，在童年期一直持续着，完成的百分比和脑的生长是同步的。

(2)大脑机能的发展

儿童脑的兴奋过程与抑制过程逐渐趋向平衡，觉醒时间延长，睡眠时间缩短。儿童每天需要睡眠时间：7岁为11小时，10岁为10小时，12岁为9～10小时。内抑制的形成速度不断加快，这表明儿童能更细致地分析综合外界事物并调节控制自己的行为。同时，条件反射形成的时间缩短，形成后不易泛化，易巩固。

第二信号系统活动日益发展起来。幼儿是第一信号系统占主要地位，小学儿童由于言语的发展，第二信号系统初步占主要地位，主要是在教学活动中以及在与成人交际的过程中发展起来的。第一信号系统是动物和人共有的，对现实的具体的刺激，如声、光、电、味等刺激形成条件反射。第二信号系统则是人类所特有的条件反射机制，即对言语刺激、抽象信号等能形成条件反射。第二信号系统的活动是在第一信号系统或非条件反射的基础上建立起来，有助于儿童形成更有抽象性和概括性的联系，为儿童抽象思维能力的发展提供了可能性。

(二)小学生心理发展的特点

1. 小学生认知发展的特点

(1)小学生感知发展的特点与教育

小学生感知发展的趋势是：由无意性向有意性发展，由笼统性向精确性发展。

①感知由无意性向有意性发展

小学低年级学生的感知还带有明显的无意性，在良好教学条件下，他们感知的有意性就会快速地发展起来。教师应加强低年级学生的言语指导，在每次感知前向儿童提出明确的、具体的目的要求，感知过程中提示观察的内容及重点，帮助养成良好的学习习惯。

②感知由笼统性向精确性发展

小学低年级学生对事物的感知往往是整体感知，不善于对事物进行精确的分析和综合，表现出感知的笼统性。从中年级开始，感知由笼统性向精确性发展。这一感知特点，要求在教学中，教师应引导学生对事物进行比较分析，既要掌握事物的整体，又要把握事物的各个细节。特别是识字教学中，要将学生容易遗漏的细节重点突出，适时地呈现在学生的面前，提高学生精确感知的能力。

③观察由表面特征向本质特征发展

观察是有目的、有计划、比较持久的知觉,是人对客观世界主动认识的高级形态。小学生的观察力也是逐步发展的,从感知事物的表面特征发展到感知本质特征;从笼统模糊的知觉发展到较精确的知觉;从缺乏系统性的知觉发展到有目的、有顺序的整体知觉。不过,其观察水平仍不是很高,对本质特征和精确性的认识还有待进一步培养。

(2)小学生注意发展的特点与教育

注意是心理活动对一定对象的指向和集中。小学生的无意注意仍起重要作用,但有意注意发展迅速,随年龄增长有意注意由被动变为主动,注意的内容由具体直观发展到抽象概括。注意的特性如集中性、稳定性也随年龄的增长而逐步提高。教师和家长应重视培养儿童的注意力,帮助他们学会系统、全面深入地观察事物的方法。

(3)小学生记忆发展的特点与教育

①无意识记与有意识记的发展

小学低年级学生的无意识记占优势。随着学习和训练的增加,逐渐由无意识记占优势到有意识记成为主要的记忆方式。教学中,教师要充分利用低年级学生无意识记占优势的特点,加强课堂教学的趣味性和情境性。同时,要教授学生有意识记的方法,把有意识记和无意识记交替使用,不断促进小学生识记能力的发展。

②机械识记与意义识记的发展

特点是由机械识记占优势逐渐向意义识记发展。小学低年级学生在识记材料时,不善于对记忆材料进行思维加工,运用机械识记的方法较多。到中高年级,小学生逐渐学会从材料的意义、逻辑关系方面识记学习材料,机械识记减少,意义识记逐渐占有重要地位。教学中,教师要充分利用小学生机械识记能力强的特点,同时,要加强小学生意义识记方式的训练,不断提高小学生意义识记的能力。

③具体形象记忆与词的抽象记忆发展

特点是由具体形象记忆占主导向词的抽象记忆发展。小学生由于知识经验不足,对具体形象材料的记忆效果好于具体词的记忆,而具体词的记忆效果又高于抽象词的记忆,具体形象记忆仍占有主导地位,低年级较明显。中高年级由于语词量的增加,抽象记忆逐渐占主导地位。因此,小学时期要特别重视直观教学。

(4)小学生思维发展的特点与教育

思维是人脑对客观事物本质属性的间接和概括的反映。小学生思维的基本特点是从以具体形象思维为主要形式逐步过渡到以抽象逻辑思维为主要形式。所谓抽象思维,就是掌握概念,并运用概念组成恰当的判断,进行合乎逻辑的推理的思维活动。但这种抽象逻辑思维在很大程度上,仍然是直接与感性经验相联系的,具有很大成分的具体形象性。随着年龄的增长,推理和理解能力的发展,思维的灵活性和创造性也有所提高,抽象思维成为主要形式。

小学生在概念掌握方面尚有困难,他们的概括水平经历直观形象水平—形象抽象水平—本质抽象水平的发展过程。年龄越低,对事物的概括越受具体事物的外表特征所限制;年龄越高,越能反映事物的内在、本质的特征。而小学生的思维缺乏自觉性、灵活性,因而抽象思维能力发展相对较差。通过学习和训练,他们才能从许多个别、具体的事实中归纳出一般规律和结论,同时也能初步运用所掌握的规律和理论去解释其他类似的具体现象。

研究表明,从四年级起就能够指出事物种和属的特征定义,是由形象思维过渡到抽象思维的关键期。

2. 小学生情感发展的特点

小学生入学后,学校不断提出新的要求,他们情感的内容日益丰富、深刻和复杂化。社会性道德感的比重逐渐增加,情感的稳定性和控制能力有所增强,是儿童期情感发展的重要特征。各种高级情感也逐步得到发展。

小学生的道德感有很大发展,在集体活动中,逐渐认识到个人与集体的关系,在学习祖国历史文化过程中产生了爱国主义思想感情。通过教师的道德情感教育与培养,其爱国主义情感、义务感、责任感、集体主义情感和友谊感逐渐深化和提高。

小学生的理智感也进一步发展,表现为求知欲的发展和对真理的追求。随着学习内容的扩展与深入,儿童对许多新鲜事物都充满好奇,除学习掌握课本知识外,儿童开始对课外读物产生博览的兴趣。

小学生的美感有所发展。美术、音乐课程的学习和训练,课外的文艺活动、文艺作品的阅读以及影视节目的欣赏等都有助于美感的发展,主要表现在对艺术作品中具体的内容和形象的观赏方面。对艺术作品内在质量的评价,在高年级以后才发展。

3. 小学生自我意识发展的特点

(1) 自我意识的定义

自我意识是人对自己以及自己与周围人关系的认知。自我意识的发展过程是个体不断社会化的过程,也是个性特征形成的过程。在童年时期,儿童的自我意识正处于所谓的客观化时期,是获得社会自我的时期。在这一阶段,个体受社会文化影响显著,是学习的最重要时期。

我国心理学家韩进之等人研究发现,儿童自我意识的发展是随着年龄增长从低水平向高水平发展的,是既有上升又有平衡的发展,分为3个阶段:上升期(一年级到三年级)、平稳期(三年级到五年级)、第二上升期(五年级到六年级)。

小学生的自我意识发展具体表现为自我认识、自我评价和自我体验的发展。

自我认识指个体对自己生理、心理及社会关系的认识,随年龄增长而逐渐复杂化,并形成生理自我、社会自我、心理自我的认知。

自我评价指个体对自己和他人的行为的评价。自我评价能力是自我意识发展的主要成分和主要标志,是在分析和评价自身活动的基础上形成的。研究表明,自我评价能力在学前期就已经产生了。进入小学以后,其自我评价能力进一步发展起来,表现在从顺从别人的评价发展到有一定独立见解的评价。小学低年级自我评价的稳定性较差,到高年级则有明显提高。

自我体验是指个体自己的情感体验,如自尊感、羞愧感、愉快感等。在小学阶段,自我体验与自我评价的发展具有很高的一致性,自尊心强的儿童往往对自己的评价比较积极。

(2)自我意识的发展

个体自我意识的发展经历了从生理自我到社会自我,再到心理自我的过程。

①生理自我。生理自我是个体对自己的生理状态以及自身与外部世界关系的反映。生理自我以个体的躯体为中心,是自我意识最原始的形态,生理自我在3岁左右基本成熟。

②社会自我。儿童在3岁以后,自我意识的发展进入社会自我阶段,自我评价的独立性、原则性、批判性正在迅速发展,对道德行为的判断能力也逐渐达到了前所未有的水平。但评价没考虑行为与动机的因果关系,自我的调节控制能力也较差。社会自我至少年期基本成熟。

③心理自我。心理自我是个体对自己的心理特征的意识,青少年开始自觉地按照一定的行动目标和社会准则来评价自己的心理品质和能力。青春期是自我意识形成和发展的第二个飞跃期。

4. 小学生社会性发展的特点

小学生的社会性发展突出表现在社会性认知与社会性交往两个方面。

(1)小学生的社会性认知

社会性认知是指对自己和他人的观点、情绪、思想、动机的认知,以及对社会关系和对集体组织间关系的认知,与个体的认知能力发展相对应。

小学生社会性认知发展具有以下趋势:从表面到内部,即从对外部特征、外部行为的注意到更深刻的心理品质特征的注意;从简单到复杂,即从问题的某个方面到多方面、多维度地看待问题;从呆板到灵活的思维;从具体思维到抽象思维;从弥散性的、间断性的想法到系统的、有组织的综合性思想。

(2)小学生的社会性交往

小学生的交往对象主要是父母、教师和同伴。

①入学后,与父母交往仍然是其社会关系中的重要内容,但关系有了新变化。双方交往时间减少;发生冲突的数量也减少,解决冲突的方式多样化;父母对孩子的关注也有所减少;父母对他们的控制由直接控制逐步转为引导、教育,要求他们自我控制、自我监督。

②从对教师的完全崇拜到有自己的想法和评价。小学生对教师具有"向师性"。低年级学生视教师的要求为金科玉律,对教师是无条件地服从、信任。从三年级开始学生不再完全崇拜教师。学生的各种表现影响着教师对学生的认知和评价,而教师的品德修养、教学水平、人格特征、期望等因素也直接或间接地影响着学生的发展。

③小学生在特定同伴群体中,通过解决个人与集体、个人与伙伴之间的矛盾,更

好地理解他人的动机和目的,更好地对他人进行反馈。他们在这种横向的人际交往中学习社会生活所必要的技能和态度,使社会性发展进入一个新的阶段。

四、小学生身心发展的教育含义

(一)关于学习准备

1. 含义

学习准备是指学生原有的知识水平或心理发展水平对新的学习的适应性,即学生在学习新知识时,那些促进或妨碍学习的个人生理、心理发展的水平和特点。在当代认识学习理论中,布鲁纳和奥苏泊尔(David Ausubel)均强调学习准备的重要性,认为学习准备是任何一种有意义学习赖以产生的前提。这种准备不仅是知识方面的准备,而且包含认识和非认识方面心理发展的准备。

2. 分类

学习准备是一个动态的发展过程,包括纵向和横向两个维度。纵向方面学习的准备是指从出生到成熟的各个年龄阶段的学习准备。在不同的年龄阶段,学生的生理成熟水平和心理发展水平有明显差异,这些差异是有效学习所必须考虑的前提条件,教育应提供适合学生纵向学习的准备。若无一定的准备条件,学生就难以进行新的学习。如小学低年级的儿童,抽象逻辑思维尚未发展,不具备学习代数和微积分的适应性。横向方面的学习准备是指每个年龄阶段出现的各种内部因素相互影响、相互作用而形成一个动力结构。丰富的环境影响,有利于生理器官及其功能的发展,而心理发展通过学习才能实现。如一些14、15岁的大学少年班学生,其智力超群,已经具备学习大学课程的适应性,但因其情感、意志、社会认知和人际交往能力发展还只达到少年期的水平,往往影响了其在大学的学习。

3. 主要内容

(1)身体的发展

这是所有学习准备中最基础的准备,学习中所有其他准备都依赖于某些神经的、腺体的、肌肉的和骨骼的结构与机能的准备情况。身体的发展是学习的必备条件,如果个体在身体发展方面没有做好准备,学习起来就会发生困难。例如,听觉器官和发音器官发育不健全的儿童很难像正常儿童一样学习语言。另外,年幼的孩子很难理解一些抽象的、逻辑性很强的理论,因为他们的思维发展水平还处在形象思维阶段。也就是说,在有关的学习中,应考虑儿童学习该项目时的机体成熟水平,不顾及这一点,就不能获得理想的学习效果。

(2)智力的发展

这是所有学习准备中最重要的准备。心理学家把一定的智力年龄作为儿童能否学习的重要标志。为了查明儿童在哪一个智力阶段才具备开始阅读的成熟水平,心理学家进行了如下实验:把智龄5~8岁的儿童作为参与者,对这些儿童进行半年教育,随后测定他们在这半年里达到阅读标准的百分比。结果发现,智龄在 5 岁 6 个月的儿童只有极少数人能顺利阅读,而智龄在 6 岁的儿童有半数以上的人不能顺利阅读,智龄在 6 岁 6 个月时大约有 70% 的儿童取得了令人满意的进步。根据这些资料,可以认为,智龄 6 岁 6 个月是有希望在小学一年级顺利进行阅读的最低限度。

(3) 情感的发展

现代教育科学理论表明,情感是影响学生学习的重要因素。假如一个儿童不愿意学习,对学习毫无兴趣,那么可以肯定他难以在学习中获得成功。情感在学习中的作用正在逐渐被人们认识。心理学家曾做过一个实验,用一些智力测验来检验儿童。测验题目分为两种类型:一种是简单易做,儿童容易解决,马上可以得到奖赏,但奖赏较小;另一种是复杂难做,儿童要动足脑筋才能解决,奖赏要过几天才能给,但得到的奖赏较大。把两种类型题目让儿童选择,看儿童选择的是延迟满足还是即时满足。结果发现,情感上易于冲动的孩子,往往选择即时满足,而善于控制冲动的孩子,往往选择延迟满足,而且选择延迟满足的孩子要比选择即时满足的孩子具有更高的认知水平。这充分表明情感对学习目的和学习效果的影响。

(4) 社交能力的发展

心理学家的调查发现,社交方面较成熟的儿童,由于适应性较强,同伴关系相处得较好,因此常常被成人看作"有能力""有创造性"的人。在同伴中也多留下稳重、友好等印象,这些评价和印象提高了儿童的社会地位,满足了他的尊重需要,从而进一步激发他掌握技能、发展智力的愿望。

(5) 自我意识的发展

自我意识是作为主体的我对于自己以及自己周围事物的关系,尤其是物我关系的认识。学习的基本前提是分清物我关系,即把自己的世界和外在的世界区分开来。倘若没有这一概念上的准备,学习就成了一句空话。在自我意识中,有一个很重要的成分,心理学上叫作"控制点",它直接影响到学习效果。所谓控制点,就是一个人找出控制他生活的主要力量,也即人们对影响自己生活和命运的某些力量的看法。年龄越小越有可能到外部世界中去寻找这种力量,因为他们不知道"我"对"物"能起什么作用。例如,年幼儿童对待学习的态度,往往不是出自自己的本愿,不是依靠自己的力量来控制学习,而是遵循父母的命令、迎合世俗的传统,或者出于对学习的新鲜感。随着年龄的增长,儿童逐渐认识到自己所从事的活动和活动的结果,关键不在外部,而在自己的内部。他们开始认真地看待自己,控制点更多地落在内部。控制点由外部转向内部的这个过程,一般到成年期才算完成。

4. 教育含义

学习准备不仅影响新学习的成功,而且也影响学习的效率。如果学生的学习滞后于学习准备,就会白白浪费许多学习的机会。相反,若学生学习大大超前于学习准备,就会拔苗助长,不仅难以掌握正在学习的知识和技能,而且还会产生不愉快的经验,使其害怕和逃避学习。同时,学习也会促进学生的心理发展,新的发展又为进一步的新学习做好准备,学习准备是个动态发展的过程。为此,教学要遵循学习的准备性原则,其又称"量力行原则"或"可接受性"原则,即要根据学生原有的准备状态进行新的教学,让学校适应学生的具体实际水平,不应只强调学生要适应学校。

(二)关于关键期

所谓发展关键期,是指身体或心理的某一方面机能和能力最适宜形成的时期。在这一时期中,对个体某一方面的训练可以获得最佳成效,并能充分发挥个体在这一方面的潜力。关键期得不到有效的发展,将会带来后续发展的影响,甚至可能无法弥补。

关键期这一概念最初是由奥地利生态学家康罗德·洛伦兹(Konrad Lorenz, 1937)提出来的。他在对鸟类自然习性的观察中,发现刚孵出的幼禽,如小鸡、小鹅等,会在出生后很短的一段时间内学会追逐自己的同类,过了这段时间便再也不能学会此类行为或印刻自己的母亲。他认为这个时间是幼禽认识并追随母禽的关键期。后来,发展心理学家将动物的关键期概念引入儿童早期发展的研究中,认为儿童的心理发展同样存在关键期。这是个体早期生命中一个短暂的时期。在此期间,个体对某种刺激特别敏感,过了这一时期,同样的刺激对之影响很小或没有影响。

已有的研究表明,2岁是口语发展的关键期,4岁是形状知觉形成的关键期,4~5岁是学习书面语言的关键期。当然,儿童的学习与动物完全依赖本能的学习不同,即使错过了关键期,有的能力经过补偿性学习仍有可能获得,只是难度要大得多。所以,应抓住关键期的有利时机,及时进行适当的教育,以求事半功倍的效果。

第二节 学生身心发展的影响因素及作用

影响学生身心发展的因素很多,但其中最重要的因素可以概括为遗传因素、环境因素、学校教育因素和主观能动因素四个方面。关于这些因素在学生身心发展过程中的作用问题,是心理学界、教育界和遗传学界历来最关心的问题。

一、遗传因素及其作用

(一)遗传的概念

遗传也称遗传素质,是指从上代继承下来的解剖生理上的特点,如感官构造、神经系统的机能等特点。遗传素质是个体发展的物质前提。

(二)遗传素质的作用

1. 遗传素质为人的发展提供了可能

人的发展总是要以遗传获得的生理组织、一定的生命力为前提。没有这个生物前提,任何发展都不可能。遗传下来的特点,特别是人的大脑神经系统对人的发展有直接关系。例如,神经系统是一切心理发展的物质前提,无脑畸形儿不但不能产生心理,而且也活不长。

2. 遗传素质的成熟制约身心发展的水平及阶段

人的遗传素质是逐步成熟的。刚出生时,各种身体器官的构造和机能是不完备的,它随年龄的增长而不断成熟,都服从年龄解剖学规律。

遗传素质的成熟程度制约着身心发展的年龄特点。学生每一阶段表现出不同的特征,是与一定阶段内遗传素质的成熟程度相适应的。例如,低年级学生不可能让他们学习高等数学,他们还没有具备相应的神经生理机制。心理学研究表明,早于或迟于成熟期的学习都无助于发展。

3. 遗传素质的差异是造成个别差异的重要因素

遗传素质是有差异的。在不同的物质基础上发展起来的心理,自然具有不同的特点。如新生儿呱呱落地,有的安安静静,有的大哭大叫;思维方面,有的灵活性高,解决问题快,而有的灵活性低且慢。这表明神经类型的特点不同。

4. 遗传素质仅仅为人的发展提供物质前提

遗传素质不是人发展的决定因素,不能夸大它的作用。遗传素质有差异,但就一般人而言并不是相差很大。马克思说:"搬运夫和哲学家的原始差别要比家犬和猎犬之间的差别小得多,他们之间的鸿沟是由分工造成的。"遗传素质为人的发展提供了潜在的可能性,这种可能性必须在环境和教育的影响下才能转化为现实性。如王安石的《伤仲永》记述了一个叫方仲永的人,小时聪颖异常,五岁即能诗,但由于缺乏足够的教育,十二三岁时写的诗已大不如前,二十岁左右便"泯然众人矣"。而有些生来似乎愚笨的人经过后天的教育也能成为一代英才,如《卡尔·威特的教育》一书中的威特,小时候几近于白痴,但经过他父亲的悉心教育,掌握了多门外语,取得两个博士学位,成为法学权威和研究但丁(Dante)的专家。

人的心理是在一定的遗传素质的基础上发展起来的,遗传素质是心理发展的物质基础或自然前提,它为心理发展提供了可能性。我们既不能否认遗传的作用,也不能过分夸大遗传的作用。

"遗传决定论"过分夸大遗传素质的决定作用,是片面的。例如,英国心理学家高尔顿通过家谱调查法和对400名左右科学家的家史进行研究后,得出结论:非凡的才能主要起因于遗传因子。又如奥地利儿童心理学家彪勒(K. Bühle)认为:"儿童内部素质向着自己的目的有节奏地运动的过程,外界环境在这里只起着促进或延缓这个过程的作用,而不能改变这个过程。"我国俗话说:"龙生龙,凤生凤。"这些都是遗传决定论的表现。

二、环境因素及其作用

人是在一定的环境中生存和发展的,环境在很大程度上决定着人的发展。

(一)环境的构成

环境是指个人身体之外的客观现实,包括物质环境和精神环境两个方面。物质环境包括自然环境、人口的生产、物质生活资料的生产方式等,其中生产方式对人的发展起决定作用。就人的身体发展看,在良好的物质生活条件下,人的身体发育就快一些、好一些,体质也强壮,反之亦然。环境对人的发展起决定作用,并不是机械地决定,环境对人的影响不是消极的、被动的,而是积极的、能动的。环境在人的发展中起到的作用,常常是通过教育活动实现的。

(二)环境对人的作用

1. 环境使遗传提供的发展可能性变成现实

与生俱来的遗传素质能否适时发展,以及向什么方向发展,并不是由遗传本身决定,而是由环境决定的。遗传提供的可能只有在一定的社会条件下才能变为现实。

2. 环境决定人的发展方向、水平、速度和个别差异

在不同的社会生活条件下,人的发展方向、水平、速度均不相同。因为人一生下来,就必须要与周围的人发生各种关系,不同的文化背景、风俗习惯、生活方式必然影响着人的方方面面。"近朱者赤,近墨者黑",充分说明了环境对人的影响的意义。

学生心理的发展离不开社会环境。一个人从出生之日起只有生活在人类社会里,他的心理活动才能得到正常的发展。离开人类社会就不可能产生人的心理,例如"狼孩""豹孩""熊孩"等,但我们也不能过分夸大社会环境的作用。

"环境决定论"过分夸大了社会环境的作用,完全抹杀其他因素特别是遗传因素对心理发展的影响。在西方各国,不少心理学家用同卵双生子进行实验,证明环境在人的发展中的决定作用。当双胞胎出生后,有的在同一家庭受教养,有的分开在不同的家庭抚养,结果发现分开抚养的双生子智力发展并不一样。据此,他们声称人的发展主要由环境因素决定,否认遗传的作用和个体心理年龄特征的作用,否认人的主动性和自觉性。

三、学校教育因素及其作用

学校教育,在一定意义上是一种特殊的环境,学校把改造过的自然、人与人之间的关系、社会意识形态等因素,经过有目的的选择和提炼,按照人的发展特点,以系统化的形式作用于学生,对人的影响巨大而深远。

学校教育在人的发展中起主导作用,因为:

(一)学校教育是有目的、有计划、有组织地培养人的活动

相比而言,遗传与社会生活条件具有不可控制、不能选择的特性,而学校教育是按照一定的目标,选择合适的内容,采取有效的方法,利用集中的时间,对人进行的有系统的培养。学校教育对个体发展做出社会性规范,这些规范的具体内容对学校教育来说,又随着社会性质与发展水平、不同教育阶段的人才培养而变化,并有意识地以教育目标和目的的形式去规范学校的其他工作,通过各种教育活动使学生达到规范的目标。

(二)学校教育是通过专门训练的教师来进行的,教育效果较好

严格地说,教师应该受过严格而专门的训练。他们不仅精通自己所教的学科,而且熟悉学生心理,懂得采取恰当的方法,根据学生的实际情况进行教学,因而能够有效地培养学生,达到预期的效果。

(三)学校教育能有效地控制、影响学生发展的各种因素

影响学生发展的因素很多,学校尽管不能全部加以控制,但能在一定程度上协调各种因素,让学生处于最佳的发展环境之下。在开发特殊才能方面,小学教育内容的多面性和同一学生集体中学生间表现出才能的差异性,有助于个体特殊才能的发现,而专门学校对这些才能的发展、成熟具有重要的作用。在个性发展方面,教师的心理学、教育学素养是关键因素,它决定教师是否善于发现每个学生的独特性和价值,是否尊重和注重学生个性的健康发展,是否积极地在教育活动中为学生的个性发展创造客观条件和提供活动舞台。

学校教育在学生发展中的主导作用主要是通过教师与学生的相互影响来实现的。

我们强调教育的主导作用,但是绝不能过分夸大它的作用。教育万能论者的错误就在于抹杀了学生的主观能动性。最典型的代表是美国行为主义心理学家华生,他曾经公开吹嘘:"给我一打健全的儿童,我可以用特殊方法任意地加以改变,或者使他们成为医生、律师……或者使他们成为乞丐、盗贼……"他认为人的心理行为是由刺激、反应构成的,给什么刺激就有什么反应。这种观点显然是错误的,他忽视了外因必须通过内因起作用的客观规律。

四、主观能动因素及其作用

人不论接受社会环境的熏陶还是学校教育的影响,都总是要通过自己的实践活动来实现的。人的心理只有在实践活动中,通过个人的主观努力才能形成和发

展起来。主观能动因素也是心理发展的内部条件之一，它对学生心理的发展可以起延缓或促进的作用。因为在同样的社会环境和学校教育影响下，学生心理发展的水平和速度是与个人的主观努力分不开的。人的智力和品德都是在后天的学习、生活、工作实践中逐渐形成发展起来的，不从事某方面的实践，就不会形成相应的能力，智力也就得不到发展，优良品德也就培养不起来。知识的多与少，才能的高与低，禀赋的智与愚，在一定条件下是可以互相转化的，而转化的主要条件是人们在实践中的勤奋努力，主观能动性发挥的程度。许多卓有成就的文学家、科学家、革命家的实践，充分证明了这一点。曾有人称鲁迅是天才，但他谦虚地说："哪里有天才，我是把别人喝咖啡的工夫都用在工作上的。"高尔基（Maxim Gorky）也说过："人的天赋像火花，它既可以熄灭，又可以燃烧起来，而迫使它燃烧成熊熊大火的方法只有一个，就是劳动，再劳动。"门捷列夫（Dmitri Mendeleev）说："终身努力便是天才。"离开了主观努力，任何天才都将一事无成。人们的才能的差别主要来自实践，学习也是实践，不断学习是人们才能的基础和源泉。

我们强调主观能动因素的作用，但也不能过分夸大它的作用。我们反对所谓"意志自由论"的观点。持有这种观点的人认为，心理发展完全是以个人的主观努力为转移的，它可以不受任何客观条件的制约，只要能发挥主观能动性，一切都可以如愿以偿。这种观点对教育工作是十分有害的，容易犯"儿童中心主义"的错误。

综上所述，遗传素质为每个学生的心理发展提供了一种可能性，至于这种可能性能否转化成为现实性，还要看社会环境、学校教育为学生心理的发展所提供的条件。许多研究资料表明，一个人的遗传素质是心理发展的物质前提，虽然是先天的，但是，一个人心理发展的方向、水平和速度并不是注定不变的，而是与一个人后天的社会环境影响、学校教育影响和个人的主观努力分不开的。因此，学生心理的发展，既不单纯由遗传因素决定，也不单纯由社会环境和学校教育因素决定，更不单纯由主观能动因素决定；而是遗传因素、社会环境因素、学校教育因素和主观能动因素互相联系、相互制约、综合起作用的结果。过分夸大其中任何一个因素的作用对教育工作都是极其有害的。

第三节 认知发展阶段理论及其教育意义

认知发展阶段理论是瑞士心理学家皮亚杰提出的。皮亚杰认为，人从出生到成人的认知发展不是一个数量不断增加的简单累积过程，而是伴随着认知结构的不断重构，使认知发展形成几个按不变顺序相继出现的时期或阶段。他认为逻辑思维是智慧的最高表现，因而从逻辑学中引进"运算"的概念作为划分智慧发展阶段的依据。这里的运算并不是形式逻辑中的逻辑演算，而是指心理运算，即能在心理上进行的、内化了的动作。他将从婴儿到青春期的认知发展分为四个阶段：感知运动阶段、前运算阶段、具体运算阶段和形式运算阶段。

一、认知发展的四个阶段

(一)感知运动阶段(0~2岁)

这一阶段的认知发展主要是感觉和动作的分化。初生的婴儿只有一系列笼统的反射。婴儿最初的感觉动作是笼统含糊,缺乏精确性和协调性的,也分辨不出自己与周围世界的关系。随后的发展便是组织自己的感觉与动作以应付环境中的刺激,到这一阶段的后期,感觉与动作才渐渐分化,开始意识到主体与客体的区别,有了客体恒常性概念,思维也开始萌芽。

(二)前运算阶段(2~7岁)

这个阶段的儿童,各种感知运动图式开始内化为表象或形象图式,思维仍受具体直觉表象的束缚,难以从知觉中解放出来。这一阶段儿童的思维有如下主要特征:

1. 单维思维:只能从单个维度思考问题,不能从多方面综合进行思维。比如将容量相等的两杯水分别倒入矮而宽的杯子和高而窄的杯子中,让4岁或5岁儿童来判断两个杯子中的水是否一样多,部分儿童会说,矮而宽的杯子中的水多;另一部分儿童会说,高而窄的杯子中的水多。皮亚杰认为,前运算阶段儿童只能从单维进行思维,考虑高度却不能顾及宽度;反之,考虑宽度却忽略了高度。

2. 思维的不可逆性:不能改变思维的方向,使之回到起点。例如,问一名4岁儿童:"你有兄弟吗?"他回答:"有。""兄弟叫什么名字?"他回答:"吉姆。"但反过来问:"吉姆有兄弟吗?"他回答:"没有。"

3. 自我中心:这个时期的儿童还不能将自我与外界很好地区分开来,总是站在自己的角度而不是站在他人的角度去认识和适应外部世界。这种自我中心性不仅表现在儿童的心理过程,如感知、记忆、思维和情感等方面,而且也表现在他们的社会性发展方面。

4. 泛灵论:这个时期的儿童有把无生命物体看作是有生命、有意向的东西的认识倾向。如4~6岁儿童把一切事物都看成和人一样是有生命、有意识、活的东西,常把玩具当作活的伙伴,与它们游戏、交谈。

(三)具体运算阶段(7~11岁)

这一阶段的儿童认知结构中已经具有了抽象概念,能进行多维思维(如能从多维对事物归类),具有思维的可逆性,并去自我中心,可进行具体逻辑推理。这一阶段的标志是守恒观念的形成,认知水平处于依靠具体经验支持的逻辑思维水平。具体运算阶段儿童的思维具有如下特征:

1. 多维思维,即能从多个维度考虑问题。比如对于一个白色的长方形的玩具,儿童既可以把它归入"白色"物体一类,又可以把它归入"长方形"物体。这说明儿童可以从多个维度对事物进行归类。

2.思维的可逆性,这是守恒观念出现的关键。例如,将一大杯中的水倒入小杯中时,这一阶段的儿童不仅能够考虑水从大杯倒入小杯,而且还能设想水从小杯倒回大杯,并恢复原状。这种可逆思维是运算思维的本质特征之一。

3.去自我中心。儿童逐渐学会从别人的观点看问题,意识到别人持有与他不同的观念。他们能接受别人的意见,修正自己的看法。这是儿童与别人顺利交往、实现社会化的重要条件。

4.具体逻辑推理。这一阶段的儿童虽缺乏抽象逻辑推理能力,但他们能凭借具体形象的支持进行逻辑推理。例如,向7~8岁的小孩提出这样的问题:假定A>B,B>C,问A与C哪个大。他们可能难以回答。若换一种说法:"张老师比李老师高,李老师又比王老师高,问张老师和王老师哪个高?"他们则可以回答。

(四)形式运算阶段(11~15岁)

这一阶段的儿童,思维已超越了对具体的可感知的事物的依赖,使形式从内容中解脱出来,进入形式运算阶段。形式运算阶段儿童的思维具有如下特征:

1.命题之间关系。本阶段的儿童思维是以命题形式进行的。他们不但能思考和检验单个命题,还能发现命题与命题之间的逻辑关系。例如"小兰比小丽皮肤白,小兰比小苏皮肤黑。这三人谁最黑,谁最白?"这样以命题的形式进行运算的问题,儿童能推论出结果。

2.假设—演绎推理。假设—演绎推理指个体的思维不仅能够运用经验—归纳的方式进行逻辑推理,而且能够运用假设—演绎推理方式来解决问题。

3.抽象逻辑思维。个体能够理解符号的意义、隐喻和直喻,能做一定的概括,其思维发展水平已接近成人。例如儿童知道A>B,A<C,无须直观形象的支持,儿童能推导出C>B。

4.可逆与补偿。这个阶段的儿童不仅具备了逆向性的可逆思维,而且具备了补偿性的可逆思维。如,对于"在天平的一边加一点东西,天平就失去平衡。怎样使天平重新平衡"的问题,他们不仅能考虑把所加的重量拿走(逆向性),而且也能考虑移动天平的加重盘子使它靠近支点,即使力臂缩短(补偿性)。

5.思维的灵活性。本阶段的儿童不再刻板地恪守规则,反而常常由于规则与事实的不符而违反规则。因此,对于这一年龄阶段的儿童,教师和家长不宜采取过多的命令和强制性的教育,而应鼓励和指导他们自己做决定,或者对他们考虑不全面的地方提出建议和改进的办法。

二、影响心理发展的因素

皮亚杰提出四个影响心理发展的基本因素。

（一）成熟

成熟是指机体的成长，特别是神经系统和内分泌系统的成熟。皮亚杰认为智力的成长过程中，成熟不是决定条件，神经系统的成熟只能决定某一发展阶段的可能性与不可能性，环境因素对于实现这些可能性始终是不可少的。

（二）练习和经验

练习和经验指个体对物体施加动作过程中的练习和习得的经验（不同于社会性经验），区分为物理经验和逻辑数理经验两种。前者指个体作用于物体，获得有关物体特性（如体积、重量等）的信息。例如儿童关于物体的重量、颜色、表面的光滑程度、声音的高低、水结成冰等经验是通过儿童的触觉、视觉、听觉等从物体中抽取出来的。这种经验最本质的特点是来源于物体本身。后者指理解动作与动作之间相互协调的结果。皮亚杰举了一个例子解释这种逻辑数理经验：他有一位数学家朋友，小时候在沙滩上玩卵石，把10个卵石排成一行，发现不论从哪端开始数都是10个；然后他又把卵石排成另外的形状，如排成圆形、四方形，数出来的数目仍然不变。于是他得出"数量和与顺序无关"的结论。这种经验是由主体作用于客体的动作以及动作间的相互协调结果所引起。因此，皮亚杰说："知识来源于动作，而非来源于物体。"

（三）社会性经验

社会性经验指社会环境中人与人之间的相互作用和社会文化的传递。社会环境因素主要涉及教育、学习和语言等方面。社会环境因素对发展的影响是显而易见的，因为发展的进展可以随着儿童所受的文化教育和社会环境的差别而加速或推迟。但是，发展的次序具有连续性这一事实又充分说明，社会环境因素不是发展的充分因素。社会环境因素与物理的经验一样，它们要能对主体的发展发挥作用，必须建立在它们能被主体所同化的基础上。皮亚杰认为，只有当所教的东西可以引起儿童积极从事再造和再创的活动，才会有效地被儿童同化。

（四）平衡化

平衡化指个体在与环境相互作用过程中的自我调节。具有自我调节作用的平衡过程对于心理发展的上述三种基本因素起到调节作用，并且这种调节表现出定向性的特点。平衡化的过程不能归结为单独由遗传或成熟而来，也非预先制定的先验的东西。皮亚杰认为新结构或新知识的形成实际上是一种建构的过程。个体的认知图式不能同化新的知识经验时，心理产生不平衡状态。每经过一次由失衡到新的平衡的过程，其认知结构就会产生一次新的改变。个体认知结构的改变使之能够吸收容纳更多新的知识经验，促使智力水平得到发展和提高。

皮亚杰曾用黏土球实验解释了在具体运算阶段儿童质量守恒概念获得过程中的

平衡化作用。实验的方法如下:把两个大小、形状、重量完全相同的黏土球展示给6~8岁的儿童看,然后将其中一个黏土球做成薄饼状或香肠形,或是数个小糖果状,然后问儿童,黏土的多少有无变化?他观察到,儿童在这一质量守恒概念形成过程中,经历了四个阶段。

第一阶段:当黏土球被做成薄饼状、香肠形或分做成数个小糖果状时,儿童认为黏土多了,因为薄饼大、香肠长、小球多,也有正好相反的答案。

第二阶段:当薄饼做得更薄、香肠更长、小球的个数更多时,那些刚刚回答黏土多的孩子开始认为黏土又少了,原因是"太薄,太细,小球太小"。

第三阶段:矛盾阶段。经过上面两个阶段,儿童感到为难,判断时表现出犹豫不决,来回摇摆。

第四阶段:儿童认识到两边是一样多的。

可见,第一阶段的儿童属于前运算阶段,他们只能将注意集中在泥球状态的一个方面,或是长的东西多,短的即少;或是粗的东西多,细的即少。第二阶段仍是前运算阶段,虽然他们开始注意到了泥球状态变化的另一个方面,但仍是单向思维。第三阶段儿童感到问题难以回答,说明通过上述两个阶段后,儿童已注意到泥球的粗与短、长与细、数目多与少是有关联的,而原有的图式已不能适应这一刺激。因此,在同化这一刺激的同时,被吸收的刺激将改变图式,使儿童由只注意泥球状态的一个方面过渡到注意泥球状态的两个方面。矛盾阶段表现出的拿不定主意即是不平衡。第四阶段,新刺激已整合到旧图式当中,新图式建成,儿童同化与顺应达到了平衡,正确地回答了两边一样多,获得了质量守恒概念。由此皮亚杰认为,具有自我调节作用的平衡过程是智力发展的内在动力。

三、皮亚杰关于儿童认知发展阶段理论的主要观点

1.儿童认知发展的本质就是适应。它是在一定的认知结构基础上实现的,即图式,图式是有组织的思考或行动的模式,是用来了解周围世界的认知结构。最初的图式来源于先天的遗传,表现为一些简单的反射,为了应付周围的世界,个体逐渐地丰富和完善着自己的认知结构,形成了一系列的图式。同时皮亚杰认为图式的变化是通过同化(assimilation)和顺应(accommodation)两个过程完成的

同化是指个体将外界信息纳入已有的认知结构的过程,但是有些信息与现存的认知结构不十分吻合,这时个体就要改变认知结构,这个过程即是顺应。平衡是一种心理状态,当个体已有的认知结构能够轻松地同化环境中的新经验时,就会感到平衡,否则就会感到失衡。同化是当儿童每遇到新事物时,在认识中就试图用原有的图式去同化,如获成功,就得到在原有认知上的平衡,实现了认知量上的增加,如婴儿吸吮图式,从吸母亲奶头到同化奶瓶上的橡皮奶头。反之,便要通过顺应(调节)调整原有图式或创立新图式去同化新事物,以达到认知上新的平衡,实现认知上的变化,如从吸吮图式到咀嚼图式。

2.儿童认知发展是连续的,按固定顺序进行,一个跟着一个出现,没有什么阶段会突然出现,也不会跳跃和颠倒,先后次序不变。前一个阶段的结构是形成后一个结构的基础,所有的儿童都一样,即感知运动阶段是前运算阶段的基础,前运算阶段又是具体运算的基础,最后才是形式运算,不能从感知运动阶段直接跳到具体运算,也不能先形式运算,再发展到具体运算阶段。

3.儿童认知发展具有明显的阶段性。不同阶段有其主要特征,如0~2岁属感知运动阶段,为了对付当前世界,婴儿组织天然的动作图式,如吮吸、抓握、打击等,在主观与客体交往中逐渐实现感觉与动作的分化和精确化。2~7岁属前运算阶段,由于语言的参与,儿童学会了用符号和内部想象去思维,但其思维不够系统,运算规则不合逻辑,有极强的"自我中心主义"。7~11岁是具体运算阶段,儿童发展了有条不紊地思维的能力,能守恒,但仅仅在他们能借助于具体对象与活动时才可能这样做。11~15岁属形式运算阶段,青年发展了在一种真正抽象的与假设的水平上有条理地思维的能力。

4.儿童认知发展阶段的进程体现出差异性,即有的儿童进入某一阶段先于或迟于其他儿童,年龄的表述只具有平均数的含义。在不同学科方面的认知发展也不尽相同。青少年一般先在自然学科领域出现形式运算思维,在社会学科领域的思维发展较慢。而且,同一个人在某一学科领域的思维可能达到了形式运算水平,但遇到新的困难问题时,其思维又可能会退回到具体运算水平。

四、认知发展阶段理论的教育意义

学生认知发展阶段特征制约教学,教学必须适应学生的认知发展;教学又可以作为学生认知发展的一个有效条件,促进学生认知水平的提高。这两方面是相辅相成的,适应是基础,促进是目的。

(一)认知发展制约教学的内容和方法

在皮亚杰看来,学习从属于发展,从属于主体的一般认知水平。所以,各门具体学科的教学都应研究如何对不同发展阶段的学生提出既不超出当时的认知结构的同化能力,又能促使他们向更高阶段发展的富有启迪作用的适当内容。例如,只有形式运算阶段的儿童才能获得纯粹以命题形式呈现的概念和规则,而大多数中学生并未都达到这一发展水平,即使在某一领域达到这一发展水平的学生,在其他领域也不一定达到,因而中学生学习抽象概念和规则仍需要具体经验的支持。

(二)教学能促进学生的认知发展

皮亚杰的研究企图揭示无特殊训练条件下的儿童认知发展阶段,并未考虑专门教学的影响。从一般发展的观点看,这种研究是必要的,但不能把皮亚杰的发展阶段看成是固定不变的或不受教育影响的。大量的研究表明,通过适当的教育训练来加快各个认知发展阶段转化的速度是可能的。只要教学内容和方法得当,系统的学校教学肯定可以起到加速认知的作用。教学中多采取小组讨论、合作学习的形式,这对儿童的去自我中心的发展具有重要意义;教学中引导学生去发现知识,提供自主探索的机会,可以促进认知的发展;儿童认知发展阶段的进程体现出差异性,因此教学中要注意个别差异,做到因材施教。

第四节 人格发展阶段理论及其教育意义

人格又称个性,通常是指决定个体的外显行为和内隐行为,并使其与他人的行为有稳定区别的综合心理特征。人格反映一个人总的精神面貌,是一个人不同于其他任何人的独特的个性表现。

一、人格发展阶段理论

不同的心理学家对人格的发展有不同的看法,埃里克森(E. H. Erikson)的理论认为,儿童人格的发展是一个逐渐形成的过程,必须经历八个顺序不变的阶段,其中前五个阶段属于儿童成长和接受教育的时期。每一阶段都有一个由生物学的成熟与社会文化环境、社会期望之间的冲突和矛盾所决定的发展危机。成功而合理地解决每个阶段的危机或冲突将使个体形成积极的人格特征,发展健全的人格。

(一)基本的信任感对基本的不信任感(0~1.5岁)

该阶段的发展任务是发展对周围世界,尤其是对社会环境的基本态度,培养信任感。如果父母或照料者给予婴儿适当的、稳定的与不间断的关切、照顾、哺育与抚摸,婴儿就会对父母产生一种信任感,认为这个世界是安全而可信赖的地方。这种对人、对环境的基本信任感是形成健康个性品质的基础,是以后各个时期发展的基础,尤其是青年时期发展起来的同一性的基础。

婴儿如果得不到周围人们的关心与照顾,就会对外界特别是对周围的人产生害怕与怀疑的心理,以致影响到下一阶段的顺利发展。信任在人格中形成了希望这一品质,它起着增强自我的作用。埃里克森认为希望是指对自己愿望的可实现性的持久信念,是反抗黑暗势力、标志生命诞生的怒吼。具有信任感的儿童敢于畅想未来,富有理想,具有强烈的未来定向。

(二)自主感对羞耻感与怀疑(1.5~3岁)

该阶段的发展任务是培养自主性。儿童初步尝试独立处理事情,如果父母允许幼儿去做他们力所能及的事,鼓励幼儿的独立探索愿望,幼儿就会逐渐认识到自己的能力,养成主动自主的性格;反之,父母过分溺爱和保护或过分批评指责,就可能使儿童怀疑自己对自我和环境的控制能力,使之产生一种羞耻感。

这一时期,儿童掌握了大量的技能,如爬、走、说话等。更重要的是,他们学会了怎样坚持或放弃,也就是说儿童开始"有意志"地决定做什么或不做什么。这时候父母与子女的冲突很激烈,也就是第一个反抗期的出现。一方面父母必须承担起控制儿童行为使之符合社会规范的任务,即养成良好的习惯,如训练儿童大小便,使他们对肮脏的随地大小便感到羞耻,训练他们按时吃饭,节约粮食等;另一方面儿童开始了自主感,他们坚持自己的进食、排泄方式,所以训练良好的习惯不是一件容易的事。这时孩子会反复应用"我""我们""不"来反抗外界控制,而父母决不能听之任之、放任自流,这将不利于儿童的社会化。反之,若过分严厉,又会伤害儿童自主感和自我控制能力。如果父母对儿童的保护或惩罚不当,儿童就会产生怀疑,并感到害羞。因此,把握住"度"的问题,才有利于在儿童人格内部形成意志品质。埃里克森把意志定义为:"不顾不可避免的害羞和怀疑心理而坚定地自由选择或自我抑制的决心。"

（三）主动感对内疚感（3～6岁）

该阶段的发展任务是培养主动性。个体在这阶段的身体活动能力与言语能力发展很快,能参加跑、跳、骑小车等运动,能说一些连贯的话,还能把自己的活动扩展到超出家庭的范围,除了模仿行为外,个体对周围的环境充满了好奇心,常常问问这,动动那。儿童喜欢尝试探索环境,承担并学习掌握新的任务。在这一时期如果幼儿表现出的主动探究行为受到鼓励,幼儿就会形成主动性,表现出很大的积极性与进取心。反之,如果父母对儿童采取否定与压制的态度,就会使他们认为自己的游戏是不好的,自己提出的问题是笨拙的,自己在父母面前是讨厌的,致使孩子产生内疚感与失败感,这种内疚感与失败感还会影响下一阶段的发展。当儿童的主动感超过内疚感时,他们就有了"目的"的品质。埃里克森把目的定义为:"一种正视和追求有价值目标的勇气,这种勇气不为幼儿想象的失利、罪疚感和惩罚的恐惧所限制。"

（四）勤奋感对自卑感（6～12岁）

该阶段的发展任务是培养勤奋感。此时期,绝大多数儿童已进入学校,第一次接受社会赋予他并期望他完成的社会任务。他们追求工作完成时所获得的成就感及由其成就所带来的师长的认可与赞许。如果儿童在学习、游戏等活动中不断取得成就并受到成人的奖励,儿童将以成功、嘉奖为荣,培养乐观、进取和勤奋的人格;反之,如果由于教学不当或努力不够而多次遭受挫折,或其成就受到漠视,儿童容易形成自卑感。该阶段影响儿童活动的主要因素已由父母转向同伴、学校和其他社会机构,教师在培养勤奋感方面具有特殊作用。敏感、耐心、富于指导的教师有可能使具有自卑感的学生重新获得勤奋感。埃里克森指出,许多人对工作和学习的态度习惯可以追溯到本阶段的勤奋感。当儿童的勤奋感大于自卑感时,他们就会获得有"能力"的品质。埃里克森说:"能力是不受儿童自卑感削弱的,完成任务所需要的是自由操作的熟练技能和智慧。"

(五) 自我同一性对角色混乱(12～20 岁)

该阶段的发展任务是培养自我同一性。自我同一性指个体组织自己的动机、能力、信仰及活动经验而形成的有关自我的一致性形象。自我同一性的形成要求谨慎地选择和决策,尤其体现在职业定向、性别角色等方面。如果青少年不能整合这些方面和各种选择,或者他们根本无法在其中进行选择,就会导致角色混乱。

这一阶段的核心问题是自我意识的确立和自我角色的形成。青少年对周围世界有了新的观察与新的思考方法,他们经常考虑自己到底是怎样的一个人,他们从别人对自己的态度中,从自己扮演的各种社会角色中,逐渐认清了自己。此时,他们逐渐疏远了自己的父母,从对父母的依赖关系中解脱出来,而与同伴们建立了亲密的友谊,从而进一步认识自己,对自己的过去、现在、将来产生一种内在的连续之感,也认识自己与他人在外表上与性格上的相同与差别。认识自己的现在与未来在社会生活中的关系,这就是心理社会同一感。

随着自我同一性的发展,青少年形成了"忠诚"的品质。埃里克森把忠诚定义为:"不顾价值系统的必然矛盾,而坚持自己确认的同一性的能力。"

(六) 友爱亲密对孤独疏离(20～40 岁)

这个阶段的主要任务是与他人建立亲密的感情关系,体验友谊和爱情。如果无法建立这种亲密的感情关系,就会感到孤独。埃里克森把爱定义为:"压制异性间遗传的对立性而永远相互奉献。"

(七) 精力充沛对颓废迟滞(40～65 岁)

这个阶段的主要任务是热心承担社会责任,关心家庭,养育后代。不愿或无力承担这种责任的人会变得颓废迟滞或自我中心。在这一时期,人们不仅要生育孩子,而且要承担社会工作,这是一个人对下一代的关心和创造力最旺盛的时期,人们将获得关心和创造力的品质。

(八) 完美无缺对悲观绝望(65 岁以后)

在这个阶段,回首往事,觉得一生充实、有意义会产生完善感,对往事感到悔恨会产生悲观的情绪。当老人们回顾过去时,可能怀着充实的感情与世告别,也可能怀着绝望走向死亡。自我调整是一种接受自我、承认现实的感受,一种超脱的智慧之感。如果一个人的自我调整大于绝望,他将获得"智慧"的品质。埃里克森把智慧定义为:"以超然的态度对待生活和死亡。"

老年人对死亡的态度直接影响下一代儿童对人、对环境的信任感的形成。因此,第八阶段和第一阶段首尾相连,构成一个循环或生命的周期。

埃里克森认为,在每一个心理社会发展阶段中,解决了核心问题之后所产生的人格特质,都包括了积极与消极两方面的品质。如果各个阶段都保持向积极品质发展,就算完成了这阶段的任务,逐渐实现了健全的人格,否则就会产生心理社会危机,出现情绪障碍,形成不健全的人格。

二、人格发展阶段理论的教育意义

埃里克森的人格发展阶段理论指出了人生每个阶段的发展任务及所需要的支持帮助,这有助于教育工作者了解中小学生在不同发展阶段所面临的各种冲突,从而采取相应的措施,因势利导,对症下药。埃里克森的人格终生发展论,为不同年龄段的教育提供了理论依据和教育内容。

对于小学教育而言,埃里克森的人格发展阶段理论的启示在于,教师有义务帮助学生更好地克服本阶段"勤奋与自卑"的冲突。在小学教育中,要重视培养学生良好的学习习惯和意志品质,创造机会让学生体会通过努力和坚持而获得成就的满足感。对于学习成绩较为落后的学生给予更多的关注和机会,让他们也能在能力胜任范围内体会成功的喜悦,形成有利于今后发展的良好心态和自我认可。此外,教师要特别注意自己的一言一行,平等公正地对待学生,不要让任何一个学生因为老师对待自己的态度而感到自卑。

 思考题

1. 身心发展的定义是什么?
2. 身心发展的一般规律是什么?
3. 小学生生理发展的特点是什么?
4. 小学生心理发展的特点是什么?
5. 小学生身心发展的教育含义是什么?
6. 影响学生身心发展的因素有哪些?
7. 皮亚杰的认知发展阶段理论及其教育意义是什么?
8. 埃里克森人格发展阶段理论及其教育意义是什么?

第六篇

健康篇

第十三章

小学生心理健康教育

> 教育心智而不教育心灵就是没有进行教育。
>
> ——（古希腊）亚里士多德

▶ **本章要点提示**

- 心理健康的定义
- 小学生心理健康的标准
- 影响小学生心理健康的因素
- 小学生常见心理问题及辅导
- 小学生心理健康教育的对策

随着社会的发展变迁，生存竞争压力增大，青少年的心理健康问题日益引起人们的关注。小学生在学习、生活、人际交往和个性发展等方面可能会面临各种心理困惑。小学生的心理困惑和压力如果得不到及时的疏导和排解，不仅会影响他们现在的成长发育，也会为他们中学、大学乃至成人后的发展埋下隐患。因此，作为一名未来的小学教师，关注小学生的心理健康，研究他们心理问题的表现及形成原因，探索解决这些问题的对策，科学对待小学生的各种心理和行为问题具有重要意义。

第一节 心理健康概述

"健康是人生的第一大财富。"随着社会的发展与进步，人们越来越关注自身的健康水平，并且把健康与幸福、与社会进步联结在一起，渴望健康这一人生最大的财富。但对于什么是健康的问题，却未必人人在心中都有一个清晰的答案。科学的健康观是随着社会的发展、科学技术的进步以及人类自身认识水平的深化而不断丰富和完善的。

一、健康观的演变

人们对健康概念的认识经历了如下发展历程:神灵主义模式、生物医学模式和生物、心理、社会模式。

1. 神灵主义模式:健康相对疾病而言,把疾病看作是神灵的惩罚或魔鬼的附体,只有通过祈求和驱邪来保佑健康。

2. 生物医学模式:认为每一种疾病都有一种特殊的生物学原因,试图根据躯体过程的紊乱来解释人的健康问题。

3. 生物、心理、社会模式:人除了具有生物学的属性之外,还应有丰富的心理活动和社会功能,三者之间是相互联系、相互影响的。人的本质是由生物属性、心理属性和社会属性组成的,与人的健康有关的因素也应由生物因素、心理因素和社会因素组成。外界的社会因素或个体的生物因素都必须通过个体的心理反应才能主动调节人际关系和自身的心身关系,而这两个关系的和谐程度在健康和疾病的问题上起着重要的作用。

二、科学的健康观

1948 年,世界卫生组织成立时,在其宪章中开宗明义地指出:"健康是身体上、精神上和社会适应上的完满状态或完全安宁,而不仅是没有疾病或虚弱。"1989 年,世界卫生组织深化了健康观念,认为健康包括身体健康、心理健康、社会适应良好和道德健康,并提出健康的八大标准,即"五快""三良"。

"五快":(1)食得快:胃口良好,不挑食,能快速吃完一碗饭。(2)便得快:排泄比较轻松自如。(3)睡得快:上床后能很快入睡,睡眠质量高,醒后精神饱满,头脑清晰。(4)说得快:思维敏捷,语言运用准确,表达流畅。(5)走得快:走路时脚步自如,活动灵敏。

"三良":(1)良好的个性。情绪稳定、性格温和,意志坚强、感情丰富,胸怀坦荡、豁达乐观。(2)良好的处世能力。观察问题客观实在,具有较好的自控能力,能适应繁杂的社会环境。(3)良好的人际关系。在人际交往和待人接物时,能助人为乐、与人为善,对人际关系充满热情。

三、心理健康的定义

关于心理健康的定义,目前尚无公认的统一界定。国内许多学者曾从不同的角度阐述了心理健康的定义。

《简明不列颠百科全书》对心理健康的定义是:"心理健康指个体心理的本身在环境许可范围内所能达到的最佳功能状态,不是指绝对的十全十美状态。"

第三届国际心理卫生大会(1946 年)对心理健康的定义是:"所谓心理健康,是指在身体、智能以及情感上与他人的心理健康不相矛盾的范围内,将个人心境发展成最佳的状态。"

四、心理健康的标准

心理健康的标准是什么?目前还没有统一的定论。

(一)世界卫生组织对心理健康的标准规定了7条内容

1. 智力正常。
2. 善于协调和控制情绪,心境良好。
3. 具有较强的意志品质。
4. 人际关系和谐。
5. 能主动地适应和改善现实环境。
6. 保持人格的完整和健康。
7. 心理行为符合年龄特征。

(二)小学生心理健康的标准

我们根据各方面的研究结果,结合小学生心理健康发展的特点,提出小学生心理健康的几条指标。

1. 智力正常

智力是心理活动的认知功能表现,主要由注意力、观察力、记忆力、思维力和想象力组成。良好的智力水平是保障一个人正常生活、学习、成就事业的必备基础。虽然智力发展优秀者不一定拥有健康的心理,但如果智力发展水平低下,将毫无心理健康可言。因此,心理健康的小学生应有正常的智力。

2. 学习适应

学习是社会赋予小学生的责任。心理健康的小学生通常喜欢上学,认为学习是一件令人愉快的事情,能从学习中获得充实感和价值感;对学习内容往往抱有浓厚的兴趣,刻苦学习,自觉完成学习任务,乐于克服学习上遇到的困难,学习效率高。

3. 情绪稳定

心理健康的小学生,应该经常保持开朗乐观的心境,愉快、满意等积极情绪状态占优势,虽然他们有时也有悲伤、忧愁等消极情绪体验,但一般不会长久。同时他们的情绪能随客观事物对象的变化而产生合理的变化,能依据不同的场合适当地控制和表达自己的情绪。

4. 自我评价正确

心理健康的小学生对自己有基本的了解,能做正确的自我评价。不仅知道自己的弱点、缺点和局限,而且还知道自己的优点、长处和发展潜质;对自己持肯定态度且怀有信心,有良好的自我形象,自尊、自爱、自信;对自己的未来抱有切合实际的希望。

5. 人际关系和谐

心理健康的小学生乐于与家长、老师和同学接触交往。在家里,关心家庭与家人,与父母有良好的沟通;在学校里,与同学和老师有比较多的接触,与他们建立友好和谐的关系,共同分享快乐,分担忧虑;喜欢结交朋友,对人的态度正面的(信任、尊敬、喜欢、热爱)多于负面的(敌意、怀疑、憎恨、冷漠);能帮助别人,也愿意接受别人的帮助。

6. 对环境有良好的适应能力

在某种意义上说,心理是适应环境的工具。心理健康的小学生能根据环境的变化,调整自己,积极地适应环境变化;能面对自己的成长变化,学习调整自己;遇到失败和挫折,不过分焦虑不安和颓废丧气,具有一定的挫折容忍力。

(三)正确理解心理健康的标准

1. 心理健康的状态不是固定不变的,而是一个动态变化的过程。

2. 心理不健康与有不健康的心理和行为表现不能等同。心理不健康是指一种持续一定时期的不良状态,偶尔出现一些不健康的心理和行为并不等于心理不健康,更不等于已患心理疾病。

3. 心理健康的标准为我们提供了一个理想尺度。

五、影响小学生心理健康的因素

影响小学生心理健康的因素很多,生物遗传因素、个体自我心理冲突、不良个性特征、早期教育与家庭环境问题以及应激性生活事件的影响等,都可能是原因。我们这里探讨生物学因素、社会环境因素和个体因素三个方面。

(一)生物学因素

1. 遗传因素的影响

人的心理活动和行为一般说来是不能遗传的,但是,一个人的体形、气质、神经活动特点、能力与性格的某些成分都受遗传因素的影响。我们每个人都会有不同的遗传弱点、遗传倾向和遗传易感性。例如,肥胖基因影响体重调节,输尿管基因影响与膀胱控制有关的激素的产生。临床观察经验表明,精神病不能遗传,但在精神病患者家庭中确实有患有精神病的神经易感倾向。

2. 病菌、病毒感染所造成的影响

例如,一些患斑疹伤寒、流行性脑炎的病人,由于病菌、病毒损害了神经系统组织结构而导致器质性心理障碍或精神失常。这些传染病可以阻抑儿童心理与智力的发展。

3. 大脑的外伤或化学物质所造成的影响

儿童时期曾经患过的某些传染性疾病,如脑炎、脑膜炎、肺炎、病毒性感冒等疾病,会对脑神经组织造成严重伤害,从而引起某些心理障碍。脑外伤是指由于外部机械力作用对脑组织造成的伤害,如脑震荡、脑挫伤、脑裂伤、脑水肿、颅内出血等症状,会造成脑功能的破坏,导致癫痫、痴呆等严重后果。此外,各种药品、毒品、工业化学物质等造成的中毒,会对人的中枢神经系统造成直接的伤害,严重影响大脑的正常功能,导致各种心理障碍。

4. 内分泌系统和神经递质的影响

内分泌系统是与儿童特定的心理障碍(如焦虑和情绪障碍)有重要关联的调节系统。内分泌机能障碍,最突出的如甲状腺机能混乱。甲状腺功能亢进时可出现敏感、易怒、暴躁、情绪不稳定和自制力减弱等心理异常表现。而在机能缺失时,在儿童身上可引起智力发育迟滞,在成人身上则可引起整个心理活动过程的迟钝,不仅智力受损害,性格上还会变得幼稚、保守和狭隘。

神经递质像大脑里的生物化学流,这些流体有机地发展,对思维和感觉等进行有意义的重大联结。神经递质的变化影响儿童特定情境下发生或不发生某种行为的可能性。例如5-羟色胺、多巴胺等神经递质的减少和强迫症、恐惧症、抑郁症以及注意缺陷障碍[伴多动]有关。

(二)社会环境因素

影响心理健康的社会环境因素很复杂,其中关系比较密切的有家庭因素、学校因素和社会因素。

1. 家庭因素

家庭是小学生接受教育的最初环境,亲子依恋关系、父母期望、家庭教养方式、家庭气氛的好坏,直接影响小学生心理的健康发展。

(1)早期依恋关系不良。卡尔森(V. Carlson)等人的研究表明,由于形成安全型依恋关系的个体倾向于寻找并有效利用支持性的关系,所以,尽管他们可能会受到心理问题的折磨,但他们的关系策略可保护他们最终不会发生精神障碍。而早期依恋关系为反抗型或回避型的儿童或成人倾向于掩饰情绪表达,难以控制焦虑,长期地抱有消极的自我认知,所以他们较容易发生恐惧症、焦虑症、抑郁症和行为障碍。

(2)父母的过高期望与溺爱。小学生的心理问题很大部分是源于父母对儿童学业、成绩方面的过高期望。家长往往因对儿童的过高期望而对他们提出不切实际的要求,当儿童达不到这些要求时,他们就很容易产生挫败感,丧失自信心。而父母如果此时对他们横加指责、批评甚至打骂,就会使他们逐渐聚集起一些负面情绪,不利于其健全个人和个性的形成。

(3)家庭不和。由于夫妻关系紧张而造成的恶劣的家庭气氛,常常会妨碍儿童的健康发展。家庭环境和家庭中父母间紧张的冲突关系会成为儿童心理创伤的背景。这种心理创伤使儿童的性格带有一系列消极特点,并且还可能导致儿童心理上的某些病态。

(4)家庭解体。家庭解体是指因夫妻离异或一方去世而导致的家庭结构的不完整。在一个不完整的家庭中,儿童很难享有充分的父爱和母爱,这种基本心理需要的欠缺,极易使儿童在心理发展上形成明显的障碍。

(5)亲子关系紧张。在影响亲子关系的各种因素中,最主要的是家长教育态度与教育方式的不当。如家长过分严厉、要求过高、简单粗暴、经常打骂,对儿童歧视、忽略、冷漠,要求不一致,缺乏理解与沟通,经常贬低、挫伤儿童的自尊心等。这些错误的教育方式带给儿童的除了过大的压力和精神负担以外,还有一系列因基本的心理需要无法满足而产生的消极情绪,如烦恼、焦躁、恐惧、压抑等。这些消极的情绪如果长期不能排解,就可能导致各种精神疾病。

2. 学校因素

(1)学习负担过重。随着社会竞争的加剧,小学生的竞争压力也越来越大,学习重分数、轻能力,重智育、轻心育的现象依然存在。考试分数成为教师评价学生、社会衡量学校的唯一标准。这种局面使小学生疲于应付,心理极度紧张,导致他们用脑过度、皮层机能降低,影响了学习效率,使他们降低甚至丧失对学习的兴趣,信心降低,产生焦虑、苦闷、压抑、恐惧等不良心境。这些不良情绪体验长期持续下去,就会产生不同程度的心理障碍。

(2)教师错误的教育观念与教育方法。教师在小学生心目中的威望是包括家长在内的其他人所无法比拟的。正因为如此,教师的教育态度与方式对学生的影响是十分明显且深远的。但是,由于少数教师自身素质不高,在教育观念和教育方法上往往存在一定的偏差,这就会对学生的健康发展造成直接的不良影响。比如部分教师不能用平等的态度对待学生,过分看重分数而忽略其他,与学生交往居高临下、专制武断,不尊重学生的人格。个别教师教育方法简单生硬,变相体罚的方法仍然存在。还有一些教师存在着心理不够健康的表现,过于情绪化,对学生的态度极易受自己情绪的影响,缺乏应有的自制力。这种消极的和不稳定的情绪常常是造成部分学生心理问题与心理障碍的原因。

(3)不良的师生关系。具体表现为:一是教师对学生缺乏尊重,随意贬低学生价值,使学生的心理遭受创伤;二是教师对学生缺乏理解和信任,使学生产生对抗心理;三是教师在日常教育活动中缺乏公正、民主精神,成绩好的同学什么都好,成绩差的同学什么都不好。这些因素使得师生关系普遍存在着一些不和谐的现象。

(4)班集体中不良环境与风气的影响。班集体是学生在学校中学习和生活的基本单位,同时也是学生完成社会化过程的重要条件。班级中如果存在某些不利于学生发展的因素,将会对学生产生深刻而持久的消极影响。当前在学校里比较常见的问题有:一是管理混乱,班级中缺乏严明的纪律和良好的学习风气,容易使多数愿意学习的学生感到失望和反感,长此以往便可能形成焦虑感和对学校的不满情绪;二是部分学生在班级地位偏低,一些学生在班级中长期受忽视或排斥,容易形成严重的自卑心理、敌对情绪和逃避倾向,可能导致交往障碍及同学关系紧张等;三是班级中存在不健康的小群体和严重的霸凌行为,如果教师不能及时地发现和解决,很可能使部分学生产生紧张、恐惧等不良情绪,导致进一步的混乱。而到最后,不论是欺负人的学生还是被欺负的学生,都会形成一些不良的性格特征,如蛮横、霸道、怯懦、虚伪等。

3. 社会因素

(1)社会政治、经济生活环境的影响。社会政治、经济生活状况是决定一个人生活方式的最重要的基础。在社会生活中,人们不同的政治、经济地位往往会对他们的价值观念、需要结构、交往方式和生活态度等方面产生重要的影响。尤其是在社会转型时期,由于社会竞争加剧、收入差距拉大、社会变革频繁、不稳定因素增多(如下岗、离异)、生活压力增大等原因,会造成人们精神压力增大,挫折感增多,不平衡心态比较普遍,使得人与人之间的信任感、安全感水平下降。这一切都增加了成人的焦虑感,进而导致中小学生情绪不稳定。

(2)现代传媒信息的负面影响。随着现代科学技术的发展,发达的电视、网络、报刊、书籍、电影等现代传媒信息中对暴力行为的渲染,容易使缺乏辨别能力的小学生去模仿、学习。一些地方网吧等娱乐场所管理失控,对未成年学生开放,一些小学生沉迷于上网、玩游戏等,容易使他们产生孤僻、攻击性行为以及与社会的隔离感等心理问题。

(3)不良社会风气的浸染。在社会环境还没有达到净化的情况下,新旧体制共存,法规制度不完善,腐败现象滋生和一部分人社会道德水平滑坡、生活方式不健康等,都会对小学生产生潜移默化的影响。如有的地方赌博风气盛行,一些家长甚至不顾对孩子的影响,在家中聚众赌博,给孩子树立了不良的行为榜样。

(三)个体因素

1. 身心发展的矛盾

小学高年级儿童处于青春前期,随着自我意识觉醒,经常处于依赖与逆反、独立与孤独、放开心灵与闭锁心灵的矛盾冲突之中。如果这几方面的矛盾不能顺利解决,就可能产生焦虑和挫折的情感体验以及行为上的反常,严重者甚至会形成异常人格。

2. 个性品质的影响

受家庭、社会和传媒的影响,自私、霸道、缺乏同情心,把个人的自我需要、自我满足、自我实现夸大到脱离实际、超越他人的地步,这些现象在现代小学生的身上并不鲜见。每一个人都以自我为中心,造成学生之间激烈的矛盾,也使学生的生活理想与现实之间的矛盾更加激化,导致他们陷入焦虑的困境中。

3. 生理的缺陷

少数学生因遗传或突发的意外事件,造成生理机能的缺陷或伤害。这给他们幼小的心灵抹上了阴影,他们在与同伴的交往中很容易产生自卑、社交退缩等心理问题,因而需要给予他们更多的关心和帮助。

六、小学生心理健康的评估方法

有效评估小学生心理健康状况的方法有很多,这里重点介绍三种方法。每种方法虽然都可以单独使用,但都有其局限性。在实践中,通常是综合使用三种方法,才能产生较好的效果。

(一)心理测量法

这是采用专门的测量工具对参与者某些心理属性做出测定,从而判定儿童心理健康状况的方法。常用的儿童心理测验包括韦氏儿童智力测验、儿童主题统觉测验、完成句子测验、艾森克儿童人格问卷、儿童行为问卷等。

(二)环境适应判定法

环境适应能力是衡量小学生心理是否健康的一个较好标准。环境适应主要包括社会适应和生活适应两方面。小学生的社会适应主要指能够适应学校生活,能够遵守学校规范,与老师、同学和谐相处,并能正常完成学校的学习任务。生活适应主要指小学生能够独立完成与他们的年龄相适应的活动,表现出与外在生活情景相一致的情感、言语和行为。例如,有的小学生害怕上学,只要一提到上学就开始发烧,这就是不适应环境的表现。又如,大多数小学生都能适应正常的学习生活,而有的却经常坐不住,极易同同学发生冲突,他们好冲动,智力虽正常,学习成绩却极差,这也是不能适应学校生活的表现,需要专业机构的帮助。

(三)症状观察法

这是通过观察学生在自然情景中的行为表现,了解学生是否存在某些心理异常的症状,并对学生的心理健康状况进行判定的方法。例如,教师发现明明经常反反复复地检查门窗是否锁好,自己越想控制越控制不住,不检查十几遍就不能坐下来安静地学习,内心非常痛苦。根据这些症状来判定,明明有可能有强迫症的倾向,需要转介给专业人员进行治疗。

第二节 心理辅导

"心理问题"指的是由现实因素激发,持续时间较短,情绪反应能在理智控制之下,不严重破坏社会功能,情绪反应尚未泛化的心理不健康状态。小学生的心理问题是指小学生在身心成长和发展过程中出现的心理冲突、困惑、挫折、烦恼等不良心理状态,不适应学习、生活和社会的现象。这是每个小学生都可能经历的轻微心理失调,通过自己的努力或别人的帮助可以调整为正常状态。以往研究表明,小学生有各种各样的心理问题,但主要表现为入学适应问题、学习方面的问题、人际关系问题和行为问题等方面。教师应该针对小学生学习和生活中出现的心理问题,积极开展心理辅导。

一、心理辅导的定义及其目标

(一)心理辅导的定义

心理辅导是一种心理上的助人活动,指在一种新型的、建设性的人际关系中,学校辅导教师运用心理学的专业知识技能,给学生以合乎需要的协助与服务,帮助学生正确地认识自己,认识环境,依据自身条件,确立有益于社会进步与个人发展的生活目标,克服成长中的障碍,增强与维持心理健康,形成良好的心理素质,以使其在学习、工作与人际关系各个方面做出良好适应。

(二)学校心理辅导的目标

学校心理辅导的一般目标归纳为两个方面:第一,学会调适,包括调节与适应。第二,寻求发展。这两个目标中,学会调适是基本目标,以此为主要目标的心理辅导可称为调适性辅导;寻求发展是高级目标,以此为主要目标的心理辅导可称为发展性辅导。简言之,这两个目标也就是要引导学生达到基础层次的心理健康与高层次的心理健康。

二、常用的心理辅导方法

进行心理辅导要以建立良好的辅导关系为前提。辅导教师与受辅导学生之间要建立起来的一种新型的、建设性的、具有辅导与治疗功能的人际关系,其主要特点是:积极关注、尊重、真诚与同感。同感是指辅导教师设身处地地去体会受辅导学生的内心感受,进入他的内心世界之中。学校中常见的心理辅导方法包括以下几种类型。

(一)改变学生行为的基本方法

1. 强化法

强化法用来培养新的适应行为。其根据是:一个行为发生后,如果紧跟着一个强化刺激,这个行为就会再一次发生。例如,一个上课不敢发言的学生,一旦在一次课上发言得到了老师的表扬和肯定,那么他的胆怯心理就会得到很大改善。

2. 代币奖励法

代币是一种象征性强化物,筹码、小红星、盖章的卡片、特制的塑料币等都可作为代币。代币奖励法的实施步骤是:第一,确定所要矫治的目标行为;第二,确定实质性强化措施的性质;第三,让学生相信代币的作用;第四,规定完成各项特定行为时给予代币的量、实际强化物的价值以及如发生不良行为是否要扣回代币等。

代币奖励的优点是:可使奖励的数量与学生良好行为的数量、质量相适应,代币不会像原始强化物那样产生"饱和"现象而使强化失效。

3. 行为塑造法

行为塑造法指通过不断强化逐渐趋近目标的反应,来形成某种较复杂的行为。在具体运用中应注意:第一,目标行为要明确;第二,正确把握塑造行为的起点;第三,塑造的步子要适宜;第四,塑造的步子不宜太快或太慢。

4. 示范法

观察、模仿教师呈示的范例(榜样),是学生社会行为学习的重要方式。模仿学习的机制是替代强化。由于范例的不同,示范法有以下几种情况:辅导教师的示范,他人提供的示范,电视、录像、有关读物提供的示范,角色的示范。

5. 处罚法

处罚的作用是消除不良行为。处罚有两种:一是在不良行为出现后,呈现一个厌恶刺激(如否定评价、给予处分);二是在不良行为出现后,撤销一个愉快刺激。

6. 自我控制法

自我控制法是让当事人自己运用学习原理,进行自我分析、自我监督、自我强化、自我惩罚,以改善自身行为。其理论依据是人本主义心理学改善过的行为改变技术。其好处是强调当事人(学生)个人责任感,增加了改善行为的练习时间。

(二)改变学生行为的训练方法

行为训练的基本方法是建立在学习原理基础上的一些具体的行为改变技术。

1. 全身松弛法

全身松弛法,或称松弛训练,是通过改变肌肉紧张,减轻肌肉紧张引起的酸痛,以应对情绪上的紧张、不安、焦虑和气愤。

全身松弛法有不同的操作方式,紧张、松弛对照训练是最常见的一种。这种松弛训练法由雅各布森(E. Jacobson)在 20 世纪 20 年代首创,经后人修改完成。其要点是:训练者要学会接受自身生理状态的信息,辨认肌肉紧张、放松的感觉,对肌肉做"紧张—坚持—放松"的练习,从紧张与放松的感觉对比中学会放松;对全身多处肌肉按固定次序依次放松,每日练习,坚持不断。

2. 系统脱敏法

系统脱敏的定义是:当某些人对某事物、某环境产生敏感反应(害怕、焦虑、不安)时,我们可以在当事人身上发展起一种不相容的反应,使对本来可引起敏感反应的事物,不再发生敏感反应。系统脱敏法由沃尔普(John Wolpe)首创,主要包含两项内容:(1)找出所有使求治者感到恐怖或焦虑的事件。(2)将求助者报告出的恐怖或焦虑事件按等级程度由小到大的顺序排列。采用五等和百分制来划分主观焦虑程度,每一等级刺激因素所引起的焦虑或恐怖应小到足以被全身松弛所抵消的程度。

3. 肯定性训练

肯定性训练也叫自信训练、果敢训练,其目的是促进个人在人际关系中公开表达自己的真实情感和观点,维护自己权益也尊重别人权益,发展人的自我肯定行为。自我肯定行为主要表现在三个方面:第一,请求他人为自己做某事,以满足自己合理的需要。第二,拒绝他人无理要求而又不伤害对方。第三,真实地表达自己的意见和情感。

(三)改善学生认知的方法

改善学生认知,即从改变学生的认知结构、思考方式入手,进而改善其情绪与行为,也称之为认知辅导。最主要的代表是埃利斯(A. Ellis)提出的理性情绪辅导方法,即情绪 ABC 理论。

情绪 ABC 理论认为激发事件 A(activating event 的第一个英文字母)只是引发情绪和行为后果 C(consequence 的第一个英文字母)的间接原因,而引起 C 的直接原因则是个体对激发事件 A 的认知和评价而产生的信念 B(belief 的第一个英文字母),即人的消极情绪和行为障碍结果(C)不是由于某一激发事件(A)直接引发的,而是由于经受这一事件的个体对它不正确的认知和评价所产生的错误信念(B)所直接引起。错误信念也称非理性信念,若要改善情绪状态,必须驳斥非理性信念 B,建立新观念并获得正向的情绪效果。

三、小学生常见的心理问题及其辅导

(一)入学适应不良问题及辅导

1. 入学适应不良的表现

小学生的入学适应不良问题,表现为厌学、情绪低落、抑郁、自我封闭、退缩等特征。儿童从幼儿园入学,有一个逐渐适应校园生活新环境的问题。对小学一年级的新生来说,从校园的自然环境到人际环境都是陌生的,还有学习压力、校规校纪的约束等,这一切都构成了对新入学儿童心理适应的严峻挑战。部分心理发展迅速的学生,以及在幼儿园受过入学准备教育的儿童,能很快适应新的学习生活环境,但部分学生则会出现适应不良现象。入学适应不良主要表现为:产生情绪障碍,出现焦虑、恐惧、抑郁、孤独等不良情绪;自我评价下降,产生自卑心理;注意力不集中,缺乏学习兴趣,学习成绩不良;出现行为问题,经常违反校规校纪,出现攻击行为或退缩行为等。

2. 入学适应不良的原因

造成小学生入学适应不良问题的原因有三个:一是没有接受过学前教育,因而在知识和能力方面准备不足,造成学习困难;二是入学前后不同生活环境的差异,造成人际沟通的困难;三是班主任没有意识到有些学生入学准备的不足,没有在学习、生活及人际交往方面对其进行有效的帮助和辅导。

3. 入学适应不良的心理辅导

帮助小学生尽快适应学校新环境，要从以下三个方面入手：一是在学习方面，教师要了解学生学业不良的原因，帮助那些没有上过幼儿园的学生尽快补上基础知识。二是在人际沟通方面，家长在入学前送孩子上学前班，培养儿童的社会交往技巧。对于没有上过学前班的学生，教师和家长要帮助他们建立和维系校内外的同伴关系，学习人际沟通的技巧。三是家长和教师要帮助那些任性、自我中心、依赖性、孤僻的学生改变不良性格，学会与他人和谐相处。

（二）学习方面的问题及辅导

儿童进入小学以后，学习成为小学生的主导活动，也是教师、同学、家长评价学生的重要标准。因此，学习成绩的好坏对学生的心理健康有重要影响。小学生有关学习的问题主要包括学习疲劳、学习困难、厌学倾向等。

1. 小学生学习疲劳及预防

生理心理学的研究表明，学习是一项艰苦的脑力劳动。如果学习过于紧张，学习持续的时间过长，大脑的工作能力就会下降，产生疲劳。学生会出现视力下降、食欲不振、面色苍白、血压增高、大脑供血不足、头晕、瞌睡或失眠等生理疲劳症状，并会产生忧郁、烦躁、信心不足、记忆力减退、注意力难以集中、思想迟缓等心理反应。学生年龄越小，在学习过程中越容易产生疲劳。我国部分小学生学业负担过重，睡眠时间短，很少有时间参加体育锻炼，进而产生学习疲劳现象。学习疲劳是指学生长时间高度紧张学习，学习效率下降、学习兴趣降低的现象。它包括生理性疲劳和心理性疲劳。生理性疲劳主要源于肌肉与神经系统生理能量的消耗，代谢物的积累，表现为动作失调、感觉迟钝、力不从心等。心理性疲劳是由心理因素，如缺乏兴趣、厌烦、懈怠等所导致的学习效率下降。

为预防这种现象的发生，家长和教师要做到以下三点：

第一，科学安排各科课程。上午前三节安排难度较大课程，如数学、语文、外语；上午第四节安排比较轻松的音乐、美术课程；下午安排体育课程。每天下午应该有体育活动课，安排学生自由活动，可以组织跳绳比赛、拔河比赛等。

第二，重视课堂教学的心理卫生。教师的教学要能激发学生的学习兴趣，对低年级学生多采用生动、具体的教具，采用活动、体验式教学方式，因为小学生注意力集中的时间只有15分钟左右，所以教师要把新知识集中在15分钟内讲授，其余时间可以安排学生练习。

第三，确保学生的休息、睡眠时间。6～12岁儿童每天应睡10～12小时。年龄越小，睡眠时间越多。事实上，睡眠不足是基础教育阶段学生普遍存在的现象。还有一些教师过度强调学习成绩，每天利用中午休息时间和学生体育活动时间给学生补课，占用学生的休息娱乐时间，严重影响学生的正常休息。

2. 小学生学习困难及干预

学习困难又叫学习障碍或学习失能,是指个体在从事某些特定知识、技能的学习时出现重大困难,以致无法完成同龄人能够完成的学习任务。据研究,学习困难问题在小学二年级、三年级为高峰,占5%～10%。学习困难儿童的学习成绩明显低于同龄儿童,在学习上的困难主要表现在听、读、写、算等方面。如有的小学生把b当成d,或把p当成q等;有的小学生有空间定向困难,不知道上下左右;还有的小学生难以用语言表达思想,与教师、同伴交流困难。但他们的学习困难不是由智力缺陷或缺乏教育机会所致,而是由于大脑无法自我约束,大脑功能方面的缺陷造成的。

尽管学习困难有很强的生物学基础,但目前还没有治疗学习困难的生物学方法。干预方法主要依赖教育的和心理的方法,把学生放在常规教育体系中,通过调整教学方法(代码强调教学法、整体语言教学法)以及认知—行为干预计划等来调适学生的行为,使学习障碍学生能够基本适应学校生活。

3. 小学生的厌学倾向及心理辅导

厌学是由于人为因素所造成的讨厌学习的情绪失调倾向。近年来,家庭、学校、社会环境中的一些不良因素对小学生的影响很大,使得小学生的厌学情绪有所增长。因此,小学生厌学作为一种社会不良倾向的特殊产物,已引起人们的高度重视。

(1)小学生厌学倾向的表现

小学生厌学倾向的主要表现是对学习不感兴趣,讨厌学习。厌学的学生对学习有一种说不出来的苦闷,一提到学习就心烦意乱、焦躁不安;他们对教师或家长有抵触情绪,学习成绩差,有的还兼有品德问题;学生厌学情绪严重或受到一定诱因影响时,往往会发生旷课、逃学或辍学现象。

(2)小学生厌学倾向的形成原因

①学校教育中的失误。在应试教育的影响下,学生学习负担过重,考试频繁,教材难度与学生的接受能力不相吻合,教师过多地采用填鸭式教学,机械训练,滥用惩罚,忽视课外活动对学生成长的意义,对学生缺少关心和爱抚等,都有可能造成学生的厌学情绪。

②家庭教养方式不当。父母望子成龙心切,重表面分数,不重实际潜能的开发,经常就学习问题责骂或毒打孩子,会使孩子对学习产生畏惧心理和厌烦情绪;父母重钱轻学,经常要子女帮助自己从事个体经营,会潜移默化地影响孩子的心理,使他们目光短浅,丧失对学习的社会意义的认识,从而失去学习的兴趣。

③社会不良风气的影响。社会上某些不正之风,如拜金主义思想、享乐主义倾向以及一些不良习俗,都是造成学生厌学的社会诱因。当前,由于下岗职工增多和农民收入增长缓慢,使得一些地方出现为了生存需要而让子女辍学、弃学的现象。这类现象的增加也对学生的厌学倾向起到一定的助长作用。

④自身原因。当今的独生子女,从小就被父母宠着、惯着,学习上碰到一点困难,就打退堂鼓,不敢与困难做斗争,因而放弃学习。另外,现在的学生无法抗拒电子游

戏、网络、电视节目的诱惑,沉溺于玩耍而导致成绩不良,进而产生厌学心理。此外,某些学生由于个人个性特点或缺乏人际交往技能,不善于与同学交往,人际交往不和谐,导致产生厌学心理。

(3)小学生厌学倾向的心理辅导

①创建优良的学校教育环境,提高学生的心理素质。

第一,教师要尊重、关爱厌学学生,对他们抱有合理期待,努力挖掘他们的潜能,发现他们的闪光点,让他们对自己的前途充满信心。

第二,在教学上,教师要讲究方法,学会用"分层教学法",使不同层次的学生都学有所获,体验到学习成功的乐趣。

第三,激发厌学学生的学习动机,培养他们的学习兴趣,端正他们的学习态度,培养他们抗拒诱惑、坚韧不拔的意志,提高学习成绩。

②家庭教育要科学化、合理化。

第一,家长要根据儿童成长的规律——儿童的学习情况、思维特点、兴趣特长等,把握其"最近发展区"。在此基础上,选择符合儿童实际的阶段性期望目标,即儿童规定的目标,应该在儿童的能力范围之内,使儿童能够并乐于努力去达到目标。

第二,家长要尊重、保护、正确引导儿童的好奇心,努力激发他们的好奇心,使幼稚的好奇心逐渐发展为强烈的求知欲,让儿童积极热情地去学习。

第三,家长要正确对待儿童的学习成绩,一般要多鼓励、少批评。家长应主动给儿童"减压",给儿童以休息、娱乐和发展爱好的时间,让他们感到学习不是一种痛苦。当儿童有了哪怕是一点小小的进步,家长也应给予肯定和鼓励,让儿童树立信心。

(三)人际关系失调问题及辅导

与幼儿相比,进入小学阶段的学生与同伴交往的频率更高,共同参加的社会性活动进一步增加,同伴间的互动形式和互动内容更加复杂深刻。他们的社会认知能力有了明显发展,能够更好地理解他人的动机和目的,对他人的行为进行反馈,与同伴的交往也更加有效。但是,有一些学生在早期成长过程中由于家长的过分保护、同伴交往剥夺、集体活动过少、过分强调知识学习而忽视人格发展,往往会表现出人际交往技能的缺乏,具有自我中心、多疑、嫉妒、不善于控制自己的情绪等不良人格特征,从而导致人际关系失调。

由于缺乏交往经验而导致人际关系失调,要从两个方面来调整:

在教师方面:要充分利用课堂教学,促进同伴之间的互动;了解学生同伴关系的现状,公正及时地处理同伴冲突;建立班级活动的规则,重视和利用非正式团体;创设积极向上的班风,促进良好的同伴关系。

在学生方面:一是通过人际沟通团体心理辅导活动,提高学生对自我的认识、对他人的认识、对周围环境的认识和对人际交往中因果关系的认识,进而提高人际认知水平;二是通过角色扮演、榜样示范、人际敏感训练等方法提高学生的社会人际交往技能;三是组织学生主动参与交往活动,克服害羞、胆怯、自我中心、自闭等不良心理倾向;四是在交往活动中培养学生友好、外向、热情、乐于助人、合作等良好的个性特征。

(四)小学生行为问题及辅导

进入小学,学生最主要的任务就是面对和适应这个完全陌生的环境,要顺利完成各科学习任务,还要学习如何与同伴相处,满足不同方面的要求。这可能使学生面临很大的心理压力,出现很多心理问题和行为问题。小学阶段常见的行为问题包括说谎、逃学、反抗、离家出走、破坏公物、攻击和暴力、孤僻退缩等。

下面重点介绍说谎、反抗等行为问题的表现、原因及辅导策略。

1. 说谎

说谎是为了得到某种好处或逃避不愉快的对待而做出的一种不真实的陈述,带有虚假和欺骗的成分。其实孩子的说谎是有原因的,我们要针对不同原因用恰当的方式予以纠正。

(1)逃避批评或责罚

比如,小红不小心摔坏了花瓶、偷拿了小朋友的东西或者考试没考好,对父母说了实话,结果遭到一顿毒打,为了逃避这种不愉快的体验,下次再发生类似的事情,小红就会采取说谎的方法来进行自我保护。如果父母与老师对孩子的谎话穷追不舍,非要弄个水落石出的话,就会促使他们说谎的水平一次比一次高明,形成恶性循环。

一般来说,凡是受到家人的尊重,能够随意发泄自己牢骚的孩子,都比较诚实;在父母过分严格管教下的孩子对父母有较少的亲近感,而有较多的恐惧感,他们常常为了逃避责骂而说谎。其实,孩子在成长过程中犯错误是很正常的,一点儿错误也不犯是不可能的。当发现孩子犯了错时,教师和家长要先压住自己的火气,想想孩子为什么犯错?如果孩子是由于顽皮、好奇、过失而犯错,不要对孩子太严厉,要耐心地向孩子指明错在何处,应该如何做;如果孩子的错误确实应当受到惩罚,或者旧错重犯,还要想一想孩子是否承认了错误。如果孩子能主动承认,就应该减轻惩罚,并说明之所以如此,是由于其主动承认错误;如果不主动承认,还要蒙混过关,则要加重惩罚,并告诉他,他还多犯了一个错误——说谎或欺骗。

(2)模仿

有些小学生说谎的原因是他们的家长经常说谎。比如小熊的爸爸本来答应周末带他到公园玩,但到了周末爸爸却因为要加班而忘了带小熊去,小熊很委屈,哭着说:"你们大人说话不算数。"还有些家长喜欢夸大其词,把一件微不足道的事情吹得天花乱坠,孩子受此影响也会不知不觉地效仿吹牛说谎。

成人是孩子的榜样,要教育孩子不要说谎,家长首先要以身作则。对孩子要讲诚信,答应孩子的事情,不管大小,一定要做到;做不到的事情,一般不要答应孩子。

(3) 逆反心理

有些学生基于逆反心理,故意捏造事实或讲假话和父母、老师作对。这种说谎往往在个别学生对老师或家长心里不满的时候表现得尤为突出,而且大多发生在家长或老师要求做自己不愿意做的事情时,一般是偶然现象。对此,我们做大人的应该首先反省一下自己的态度和做法,了解学生是对什么事情不满,并有针对性地进行教育。

(4) 恶意报复

当学生感到自己受了某种不公平的待遇或委屈时,有的会采取一种报复性的说谎。对此,我们一定要注意了解学生的情况,增加彼此的沟通和了解,建立良好的班风和友好氛围,切不可轻易下结论随便冤枉孩子。否则,孩子会对所有的大人都失去信任,反而更爱说谎。

2. 反抗行为

在个体发展的过程中,有两个时期的反抗行为比较明显,第一反抗期是3~4岁,第二反抗期是14、15岁~18、19岁。正常范围的不服从和反抗行为是个体自我发展和寻求独立的表现。只有那些表现出过于频繁、过于强烈和持续一段时间的反抗行为的儿童才是被辅导的对象。

儿童出现反抗行为的原因包括:成人的要求过高,给予儿童的压力过大;成人的要求和期望根据自己的心情而定,前后不一致;成人对所有儿童的态度不公平,对某些儿童偏爱,对某些儿童忽视,甚至歧视;成人之间对儿童的态度不一致,导致儿童以某一方反抗另一方的要求;成人管教过于松懈或放纵,一旦提出要求,儿童不执行;成人言行不慎重,失去在儿童心目中的权威地位。

反抗行为的辅导策略:

第一,父母不要动辄打骂、体罚儿童,甚至把儿童拒之门外,而是要尊重、理解、关怀、鼓励、信任儿童,平等、公正地对待儿童,尊重儿童的身心特点,提出合理要求,与儿童经常沟通,儿童的细小进步都及时鼓励、表扬,做儿童的指导者和促进者,不做儿童的独裁者。

第二,在对儿童提出要求时要注意符合儿童身心发展水平,任务要明确,说明原因、提出期望,要求不要过多。

第三,对儿童的反抗行为,父母不要"针尖对麦芒",要保持情绪稳定。不要为了维护自己的权威地位和儿童对抗,更不应该采取高压手段。适当的时候采取冷处理的方式,对儿童的反抗、任性暂时不予理睬;或者采取隔离的方法,等他情绪平静下来后再做处理。

第四,帮助儿童客观地了解自我,克服认识上的主观性和片面性,培养良好的情感,增强自控能力。

第三节　小学生心理健康教育的对策

良好的心理素质是人的全面素质中的重要组成部分。心理健康教育是提高中小学生心理素质的教育,是实施素质教育的重要内容。中小学生正处在身心发展的重要时期,随着生理、心理的发育和发展,社会阅历的扩展及思维方式的变化,特别是面对社会竞争的压力,他们在学习、生活、人际交往、升学就业和自我意识等方面,会遇到各种各样的心理困惑或问题。因此,在中小学开展心理健康教育,是学生健康成长的需要,是推进素质教育的必然要求。为了进一步指导和规范中小学心理健康教育工作,教育部于2002年9月25日制定并颁布了《中小学心理健康教育指导纲要》。现将《纲要》中针对小学生心理健康教育的基本原则、目标、主要内容、途径和方法等方面的要求归纳如下。

一、小学生心理健康教育的基本原则

开展中小学心理健康教育,要立足教育,重在指导,遵循学生身心发展规律,保证心理健康教育的实践性与实效性。为此,必须坚持以下基本原则:根据学生心理发展特点和身心发展规律,有针对性地实施教育;面向全体学生,通过普遍开展教育活动,使学生对心理健康教育有积极的认识,使心理素质逐步得到提高;关注个别差异,根据不同学生的不同需要开展多种形式的教育和辅导,提高他们的心理健康水平;尊重学生,以学生为主体,充分启发和调动学生的积极性;积极做到心理健康教育的科学性与针对性相结合;面向全体学生与关注个别差异相结合;尊重、理解与真诚同感相结合;预防、矫治和发展相结合;教师的科学辅导与学生的主动参与相结合;助人与自助相结合。

二、小学生心理健康教育的目标

心理健康教育的总目标是:提高全体学生的心理素质,充分开发他们的潜能,培养学生乐观、向上的心理品质,促进学生人格的健全发展。

心理健康教育的具体目标是:使学生不断正确认识自我,增强调控自我、承受挫折、适应环境的能力;培养学生健全的人格和良好的个性心理品质;对少数有心理困扰或心理障碍的学生,给予科学有效的心理咨询和辅导,使他们尽快摆脱障碍,调节自我,提高心理健康水平,增强自我教育能力。

三、小学生心理健康教育的主要内容

心理健康教育的主要内容包括:普及心理健康基本知识,树立心理健康意识,了解简单的心理调节方法,认识心理异常现象,以及初步掌握心理保健常识,其重点是学会学习、人际交往、升学择业以及生活和社会适应等方面的常识。

城镇中小学和农村中小学的心理健康教育,必须从不同地区的实际和学生身心发展特点出发,做到循序渐进,设置分阶段的具体教育内容。

小学低年级主要包括:帮助学生适应新的环境、新的集体、新的学习生活与感受学习知识的乐趣;乐于与老师、同学交往,在谦让、友善的交往中体验友情。

小学中、高年级主要包括:帮助学生在学习生活中体验解决困难的快乐,调整学习心态,提高学习兴趣与自信心,正确对待自己的学习成绩,克服厌学心理,体验学习成功的乐趣,培养面临毕业升学时的进取态度;培养集体意识,在班级活动中,善于与更多的同学交往,塑造开朗、合群、乐学、自立的健康人格,培养自主自动参与活动的能力。

四、小学生心理健康教育的途径和方法

开展心理健康教育的途径和方法可以多种多样,不同学校应根据自身的实际情况灵活选择、使用,注意发挥各种方式和途径的综合作用,增强心理健康教育的效果。心理健康教育的形式在小学可以以游戏和活动为主,营造乐学、合群的良好氛围。

开设心理健康选修课、活动课或专题讲座。包括心理训练、问题辨析、情境设计、角色扮演、游戏辅导、心理知识讲座等,旨在普及心理健康科学常识,帮助学生掌握一般的心理保健知识,培养良好的心理素质。要注意防止心理健康教育学科化的倾向。

个别咨询与辅导。开设心理咨询室(或心理辅导室)进行个别辅导是通过一对一的沟通方式,教师对学生在学习和生活中出现的问题给予直接的指导,排解心理困扰,并对有关的心理行为问题进行诊断、矫治的有效途径。对于极个别有严重心理疾病的学生,能够及时识别并转介到医学心理诊治部门。

要把心理健康教育贯穿在学校教育教学活动之中。要创设符合心理健康教育所要求的物质环境、人际环境、心理环境。寻找心理健康教育的契机,注重发挥教师在教育教学中的人格魅力和为人师表的作用,建立起民主、平等、相互尊重的新型师生关系。班级、团队活动和班主任工作要渗透心理健康教育。

积极开通学校与家庭同步实施心理健康教育的渠道。学校要指导家长转变教子观念,了解和掌握心理健康教育的方法,注重自身良好心理素质的养成,营造家庭心理健康教育的环境,以家长的理想、追求、品格和行为影响孩子。

思考题

1. 心理健康的定义是什么?
2. 小学生心理健康的标准是什么?
3. 影响小学生心理健康的因素有哪些?
4. 心理辅导的定义及目标是什么?

5. 心理辅导的常用方法有哪些?
6. 小学生入学适应不良问题有哪些及如何辅导?
7. 小学生学习问题有哪些及如何辅导?
8. 小学生人际关系问题有哪些及如何辅导?
9. 小学生行为问题有哪些及如何辅导?
10. 小学生心理健康教育的原则、目标、内容、途径是什么?

参考文献

1. 陈录生,马剑侠.新编心理学[M].北京:北京师范大学出版社,2002.
2. 陈威.小学儿童心理学[M].北京:中国人民大学出版社,2009.
3. 冯维.小学生心理学[M].重庆:西南师范大学出版社,2003.
4. 胡振昆.小学生心理学[M].武汉:华中科技大学出版社,2001.
5. 黄希庭.人格心理学[M].杭州:浙江教育出版社,2002.
6. 李伯黍.教育心理学[M].上海:华东师范大学出版社,2000.
7. 李丹.儿童发展心理学[M].上海:华东师范大学出版社,1987.
8. 李维.小学儿童教育心理学[M].北京:高等教育出版社,1996.
9. 李晓东.小学生心理学[M].北京:人民教育出版社,2003.
10. 梁宁建.普通心理学[M].2版.北京:高等教育出版社,2011.
11. 林崇德.发展心理学[M].北京:人民教育出版社,1995.
12. 卢家楣,魏庆安,李其维.心理学基础理论及其教育应用[M].上海:上海人民出版社,2006.
13. 吕静.小学心理学[M].北京:教育科学出版社,1989.
14. 彭聃龄.普通心理学[M].北京:北京师范大学出版社,2001.
15. 乔建忠.现代心理学基础[M].南京:南京师范大学出版社,2001.
16. 史建生.普通心理学[M].福州:福建人民出版社,1998.
17. 苏碧洋.小学生心理学[M].厦门:厦门大学出版社,2011.
18. 陶勑恒.小学生心理辅导[M].北京:高等教育出版社,2004.
19. 叶奕乾.心理学[M].上海:华东师范大学出版社,1988.
20. 袁军.心理学概论[M].南宁:广西教育出版社,2001.
21. 张大均.教育心理学[M].北京:人民教育出版社,1999.
22. 张明.小学生心理学[M].长春:东北师范大学出版社,2002.

后 记

本书在参考国内众多普通心理学教材和中小学教师资格证书考试、福建省中小学教师招聘考试"心理学"考纲的基础上确定了内容体系。不仅可作为高职高专小学教育专业的专业课教材,也可作为中小学教师资格考试和招聘考试的重要参考书,亦可作为广大心理学爱好者和教育工作者的参考读物。

特别感谢福建师范大学教育学院博士生导师叶一舵教授,他在百忙之中审阅了全书,并为本书作序。他的关心和教诲,我们终生难忘!

感谢泉州幼儿师范高等专科学校和初等教育学院的领导以及教育心理教研室各位老师对我们一直以来的关心和帮助,本书能顺利出版,与各位领导和老师的支持与鼓励是分不开的,谢谢你们!

由于笔者学识浅薄,书中错误难免,敬请读者批评指正。

苏碧洋　张美兰
2017 年 5 月